성인학습자를 위한

효과적인 학습가이드

| 김문섭 · 김진숙 · 조정선 · 최손환 · 이미애 · 민지영 · 김경민 · 조재철 공저 |

양 성 원

발간사

2016년 스위스 다보스포럼에서 '4차 산업혁명'이라는 용어가 나온 지 3년 만에 현재 우리의 일상을 지배하는 용어가 되어버렸다. 이는 지식과 정보의 흐름이 그만큼 빨리 전파되고 실생활에 영향을 미치고 있음을 의미한다고 볼 수 있다. 세계는 바야흐로 기술과 제도의 혁신을 통해 인류의 생활을 급속도로 바꾸어 나가고 있다. 이를 통해 직업생활에서도 직장인이 전 경제활동기간 평균 4번 이상의 직장을 옮긴다는 통계의 숫자가 더욱 높아질 가능성을 유추해 볼 수 있다. 이러한 흐름은 우리에게 새로운 지식과 정보 그리고 삶의 새로운 양식에 익숙해져야 하는 과제를 던져주고 있다. 소위 끊임없이 배워야 하는 평생학습의 시대에 우리가 살고 있는 것이다.

한국사회에서도 정부의 선취업 후진학 정책뿐만 아니라 여러 형태의 성인교육 진흥을 위한 사업들이 추진하고 있다. 특히 대학교육에서는 이미 학점은행제 등을 통해 학사학위 등을 취득할 수 있는 길을 열어 놓았으며 소위 사이버대학으로 불리는 원격대학의 등장으로 성인의 대학교육 참여가 더욱 커지고 있는 실정이다. 2016년부터는 대학의 정규과정에 성인과 직장인을 위한 학과를 개설하여 운영하는 '대학의 평생교육체제지원사업'을 통해 매년 수천 명의 성인학습자가 대학 학위과정에 진학하고 있다. 소위 평체사업으로 불리는 이 과정은 성인친화형 학사제도와 교육과정, 수업방법 그리고 학생지원 프로그램들을 통해 성공적인 대학수학을 지원하고 있다. 이는 상당기간 교육 현장을 떠나있던 성인 및 재직자들에게 대학교육에 대한 의욕과 참여에 대한 동기를 키워주는 매개가 되고 있다.

본 저서는 학령기 학생과 달리 고교 졸업 후 직장과 사회활동으로 인해 상당기간 교육공백을 가지고 있는 성인 대학진학자를 위한 대학생활 가이드북이다. 성인 및 재직자가 대학에 진학하였을 때 겪게 되는 어려움을 손쉽게 극복할 수 있도록 코치해주는 내용을 담고 있다. 대학에 진학한 성인학습자 누구라도 부담 없이 읽을 수 있으며 대학생활을 성공적으로 만들어 갈 수 있는 기초소양과 기초학습 그리고 전공학습 방법과 전략들을 익힐 수 있다. 본 저서의 각 장들은 대학의 성인학과에서 오랜 기간 강의와 학생지도 경험을 가진 교수들에 의하여 집필이 되었다.

성인교육의 경험을 바탕으로 쓰여진 책이기에 성인대학생에게 필요한 세세한 기본 소양이나 학습문제 해결 그리고 대인관계, 진로 등에 있어서 훌륭한 가이드 역할을 할 것으로 기대한다.

이 책을 읽는 모든 성인학습자들에게 함께한 집필진과 함께 성공적인 대학생활을 기원한다.

2020년 1월

저자 대표 김 문 섭

차례

PART 1 대학기초소양

Chapter 01 대학생활 에티켓 10
1. 에티켓 관련 용어정리 10
2. 에티켓의 기본개념 및 원칙 12
3. 대학생활 에티켓(예절) 13
4. 대학생활 에티켓 실천 17

Chapter 02 시간관리 28
1. 나의 시간관리 상태 점검 28
2. 시간 매트릭스 작성 30
3. 목표 설정의 중요성과 설정 법칙 33
4. 자기 자신을 재창조 37

Chapter 03 리더십 49
1. 리더십의 정의와 유형 49
2. 리더십 교육 52

Chapter 04 이미지 메이킹 62
1. 참된 자아의 완성-이미지 메이킹 62
2. 이미지 메이킹의 유래 및 요소 66
3. 왜, 이미지 메이킹은 중요한가? 71
4. 나의 이미지 분석 74

Chapter 05 학습을 위한 좋은 습관 76
1. 습관이란? 76
2. 좋은 습관 79
3. 나쁜 습관 정리법 86
4. 학습을 위한 좋은 습관 씨앗 88

Chapter 06 일과 학업을 위한 건강 92

1. 건강이란? 92
2. 튼튼한 몸 95
3. 행복한 마음 101
4. 일과 학업을 위한 건강습관 103

PART 2 대학기초학습

Chapter 07 Report 과제 작성법 110

1. 레포트란? 110
2. 레포트 왜 쓰는가? 110
3. 레포트 잘 쓰는 방법 112
4. 레포트 작성의 실제 119

Chapter 08 파워포인트 제작 125

1. 파워포인트 125
2. PPT 제작 126
3. PPT 제작의 실제 128

Chapter 09 발표훈련 141

1. 건강한 말하기 141
2. 소통의 글쓰기 142
3. 프레젠테이션의 성공 노하우 144
4. 좋은 프레젠테이션을 위한 팁 149

Chapter 10 소통하는 글쓰기 154

1. 글을 쓴다는 것은? 154
2. 글쓰기의 기초 161
3. 한 편의 글은 어떤 과정을 거쳐 완성되는가? 166
4. 글쓰기의 실제 170

Chapter 11 시험 잘 치는 방법 173
1. 시험계획 세우기 173
2. 시험을 위한 준비 177
3. 시험기간 컨디션 관리 180
4. 기억력 활용 181
5. 자투리 시간 활용법 182
6. 시험장소 내 주의사항 183
7. 시험 전략 및 사례 184
8. 시험 공포에서 벗어나기 186
9. 시험이 끝난 뒤 187

Chapter 12 스터디그룹과 동아리 활동 189
1. 대학과 친구 189
2. 학과 행사에 함께하기 192
3. 스터디 그룹과 동아리 활동 193

Chapter 13 나만의 학습법 찾기 207
1. 최고의 공부법이란? 207
2. 나쁜 공부습관을 고치는 학습전략 213
3. 학습력을 키우는 '구조화 학습법' 218
4. 자기만의 공부법을 터득하라 220

PART 3 자기개발

Chapter 14 비판적 독서와 토론 226
1. 비판적 사고란? 226
2. 비판적 사고와 읽기 230
3. 비판적 사고와 글쓰기 232
4. 비판적 사고와 토론 233

Chapter 15 적극적 수업 참여 기술 244
1. 효과적인 수업 참여란? 244
2. 적극적 경청과 공감 245
3. 질문이 있는 교실 250
4. 제4차 산업혁명시대의 적극적 수업참여기술 254

Chapter 16 의사소통 261
1. 의사소통의 정의와 기능, 유형 261
2. 스피치의 이해 265
3. 스피치 의사소통 269
4. 좋은 목소리 274

Chapter 17 자기주도적 학습법 279
1. 자기주도적 학습이란 279
2. 자기주도적 학습전략 281

Chapter 18 창의력 훈련 296
1. 창의성의 이해 296
2. 창의성의 발견과 향상 298
3. 창의적 사람의 특성 305
4. 창의성 사례 309
5. 창의성 훈련 311

참고문헌 / 315

01 PART

성인학습자를 위한 효과적인 학습가이드

대학기초소양

Chapter 01 ▸ 대학생활 에티켓
Chapter 02 ▸ 시간관리
Chapter 03 ▸ 리더십
Chapter 04 ▸ 이미지 메이킹
Chapter 05 ▸ 학습을 위한 좋은 습관
Chapter 06 ▸ 일과 학업을 위한 건강

CHAPTER

01 대학생활 에티켓

1 에티켓 관련 용어정리

1) 예의범절(禮儀凡節)

예는 사회적 질서를 유지하기 위하여 그 사회가 요구하는 형태로 발전한 독특한 행동이고, 그 행동이 형식을 갖추면 의례(儀禮)로 발전하고, 이 의례는 다시 사회가 발달함에 따라 관습, 도덕 그리고 법률 등으로 분화되었다. 이러한 예절의 목적은 관습과 습관을 준수함으로써 상호간에 편의를 도모하여 합리적인 생활을 영위하는 것으로 그 첫 번째 목적이다. 또한 예절은 자발적으로 이루어져야 진실성이 부합되며, 공동체 이익을 위하여 자기의 본성을 다스리고 자아를 발전시키는 자신과의 싸움이다. 그런 의미에서 예절이란 자신을 다스리는 수양으로 예절의 두 번째 목적이라 하겠다(조영대, 2010:15).

역사적으로는 조선시대의 대표적인 유교문화가 어른을 공경하고, 마땅히 지켜야 할 도덕 정신의 근간이 되었다고 할 수 있다. 다양한 현대사회의 문화에 선조들의 정신문화를 바탕으로 한 예의범절의 변화하는 모습을 보이기는 하지만, 우리의 생활에 밀접한 관련이 있음을 부정할 수 없다.

2) 에티켓(etiquette)

에티켓은 영어에서의 예절, 예법, 동업자 간의 불문율을 뜻하며 그 어원은 'Estipuier(나무

말뚝에 붙인 출입금지)'라는 의미인데, 프랑스의 태양왕이라고 불렀던 루이 14세가 베르사유 궁전을 지었을 때 아름다운 정원 곳곳에 '출입을 금함'이라고 하는 나무 팻말을 세운 것이 어원이 되었다. 이를 정리해보면, 에티켓이란 '교제상 필요한 공공의 약속 또는 공공장소에서의 유의사항'이라고 할 수 있다. 예를 들면 우리나라에서는 길을 갈 때 사람은 왼쪽, 차는 오른쪽으로 정해져 있는 것이다. 그렇지 않으면 서로 충돌하거나 혼란에 빠지게 된다(조영대, 2010:15~16).

에티켓은 순 의미에서는 예절, 예법 등으로 해석이 되지만, 생활적인 측면을 고려해 보면 상식적인 면을 강조하고 있다고 할 수 있다. 대인관계에 있어서의 상대방을 배려하고, 상대를 곤경에 빠트리거나, 해가 되지 않게 하는 것이라 할 수 있다. 세계 각국의 다양한 문화와 환경으로 인해 차이가 있는 것은 사실이나 근래에는 공통의 에티켓, 생활 에티켓 등이 공용화되는 추세이다.

3) 매너(manner)

매너는 원래 마누아리우스(manuarius)라는 라틴어에 어원을 두고 있다. 이는 manus(행동, 습관)와 arius(방식, 방법)의 복합어로, 마누스(manus)는 hand의 의미로 손이라는 뜻이고, 이외에도 사람의 행동, 습관 등을 내포하는 말이다. 아리우스(arius)는 more at manual, more by manual로 방법, 방식의 의미이다. 따라서 매너스(manners)란 사람마다 가지고 있는 독특한 습관, 몸가짐으로 해석할 수 있다. 이는 매너란 어떤 일을 할 때 '바람직하고 좀 더 쾌적하고 우아하다'는 감각에서 생겨난 습관이다. 그것은 상대에 대한 마음 씀씀이나 물건 다루는 방법, 사람과 교제하는 방법, 몸짓 등에 관한 것으로, 이것도 오랜 기간 사람과의 교제 속에서 정착되어온 것이다. 예를 들면, 결혼식에 초대받은 사람이 신랑 신부를 돋보이기 위해 같은 색깔의 옷은 입지 않는다든지, 회식 자리에서는 주위 사람과 보조를 맞추어 음식을 먹는다든지, 엘리베이터를 이용할 때 이성에게 먼저 양보한다든지 등의 마음 씀씀이가 바로 매너이다(조영대, 2010:28).

에티켓과 비교를 하여 매너를 보자면 예절, 예법 등을 행동하는 습관, 방식, 방법이라고 해석할 수 있을 것이다. 매너는 다른 사람과의 교제하는 데에 있어서의 외부적으로 나타나는 표현방법, 표현방식 등으로 상대에게 방해가 되거나 해가 되지 않는 행동을 하는 것이라고 할 수 있다. 대학생활에서 있어서의 대학의 구성원들과의 좋은 관계형성을 위해서는 예의범절, 에티켓과 매너있는 행동은 필수 조건이라 할 수 있다.

2 에티켓의 기본개념 및 원칙

에티켓의 기본 개념을 친절 또는 따뜻한 마음, 공명정대한 정신, 상대에게 폐를 끼치지 않는 것, 상식을 따르는 일로 구분해서 알아보고자 한다(조영대, 2010:22~24).

먼저, 에티켓의 기본은 상대를 먼저 생각하는 친절한 마음에서 비롯된다. 친절한 감정이 솟아오르면 상대의 기분을 편안하게 해주려는 생각이 들고, 그렇게 되면 상대에게 불쾌한 감정을 주지 않으려 노력하게 된다. 상대에게 편안한 자리를 권하거나 대화에 참여하지 못하고 있는 사람에게 말을 건네는 것은 친절에서 나오는 자연스런 호의의 표시라 하겠다. 다음은, 에티켓에는 늘 상대의 입장에서 상황을 바라보는 공명정대한 마음가짐이 필요하다. 또한 매력적이고 차분하게 예의를 지키기 위해서는 자존심도 있어야 한다. 자존심은 자신에 대한 자신감과도 일맥상통하다.

또한 에티켓은 타인에게 폐를 끼치지 않겠다는 생각으로 바꿔 말하면 '상대를 배려하는 행위'이다. 공공장소에서의 에티켓을 잘 지키는 일이 바로 공중질서나 공중도덕으로 표현되는 것이며, 대학생활에서의 에티켓을 지키는 것도 질서 및 도덕적으로 표현된다고 할 수 있다. 마지막으로 빼놓을 수 없는 것은 상식이다. 여기서 말하는 상식이란 남다른 지성이나 전문적인 지식이 아니라 일반 생활개념에서 벗어나지 않는 올바른 판단과 센스라고 할 수 있다.

다음은 에티켓의 원칙에 대해 알아보고자 한다(강영욱 외, 2013:21~22). 첫째, 상대방을 배려하는 친절한 마음이다. 따뜻하고 친절한 마음을 가진 사람은 남을 먼저 생각하며, 상대방을 편안하게 해 주려고 한다. 이것이 에티켓의 기본이다. 둘째, 상대방의 말을 경청하는 것이다. 대화를 할 때 상대방의 말을 잘 듣는 것도 상대방에 대한 배려이며 관심을 보이는 것으로 말을 잘 듣고 적절한 질문을 하는 것이 중요한 점이다. 셋째 시간엄수이다. 약속시간 및 수업시간 등을 지키는 것은 대학생활에 있어서의 기본이다. 상대방을 존중하는 기본

자세라 할 수 있다.

넷째, 적절한 언어사용이다. 문어체와 구어체를 적절히 조화롭게 사용하는 것이 좋다. 대화에서 상대방에 따라 그에 맞는 언어를 사용해야 할 것이다. 다섯째, 적절한 복장이다. 때와 장소에 맞는 의복은 매너 수준을 말해준다. 여섯째, 자제하는 마음이다. 습관적으로 불안할 때 다리를 떤다거나 지루함이나 답답함을 참지 못하고 몸을 비틀거나 소리를 지르고 한숨을 쉬는 행위는 주위사람에게 불안함과 불쾌감을 주게 된다. 자기에게 맞지 않는 상황이어도 욕구를 억제하고 자제하며 침착한 자세를 유지하는 것이 매너 있는 행동이다.

3 대학생활 에티켓(예절)

스승과 제자의 예절과 학우간의 예절에 대해 알아보고자 한다(이남철, 2014:101~106).

첫 번째, 스승과 제자의 예절이다. 스승은 인간이 살아가는 도리를 가르쳐 주고, 학문을 전수해 주며, 의혹을 풀어주는 사람이다. 스승은 언제나 내 곁에 있는 분이지 멀리 떨어져 있는 분이 아니다. 친근하고 존경하는 마음과 공손한 태도로 스승을 대한다면 스승은 제자를 위해 모든 것을 바쳐 가르침을 줄 것이다. 스승을 대하는 예절의 실천 조목은 다음과 같다.

- 언제 어디서나 스승을 만났을 때는 공손하게 인사를 해야 한다. 몰래 숨어서 피하거나 모른 척하고 지나가서는 안 된다.
- 스승이 계시는 곳에 들어갈 때는 자신의 옷매무새를 한번 살핀 뒤에 단정하게 하고 들어간다.
- 스승과 대화할 때는 단정한 자세로 똑바로 서서 스승을 보면서 이야기 한다. 스승께서 앉으라고 하면 "감사합니다"라고 가볍게 인사한 뒤에 앉는다.
- 스승과 대화할 때는 편안한 마음으로 하며, 지나치게 어렵게 느껴서는 안 된다. 스승을 너무 어렵게 느끼면 마음 속에 있는 말을 하지 못하기 때문이다.
- 의문이 있을 때에는 반드시 의문을 풀 수 있도록 정중하게 질문을 해야 하며, 스승이 명확하게 대답을 하지 않을 때는 "다음에 가르쳐 주세요"하고 가는 것이 좋다. 스승

이라고 모든 것을 아는 것은 아니기 때문이다.

두 번째 바른 교우관계 예절이다. 학우란 학문을 같이 연구하고 공부하는 동료일 뿐 아니라 일생의 동반자로 함께 살아갈 귀중한 존재이다. 친하게 지내는 교우관계에서도 서로 지켜야 할 에티켓(예절)이 있다. 만약 서로 지나치게 친한 것을 내세워 함부로 대한다면 신뢰와 믿음이 쌓이지 않을 것이다. 친근하게 지내면서도 상대방의 인격을 존중하고 겸손한 태도를 지녀야 한다. 교우 간에 지켜야 할 에티켓(예절)은 다음과 같다.

- 학우 간에는 서로의 인격을 존중해 주며, 신의를 굳게 지켜야 한다.
- 학우 간에는 서로의 학문 연마에 도움을 준다는 자세를 갖는다.
- 친밀한 것이 도를 넘어서 예의에 벗어난 행동을 하지 않도록 주의한다.
- 학우 사이에는 고운 말을 사용하고, 상대방의 장점을 칭찬하는데 인색하지 않는다.
- 학우에게 허물이 있을 때는 드러내지 말고 감싸주며, 잘못을 저지를 때는 충고하여 좋은 길로 인도한다. 그러나 지나치게 자주 충고하면 서로를 멀어지게 만들기 때문에 삼가야 한다.
- 기쁜 일과 좋은 일은 서로 격려하고 칭찬하며, 나쁘거나 슬픈 일은 서로 경계하고 나누어 가져야 한다.

또한 학교생활에서의 공통예절에서 선생님과 동문, 선후배간의 예절에 대해 전례연구위원회(1997:138~141)에서는 학교는 사람다움을 가르쳐주고 지식을 넓혀주어 더불어 살고 인류를 발전시키는 데에 필요한 모든 것을 이어 내리는 배움의 터전이라고 하였다. 구체적인 내용은 다음과 같다.

- 가르치는 선생과 배우는 학생은 모두 학교의 존재에 깊은 감사의 마음을 갖는다.
- 선생과 학생은 학교의 모든 규칙을 엄중히 지켜 학교 생활이 모든 생활의 기본이 되게 한다.
- 선생과 학생은 학교의 모든 시설을 아끼고 다듬어 본래의 목적에만 활용한다.
- 선생과 학생은 학교 안에서 학문을 연마하는 일 이외의 일을 하지 않는다.
- 선생과 학생은 학교가 모든 사람들의 본받음의 대상임을 자각해 진리와 원칙에 성실히 임한다.

그리고 선생님을 모시는 예절에 대해서는 부모는 낳으시고, 선생님은 가르치시기에 선생님은 부모와 같은 어른이라고 하였다.

- 선생님을 부모 모시듯이 공경으로 섬긴다.
- 선생님은 지식뿐 아니라 모든 생활의 지혜를 주시므로 본받는다.
- 선생님의 가르침은 진리이며 원칙이다. 어긋남이 없이 성심을 다해 배운다.
- 선생님의 가르침에 의문이 있으면 공손하게 질문해 깨닫는다. 묻지 않으면 가르치지 않는 것이다. 그래서 물어서 배운다는 뜻으로 학문(學問)이라 한다.
- 선생님을 모시는 데는 배운다는 것 외의 다른 생각을 일체 갖지 않는다.

동문 · 선후배간의 예절에 대해서는 한 학교, 한 선생님에게서 배운 사람은 형제자매와 같은 것이라 하였으며 내용은 다음과 같다.

- 같은 학교, 한 선생님에게서 배우거나 같은 학문을 하는 사람은 배움의 연조와 학문의 정도에 따라 엄격한 선후의 예절을 다한다.
- 좋은 일은 서로 격려해 부추기며 칭찬하고, 나쁜 일은 서로 깨우치고 경계해 고치게 한다.
- 선배를 형님 모시듯이 공경하고 후배를 동생 사랑하듯이 아껴 서로를 배운다.
- 동문과 선후배는 협력해 학교를 발전시키고 선생님의 학덕을 빛나게 하는 데에 주력한다.
- 동문과 선후배는 학문에 시샘을 하지 말고, 자기가 더 노력해 상대의 부족을 메꾸며, 같은 학문을 하는 사람은 남을 시기하기에 앞서 자기의 연마와 탐구로 학문을 발전시킨다.

다음은 학생들이 강의실에서 지켜야 할 에티켓에 대해 알아보고자 한다(알렉스 J. 파커, 2008:20~21).

- 선생님이 말씀하실 때는 잘 듣는다.
- 말하기 전에 우선 생각한다.
- 자기의 일을 본 다음엔 정리한다.
- 수업 준비를 한다.

- 수업 중 할 말이 있을 때는 손을 든다.
- 다른 사람들의 생각을 존중한다.
- 서로를 칭찬한다.
- 교우들이나 선생님께 의사표현을 할 때는 친절과 존경을 표한다.
- 손이나 발을 가지고 장난하지 않는다.
- 상황에 맞추어 "부탁드립니다.", "감사합니다.", "실례합니다.", 그리고 "죄송합니다." 라고 말한다.
- 수업시간에 열심히 임한다.
- 논쟁을 하고 있는 사람과 직접 그 문제에 대해 이야기 한다.
- 따돌리지 않는다.
- 신체적, 언어적 공격을 피한다.
- 성추행 및 성폭행은 절대 하지 않는다.
- 교우가 도움을 요청했을 때 들어준다.
- 선생님이나 다른 교우가 말할 때는 조용히 한다.
- 뒤에서 다른 행동을 하거나 교우의 나쁜 소문을 퍼뜨리지 않는다.
- 다른 교우에게 기분 나쁜 말을 일삼지 않는다.
- 다른 교우가 공부하는 것을 방해하지 않는다.
- 교실에서 괜히 졸린 척, 지루한 척하지 않는다.
- 다른 사람의 외모, 능력, 배경, 가족, 종교, 민족적인 부분이나 성적인 부분으로 상처를 주는 발언을 하지 않는다.
- 못되고 상처 되는 일, 불법적인 일을 하지 않는다.
- 바른 태도를 가진다.

4 대학생활 에티켓 실천

대학생활 에티켓을 실천하기 위해 기본자세와 대화, 상황별 에티켓으로 나누어 알아보고자 한다.

첫째, 대학생활 에티켓에서 기본이 되는 자세에 대해 알아보고자 한다. 자세에는 상황별로 다양하게 있을 수 있지만, 대학생활에서 중심이 되는 자세에 대해 알아보도록 하겠다(전례연구위원회, 1997:102~110).

1) 서는 자세

몸을 정결하게 하고 옷맵시를 깔끔하게 했더라도 몸가짐과 기거동작이 예의범절에 어긋나면 가치가 없다. 선 자세는 모든 자세의 기초가 되므로 가장 중요한 자세이다.

- 발은 가장 편하게 약간 옆으로 벌리는데 앞뒤로 엇갈려서는 안된다.
- 무릎과 엉덩이, 허리를 자연스럽고 곧게 편다.
- 몸의 체중을 두 다리에 고르게 싣는다.
- 두 손은 앞으로 모아 공수한다.
- 가슴을 의도적으로 내밀거나 뒤로 젖히지 말고 자연스럽게 편다.
- 두 어깨는 수평이 되게 반듯하게 해서 앞으로 굽히거나 뒤로 젖히지 않는다.
- 고개는 반듯하게 들고 턱을 자연스럽게 갖는다.
- 눈은 곱게 떠서 시선의 초점을 자기 키의 3배 정도 정면에 둔다.
- 입은 자연스럽게 다문다.

2) 바닥에 앉는 자세

- 어른의 정면에 앉지 않고, 남자는 어른의 왼쪽 앞, 여자는 어른의 오른쪽 앞에 앉는 것을 원칙으로 한다.
- 실내의 장식을 가리지 않고 충분한 공간을 두고 앉는다.

- 어른께서 앉으라고 말씀해야 앉는다.
- 먼저 왼무릎을 꿇고 다음에 오른무릎을 꿇어 앉는다.
- 두 손을 가지런히 펴서 두 무릎 위에 얹거나, 공수한 손을 남자는 중앙에, 여자는 오른쪽 다리 위에 놓으면 좋다.
- 손위 사람이 편히 앉으라고 말씀하면 편히 앉는다.
- 벽이나 가구 등에 기대앉지 않으며 손으로 바닥을 짚고 비스듬히 앉지 않고, 다리를 뻗고 앉아도 안 된다.
- 의복이 앉은 주위에 넓게 펼쳐지지 않도록 다독거려 갈무리한다.
- 자세를 바르게 하고 시선은 앉은키의 2배 정도의 바닥에 둔다.

3) 방석위에 앉는 자세

- 모든 앉음새는 바닥에 앉을 때와 같다.
- 어떤 경우라도 방석을 발바닥으로 밟으면 안 된다.
- 앉을 때 왼무릎을 꿇기 전에 두 손으로 방석을 당겨 무릎 밑에 반듯하게 넣으면서 방석 위에 무릎을 꿇는다.
- 방석의 중앙에 앉되 발끝이 방석의 뒤편 끝에 걸쳐지게 앉는다.
- 방석이 구겨지지 않게 곱게 앉는다.
- 일어날 때는 무릎을 들면서 두 손으로 방석을 원자리에 밀어놓는다.

4) 의자에 앉는 자세

- 앉아야 할 의자의 옆에서 바른 자세로 정면을 향해 선다.
- 의자 쪽으로 몸을 약간 돌리면서 의자 쪽의 손으로 의자의 등받이를 잡아 의자가 흔들리지 않게 한다.
- 의자의 반대쪽 발을 의자의 앞선보다 약간 앞으로 내디딘다.
- 의자 쪽의 발을 의자의 앞선보다 약간 앞으로 내디딘다.
- 의자의 반대쪽 발을 앞에 내디딘 발과 가지런히 모으며 등받이를 잡은 손을 뗀다.

- 의자가 밀려 흔들리지 않도록 두 손으로 의자의 양 옆이나 팔걸이를 잡고 앉는다.
- 남자는 두 무릎을 붙이고, 여자는 발끝도 붙인 다음 두 손은 공수해 자리 위에 얹는다.
- 등받이에 등을 기대지 않고 곧은 자세로 앉는다.

5) 걷는 자세

걷는다는 것은 바르게 선 자세에서 발을 움직여 위치를 옮기는 것이다.

- 몸의 중심은 바닥을 디딘 발에 얹는다.
- 몸은 흔들지 않고 발만 옮긴다.
- 양 팔은 자연스럽게 앞뒤로 흔들거나 앞으로 모아 공수한다.
- 발바닥이 앞뒤에서 보이지 않게 바닥과 발바닥이 평행이 되게 걷는다.
- 발바닥을 바닥에 놓을 때는 앞과 뒤가 동시에 바닥에 닿게 놓는다.
- 발끝을 벌리지 말고 일직선의 양 옆에 놓이도록 곧게 걷는다.
- 옷이 펄럭이지 않게 여미며 걷는다.
- 뛰거나 허둥대지 말고 조용히 물이 흐르듯이 걷는다.
- 실내에서는 보폭을 옥외에서 보다 좁게 한다.
- 실내에서는 발자국소리가 나지 않게 걷는다.

6) 계단을 오르내릴 때

- 소리가 나지 않게 한다.
- 옷자락을 들고 여며 밟히지 않게 걷는다.
- 남녀가 함께 계단을 오를 때는 남자가 먼저 오른다.

7) 남의 앞을 지날 때

- 반드시 '실례합니다.', '미안합니다.', '죄송합니다.'하고 양해를 구한다.

- 조용하면서도 민첩하게 걷는다.
- 남의 몸에 기대거나 부딪치거나 옷이 스치지 않게 한다.
- 상대에게 정면으로 뒷모습을 보이지 않는다.

8) 기거동작

기거동작이란 웃어른 앞에서의 몸가짐을 말하는 것이다.

- 웃어른보다 편한 자세를 취하지 않는다.
- 웃어른보다 높은 곳에 위치하지 않는다.
- 웃어른에게 뒷모습을 보이지 않는다.
- 웃어른의 말씀이 자기에게 유익한 내용이면 세 번 정도 사양하다가 감사하며 따른다.
- 웃어른의 말씀이 자기에게 불리한 내용이면 말씀하시기가 무섭게 실천한다.

9) 물건다루기

먼저, 물건을 다루는 기본자세는

- 물건은 소리나지 않고 상하지 않게 다룬다.
- 물건의 아래와 위가 뒤집히지 않고 속과 겉이 바뀌지 않게 다룬다.
- 물건은 두 손으로 다루는 것을 원칙으로 한다.
- 먹는 음식이나 먹는 데에 쓰이는 기구는 음식이나 입에 닿는 부분을 손이 닿지 않게 다룬다.
- 칼, 송곳 등 위험한 물건은 손잡이를 잡아야 하고 남에게 줄 때는 상대가 손잡이를 잡기 편하게 준다.
- 바늘, 핀같이 작은 물건은 큰 종이나 천에 찔러서 보관한다.
- 작거나 흐트러지기 쉬운 물건은 그릇에 담아서 보관한다.
- 같은 종류의 물건이나 주된 물건에 따르는 물건은 한 곳에 보관한다.
- 물건은 일정한 곳에 두어 찾아쓰기 편하게 관리한다.

다음은 물건을 주고받는 예절이다.

- 받는 사람에게 편하게 두 손으로 준다.
- 물건을 손 위에 얹어서 든다.
- 손잡이가 있는 물건은 손잡이를 든다.
- 신문, 책 등 읽을거리는 상대가 바르게 보이도록 한다.
- 음식을 담은 그릇은 음식이나 그릇의 안쪽에 손이 닿지 않게 한다.
- 물건을 바닥에 놓을 때나 바닥에서 들 때는 앉아서 놓고 든다.
- 앉은 사람에게는 앉아서 주고, 선 사람에게는 서서 준다.
- 앉아서 주는 물건은 앉아서 받으며, 서서 주는 물건은 서서 받는다.
- 그릇에 담긴 물건은 흔들리지 않고 쏟아지지 않게 든다.

둘째는 대학생활에서의 대화 에티켓이다. 대학생활은 대학의 교직원 및 학우들과의 관계의 연속이라 할 수 있다. 이러한 관계에 있어서의 대화는 중요하다. 대학생활의 타인과의 관계에서 호감 및 좋은 인상을 주는 대화의 에티켓은 필수요건이라 할 수 있다. 이를 위해서는 바른 자세를 바탕으로 한 상대방을 배려하려는 마음가짐에서 나온 대화의 기술이 필요하다. 대학생활의 바람직한 대화에티켓을 위해 주의사항과 대화 시의 거리, 대화방법에 대해 알아보고자 한다.

1) 대화시의 주의사항

- 말은 침착하고 조용히, 그리고 간결하게 한다.
- 말하는 자세를 바르게 한다.
- 말에는 적당한 유머가 필요하다. 대화는 물론 강연에 있어서도 때와 장소에 따라 유머나 해학이 가미되면 분위기가 무겁지 않고 유쾌하다.
- 상대방의 눈을 바로 보고 말한다. '눈은 마음의 창'이라는 말이 있듯이 눈으로 말한다고 할 정도로 눈의 표정은 대화에서 중요하다.
- 혼자 아는 척해서는 곤란하다. 누구나 아는 것을 혼자 아는 척하고 박학다식한 것처럼 떠벌리면 이야기를 듣는 사람으로 하여금 저항감을 느끼게 한다.

- 남의 비밀이나 싫어하는 것은 묻지 않는다.
- 남의 말을 가로채서도 곤란하다. 남의 말이 끝나지도 않았는데 가로채어 말하는 것은 상대방의 말을 묵살하는 태도이다.
- 말을 하기보다 듣기를 잘해야 한다. 남의 말을 정성스레 경청하는 것이 중요하다.
- 말은 풍부한 화제와 화술을 쓰되, 거짓이 되지 않게 해야 한다.
- 외국어나 어려운 말을 삼가야 한다.
- 친한 사이에는 무방하나 지나친 농담은 삼가야 한다(박춘옥, 2003:151~152).

2) 상대방과의 거리

대학생활에 있어서 상황에 맞추어서 상대방과의 적절한 거리는 필요하다 할 수 있다. 상대방과 편안한 거리를 유지하는 것이 대화 진행에 있어서 더욱 수월하게 진행되는데 도움을 준다. 다른 사람과의 적절한 거리를 다음과 같이 분류할 수 있다.

(1) 친밀한 거리는 상대방에게 팔을 뻗으면 닿을 거리인 45cm 정도이다. 이렇게 가까운 거리에서 대화를 나눌 상대는 개인적으로 친밀한 관계이므로 눈 맞춤을 포함한 비언어적 신호에 크게 신경 쓸 필요가 없다. (2) 개인적인 거리 45~115cm 사이가 적절하다. 친구 혹은 친한 동료와 악수를 나누거나 대화를 나누기에 좋은 거리다. 상대방의 비언어적 신호를 명확히 읽을 수 있다. (3) 사교적인 거리 혹은 직업적인 거리는 115~335cm 사이에서 결정된다. 여기서 거리를 결정하는 가장 큰 기준은 당신의 지위와 역할이다. (4) 공적인 거리는 335~425cm센티미터 사이로 다수를 상대로 연설을 할 때 가장 많이 활용된다(로잔 토머스 편저, 서유라 역, 2018:143~144).

3) 대학생활의 바람직한 대화방법

- 눈길은 부드럽게 웃음 띤 표정으로 이야기한다.
- 교양 있게 이야기한다.
- 재치 있게 이야기한다.
- 상황에 맞게 이야기한다.

- 친한 사이라도 조심해서 이야기한다.
- 전화 통화는 상대를 배려해 이야기한다(박정민 · 김수연, 2006:74~76).

셋째는 대학생활에서 상황별 에티켓에 대해 알아보고자 한다.

1) 전화(휴대전화, 스마트폰) 에티켓

- 수업시간 및 상담시간에는 전화를 끄거나 매너모드로 전환한다. 만약 긴급통화 시에는 강의실 및 연구실 등 밖으로 나가서 통화한다.
- 대학생활 관련 전화 응대 시에는 신속하게, 정확하고 정중한 자세로 임해야 한다.
- 전화를 할 때에는 자신을 소개 한 후에 상대방이 현재 통화가 가능한지를 확인 후에 응한다. 통화의 내용을 미리 준비하도록 하고 용건만 간단히 하도록 한다.

2) 이메일 에티켓

- 오프라인에서 실제로 대면할 때와 같은 태도를 가진다.
- 실제 생활과 같은 윤리기준과 활동규범을 적용한다.
- 다른 사람의 시간을 배려한다.
- 정중한 문법을 사용한다.
- 단정한 문법을 사용한다.
- 온라인 명함 등 자신을 소개할 수 있는 것을 글의 끝 부분에 첨부한다(강영욱 외, 2013:198).

3) 컴퓨터 및 휴대전화 채팅시의 에티켓

- 컴퓨터 통신 전체를 통해서 다른 이용자를 부를 때에는 '님'이라는 경칭을 사용해야 한다. 이름이나 아이디를 붙여서 '~님'이라고 부르면 된다.
- 대화마당에 들어갈 때나 나올 때에는 반드시 인사하도록 한다.

- 다른 사람을 비난하거나 욕설을 하거나 저속한 음담패설을 채팅방에서 절대로 해서는 안 된다.
- 초보자가 들어 올 경우 천천히 기다려 주며 친절하게 안내한다.
- 마주보고 이야기하는 마음가짐으로 임한다.
- 동시에 몇 사람과 이야기할 때는 상대방을 혼동하지 않도록 조심한다.
- 광고, 홍보 등을 목적으로 악용하지 않는다.
- 진행 중인 대화의 내용과 분위기를 파악한 후 대화에 참여한다.
- 센스 있고 재미있는 대화를 유도한다.
- 다른 사람의 아이디로 접속하여 대화하지 않는다(강영욱 외, 2013:199).

4) 연구실 및 사무실 에티켓

교수연구실이나 사무실에 방문 및 상담 시에 필요한 에티켓을 알아보고자 한다. 대학생활에서 방문 · 상담 시 에티켓은 사제관계 및 타인과의 관계 중요한 부분이라 할 수 있다. 사전에 목적과 용무가 무엇인지 밝히고, 약속 및 예약도 잊지 않아야 한다.

- 사전에 방문 및 상담시간을 약속하도록 한다.
- 약속된 방문시간을 엄수하도록 한다.
- 약속시간에 너무 빠르게 도착하지 않도록 한다. 또한 식사시간 및 수업시간은 피하도록 한다.
- 방문 시에 방문 목적에 맞는 적절한 복장을 하도록 한다.
- 연구실이나 사무실에 도착했을 때에는 노크 전 복장을 점검한다. 노크를 하고 응답이 있을 때까지 기다린다.
- 입구에서 간단히 인사를 하고 정식인사는 입실 후에 한다.
- 교직원의 안내를 받아 권하는 자리에 앉도록 하고, 특별한 지정이 없으면 상대가 윗사람일 때는 상석은 피하도록 한다. 입구에서 가까운 쪽이 하석, 안쪽이 상석이다.
- 착석 시에는 올바른 자세로 앉아 용무를 보며, 차나 간단한 다과는 남기지 말고 맛있게 마시고, 먹는 것이 예의이다.
- 너무 오래 머무르지 말고 용건이 끝나면 나오도록 한다.

- 돌아갈 때는 인사를 하고 나온다.

5) 악수 에티켓

악수는 절은 아니지만 반가운 인사의 표시로 행하기 때문에 절의 일정으로 간주 할 수 있다.

- 악수의 기본동작은 오른손을 올려 엄지손가락을 교차해 서로 손바닥을 맞대어 잡았다가 놓는 것이다. 가볍게 아래위로 몇 번 흔들어 깊은 정을 표시하기도 한다. 상대가 아픔을 느낄 정도로 힘주어 손을 쥐어도 안 되고 몸이 흔들릴 정도로 지나치게 흔들어도 안 된다.
- 악수는 윗사람이 먼저 청하고 아랫사람이 응한다.
- 같은 또래의 이성 간에는 여자가 먼저 청해야 남자가 응한다.
- 아랫사람이 윗사람과 악수할 때는 윗몸을 약간 굽혀 경의를 표할 수도 있다.
- 윗사람은 왼손으로 아랫사람의 악수한 오른손을 덮어 쥐거나 토닥거려 깊은 정이나 사랑을 나타내기도 한다(전례연구위원회, 1997:52-53).

6) 출입문에서 지켜야 할 에티켓

- 문을 열고 닫을 때는 뒷사람을 위해 문을 잡아준다.
- 남녀가 함께 출입할 때는 남성이 먼저 문을 열어 여성이 통과하도록 한 다음 문을 닫고 따라 들어온다.
- 회전문의 경우는 이와 반대로 남성이 먼저 밀면서 나가 여성이 나오는 것을 도와준다.
- 공공건물 출입문을 이용할 때 뒤에 따라 오는 사람이 있으면, 잠시 동안 출입문을 잡아준다. 그리고 앞사람이 출입문을 잡아주면 '고맙습니다'라는 인사를 잊지 않는다(이규식 · 박한표, 2014:285).

7) 계단에서 지켜야 할 에티켓

- 계단에서는 가능한 한 다른 사람을 추월하지 않는다.
- 계단을 오를 때는 남성이 여성보다 앞서서 올라가며, 반대로 내려갈 때는 여성이 먼저 내려간다. 혹 계단이 미끄럽거나 지나치게 협소한 경우에는 남성이 밑에서 여성의 손을 잡아주는 등 보호해 주는 게 바람직하다. 수치보다는 안전이 우선이기 때문이다.
- 계단에서 상급자를 에스코트할 때는 상급자를 중앙에 서도록 하고, 안내할 때는 약간 앞서 가면서 상황에 따라 손으로 지적하면서 설명한다.
- 좁은 계단에서 남성이 여성이나 상급자와 마주치는 경우에는 한쪽으로 비켜서서 잘 지나갈 수 있도록 배려한다(이규식 · 박한표, 2014:285~286).

8) 복도에서 지켜야 할 에티켓

- 지나가는 사람과 부딪치면 반드시 '실례합니다'라고 말한다.
- 복도에서 여럿이 어울려 가면서 지나가는 사람의 통행을 방해하지 않는다.
- 앞에 가는 사람이 여성일 경우, 가능한 한 멀리 떨어져서 걷는다.
- 복도에서도 상급자를 에스코트할 때는 상급자를 중앙에 서도록 하고, 안내할 때는 약간 앞서 가면서 상황에 따라 손으로 지적하면서 설명한다(이규식 · 박한표, 2014:286).

9) 엘리베이터 및 에스컬레이터에서 지켜야 할 에티켓

- 엘리베이터는 원칙적으로 차례대로 타고 내리며 당연히 문쪽에 서있는 사람부터 내린다.
- 엘리베이터를 이용하는 사람들이 많지 않은 경우에는 어린이나 윗사람 또는 여성이 먼저 타고 내린다.
- 엘리베이터에도 상석이 있다. 엘리베이터에 들어서서 왼쪽 안쪽(내부에서 보면 오

른쪽 구석)이 상석이다.

- 엘리베이터의 문이 닫히려는 순간 누군가가 뛰어온다면 잠시 기다렸다 함께 가는 것이 매너이다.
- 엘리베이터에 여성이 함께 탄 경우라면 모자를 벗는 것이 좋은 매너이다.
- 엘리베이터에서 원하는 층수를 누르고 곧바로 '닫힘' 버튼을 누르는데, 마음이 조급한 데서 나타나는 나쁜 매너이다.
- 엘리베이터 안에서 모르는 사람을 만났다 할지라도 가벼운 인사를 나눈다.
- 에스컬레이터에서는 남성이 여성 뒤에서 올라가고, 내려갈 때는 남성이 먼저 내려간다(이규식 · 박한표, 2014:287~289).

CHAPTER

02 시간관리

1 나의 시간관리 상태 점검

대학은 자기계발을 통해 졸업 후, 사회생활을 준비하는 과정이라 할 수 있다. 성인대학생 및 성인학습자 또한 모든 일과시간을 자신의 책임 하에 보낸다. 매학기 수강신청과 수업시간표를 자신이 설계할 뿐만 아니라 수업 외의 공강 시간과 긴 방과 후 시간도 자기 스스로 관리해 나가야 한다.

시간관리는 개인이나 조직의 목표 달성을 위해 일의 우선순위에 따라 일정계획을 세우고 자신의 시간통제 하에 계획을 실행해나가는 것을 말한다. 시간관리는 시간의 낭비를 최소화하고 일의 효율성을 높이는 관건이 된다. 시간관리에 실패하면 어떠한 일도 효과적으로 수행하지 못하고 목표를 달성할 수 없게 된다.

그러므로 대학생활의 성패는 시간관리를 얼마나 잘하는가 여부에 달려 있다. 공부와 과외 활동 등 모든 면에서 성공적인 대학생활을 하는 학습자와 그렇지 못한 학습자를 두 그룹으로 나누어 본 결과, 가장 큰 차이는 시간관리 능력의 차이였다는 조사결과가 있다(강인선, 2007). 성취도가 높은 학습자일수록 시간관념이 강하고 시간관리를 잘한다. 오랜 학업 공백기를 가지고 대학에 진학한 성인학습자에게는 공부방법보다 효과적인 시간관리법을 익히고 생활화 하는 일이 더 시급하다고 하겠다.

〈방법〉

• 〈활동지-①〉에 지난 일주일동안 일일 활동 내용을 적어보도록 한다.

〈활동지-①〉

• 지난 주, 나의 일일 시간의 활동 내용을 적어 봅시다.

시간/요일	월	화	수	목	금	토	일
am 12~01							
am 01~02							
am 02~03							
am 03~04							
am 04~05							
am 05~06							
am 06~07							
am 07~08							
am 08~09							
am 09~10							
am 10~11							
am 11~12							
pm 12~01							
pm 01~02							
pm 02~03							
pm 03~04							
pm 04~05							
pm 05~06							
pm 06~07							
pm 07~08							
pm 08~09							
pm 09~10							
pm 10~11							
pm 11~12							

② 시간 매트릭스 작성

대학생활에서 관리해야 할 가장 중요한 항목을 꼽으라면 시간관리일 것이다. 시간은 누구에게나 주어진 공평한 자원이므로 어떻게 관리하느냐에 따라 그 효율성이 결정된다. 효율적인 시간관리는 목표와 계획을 중심으로 상황에 따라 유연하게 대처하는 것을 통해 이루어지는 경우가 많다.

일상에서 우리는 수많은 일들을 만난다. 그러나 이러한 일들을 무작정 접근하는 것 보다는 그 일들의 성격을 구분해서 차등화한 다음 접근한다면 우리는 제한된 시간을 좀 더 잘 활용할 수 있게 될 것이다(이형국 · 권오관, 2011).

〈방법〉

① 〈활동지-②〉의 시간 매트릭스 예시를 참고하여 학습자가 평소에 활용하는 시간을 매트릭스 안에 작성한다.

② 4개의 칸 중에 어떤 것이 가장 많은가를 확인하며 자유롭게 발표한다.

③ 시간 매트릭스에서 가장 관심을 기울여야 할 부분이 2사분면(중요하지만 긴급하지 않은 일)이며, 어떤 일에 우선순위를 정하는 것이 중요함을 학습한다.

〈활동지-②〉

• 여러분이 평소에 활용하는 시간을 매트릭스 안에 적어 봅시다.

	긴급함	긴급하지 않음
중요함	I. 1	II. 2
중요하지 않음	III. 3	IV. 4

• 시간 매트릭스 예시

	긴급함	긴급하지 않음
중요함	1. 활동 • 위기상황 • 급박한 문제 • 눈앞에 닥친 시험 • 마감시간이 정해진 과제 • 프레젠테이션	2. 활동 • 장기적 자기계발 • 인간관계 구축 • 진로준비 • 재충전, 건강, 정서생활(진정한 휴식)
중요하지 않음	3. 활동 • 끼어드는 일 • 잠깐의 급한 질문 • 눈앞에 벌어진 긴박한 일 • 인기위주의 활동(각종 모임)	4. 활동 • 바쁘기만 한 하찮은 일 • 전화잡담 • 문자메시지 • 게임이나 오락 • 지나친 TV보기

위의 시간 매트릭스 예시와 같이 크게 다음의 네 가지로 구분하여 설명하면 다음과 같다(이형국 · 권오관, 2011).

1) 긴급하고 중요한 일

반드시 해야 할 일이면서도 급하게 해야 할 일이다. 중요하면서도 급하기 때문에 시행의 일 순위에 놓아야 할 일들이다. 이러한 일들이 너무 많으면 심한 스트레스를 받게 된다. 예를 들면, 출근 시간에 늦은 경우, 곧 있을 회의의 자료 준비, 시험 전날의 시험 공부 등이다.

2) 긴급하지는 않지만 중요한 일

중요한 일이지만 급하게 할 필요는 없는 일, 누군가가 체크하거나 재촉하지 않는 일이다. 대개 이런 일은 급한 일에 밀려서 자꾸 뒤처지지만 계속 미루다 보면 감당할 수 없는 큰 문제가 발생하는 경우가 많다. 따라서 이러한 일을 잘 하려면 적절한 계획을 통해 세분화하여 긴급한 일로 만드는 것도 한 가지 방법이다. 예를 들면, 건강관리, 외국어 공부, 자격증 취득, 인간관계 관리 등이 여기에 해당된다.

3) 긴급하지만 중요하지 않은 일

갑자기 끼어들어 처리해야 하지만 그다지 중요하지는 않은 일을 말한다. 누군가의 재촉이나 기다림으로 발생하고 차마 거절하지 못해 그 일을 하지만 지나고 나서 보면 불필요한 일이라는 것을 깨닫는 것이다. 일처리를 빨리 하려면 가장 바쁜 사람에게 부탁하라는 말이 있다. 어쩌면 매우 바쁜 사람은 중요한 일은 미뤄 둔 채 누군가가 기다리고 있는 긴급한 일에만 매달리기 때문에 늘 바쁘고 결국 자신의 일도 긴급하고 중요한 일이 되어서야만 처리하게 되므로 늘 더욱 바빠지는 특성을 가지고 있는지도 모른다. 이러한 일의 예로는 불시에 찾아온 손님 맞이하기, 친구의 사소한 부탁 들어 주기, 예정에 없던 술자리 등이 있다.

4) 긴급하지도 않고 중요하지도 않은 일

긴급한 일도 중요한 일도 아니지만 우리 시간의 일부를 차지하는 일이다. 이러한 일에 보내는 시간이 많은 사람은 대개 효율적이지 못하고 목표나 계획이 없이 시간을 낭비하는 사람일 수 있다. 이러한 일의 예는 정말 해야 할 일을 회피하기 위해서 시간을 보내는 게임, 지나치게 길어진 술자리, 목적 없는 인터넷 서핑 등이 있다.

학자들의 연구들에 따르면, 사람들은 긴급하지만 중요하지 않은 일에 시간의 50%를 보낸다고 한다. 그리고 오히려 긴급하고 중요한 일에 30%, 그 외의 일에 각각 10%씩을 보낸다고 한다. 그렇다면 정작 중요한 일을 처리하는 시간은 하루의 1/2이 채 되지 않는다는 것이다. 그리고 다수의 대학생들은 긴급하지도 않고 중요하지도 않은 일을 하느라 정작 자신의 인생을 위해서 꼭 해야 할 긴급하고 중요한 일들을 놓치는 경우를 종종 본다. 이것이 바로 시간관리에 실패한 대표적인 경우일 것이다. 그러면 아래의 체크리스트를 통해 자신은 어떤 일을 주로 하는 스타일인지 알아보도록 하자. 각 영역별로 문항마다 자신이 체크한 점수의 각각의 합계를 내어 보자.

하루 24시간이라는 시간은 누구에게나 공평하게 주어진다. 그러나 그렇게 주어진 시간을 제대로 활용하는 사람과 그렇지 못한 사람 사이에 나타나는 결과의 차이는 실로 엄청나다. 날마다 주어지는 24시간을 제대로 활용하는 사람에게는 복되고 성공적인 미래가 열리고 그렇게 하지를 못하고 그럭저럭 시간을 보내거나 그릇되게 사용하는 사람에게는 어둡고 후회스런 미래가 기다리게 된다.

3 목표 설정의 중요성과 설정 법칙

1) 목표 설정의 중요성

취업, 진로를 선택하고 준비하는 과정뿐만 아니라 우리는 인생을 살아가며 매 순간 목표를 설정하고 그 목표에 도달하기 위하여 계획을 세운다.

행동으로 옮기는 행동력은 목적을 이루기 위해 중요한 힘이다. 그렇기에 목표를 설정하는 것은 행동력을 키우는 중요한 과정이라 할 수 있다.

- 1953년 예일대학교는 '목표를 적어두었을 때 나타나는 효과'에 대한 실험을 시작하여 졸업생들의 20년 후의 삶을 추적 조사해 본 결과, 1973년 놀라운 일이 발생했다. 인생목표를 적어놓았던 3% 졸업생들이 나머지 97%의 졸업생들을 합친 것보다 경제적으로 풍요한 생활을 하고 있는 것으로 나타났다.

- 목표 달성 예시

과제	목표: 00자격증 합격하기
S (구체적) 목표는 타인도 알 수 있도록 구체적으로 작성한다.	1) 저녁 7시에서 9시까지 2) 00 학원에서 3) 공부를 한다.
M (측정가능) 목표달성 여부, 진척정도를 측정할 수 있도록 계량화한다.	자격시험 점수를 현재보다 20% 향상시킨다.
A (달성가능) 자신의 능력으로 현실적으로 달성 가능하여야 한다.	현재의 점수를 000점에서 000점으로 올린다.
R (결과지향적) 목표에 따라 수립되는 활동과 행동들은 달성할 결과에 초점을 두어야 한다.	점수 00점 향상을 위해서 1) 학원 수강 후 12시까지 복습한다. 2) 새벽 5시에 일어나 1시간씩 00공부를 한다. 3) 통학시간에 요약본을 암기한다. 4) 잠을 2시간 줄여야겠다.
T (시간설정) 목표달성시간을 설정한다.	자격증 합격을 위한 점수를 올리는 기간은 2013.06.11~2013.12.31 까지로 한다.

출처: 정선영(2013). 진로탐색과 경력개발. 공동체.

〈방법〉

① 〈활동지-③〉에 자신의 인생목표 설정을 위해 무엇을 하였는지 기록한다.

② 기록 후, 옆에 있는 학우와 둘이 짝지어 서로 이야기를 나눈다.

③ 자유롭게 발표한다.

〈활동지-③〉 나의 인생목표설정을 위해 무엇을 하였는가?

1. 지난 1년 동안 내가 이루고 싶었던 목표는 무엇인가?

2. 지난 1년 동안 나는 목표를 (   )% 정도 성취하였다.

3. 지난 1년 동안 목표를 성취하지 못한 이유는 무엇인가?

4. 성취하지 못한 목표에 대하여 나는 앞으로 어떠한 행동을 취할 것인가?

2) 목표 설정 법칙

목표는 다음의 법칙으로 설정한다.

1) 구체적인 목표 (Must be Specific)
2) 측정 가능한 목표 (Must be Measurable)
3) 달성 가능한 목표 (Must be Achievable)
4) 결과 지향적 목표 (Must be Result-oriented)
5) 달성 기한이 있는 목표 (Must be Time-based)

〈방법〉

① 〈활동지-④〉에 인생목표 설정 중 1개를 선택하여 SMART 법칙에 따라 계획을 세운다.

② 기록 후, 옆에 있는 학우와 둘이 짝지어 법칙에 맞게 설정하였는지 확인한다.

③ 자유롭게 발표한 후, 그에 따라 잘 작성하였는지 피드백을 한다.

〈활동지-④〉

• 인생목표 설정 중 1개를 선택하여 SMART 법칙에 따라 계획을 세워보도록 한다.

과제	목표
S (구체적) 목표는 타인도 알 수 있도록 구체적으로 작성한다.	
M (측정가능) 목표달성 여부, 진척정도를 측정할 수 있도록 계량화한다.	
A (달성가능) 자신의 능력으로 현실적으로 달성 가능하여야 한다.	
R (결과지향적) 목표에 따라 수립되는 활동과 행동들은 달성할 결과에 초점을 두어야 한다.	
T (시간설정) 목표달성시간을 설정한다.	

4 자기 자신을 재창조

자기 자신을 재창조하는 수단은 누구나 가지고 있다. 단지 사용하지 못할 뿐이다. 스스로 재창조하는 수단에는 책과 생각, 행동이 있다. 넓은 시야를 가지고 다양한 측면들을 알기 위한 독서와 그 지식, 정보들을 재조합할 수 있는 생각과 그것을 사용하는 행동력이 서로 상호 유기적으로 연관되어야 한다.

내 안에는 수천, 수만 개의 내가 존재하고 있다. 그것을 발견하고 계발하여 세상에 내놓는 일이야말로 어제와 다른 나를, 오늘과 다른 내일의 나를 만들어가는 일이다.

1) 능력 개발에 투자하는 시간을 늘려라

자신의 진정한 능력은 남들과 다르게 할 때 발견될 수 있다. 자기를 자기답게 만들기 위해서는 나와 다른 것들을 과감히 버릴 수 있어야 한다. 자신에게 주어진 시간을 돈과 바꾸기보다는 능력을 높이기 위한 시간으로 활용하도록 하자.

(1) 자신에게 시간을 투자하는 비결

① 주말과 휴일을 활용하라

아침형 인간이 유행한 적이 있다. 하지만 새벽에 일어나야 하는 고통 때문에 대부분의 사람이 실패한 것 같다. 아침에 일찍 일어나거나 밤늦게까지 안자고 뭔가를 할 생각 하지 말고 당신의 주말과 휴일을 적극 활용하라. 그 주말과 휴일 중에서 TV를 보거나 멍청하게 시내를 돌아다니는 시간만큼만 당신의 발전을 위해 투자하도록 하자.

② 쓸데없는 시간을 버려라

머리를 깎기 위해 차례를 기다리는 시간, 버스를 타고 이동하는 시간, 반갑지 않는 손님을 접대하기 위해 차를 준비하는 시간, 가고 싶지 않은 행사에 참석하거나 억지로 술자리에 끼어 분위기를 맞추려고 노력하는 시간, 이런 시간들을 버려야 한다. 그리하여 시간의 중심을 당신에게로 옮겨와야 한다. 시간은 흘러가는 것이 아니라 내가 이용하는 것이다.

③ 성과 없는 일을 버려라

성과를 남기고 당신을 발전하도록 만드는 일은 무엇이고, 아무리 노력해도 성과가 보이지 않고 재미도 없는 일은 무엇인지 구분하자. 그리고 성과를 남기지 못하는 일은 과감하게 버리자. 버릴 수 없다면 다른 사람에게 위임하거나 용역을 주는 방법을 찾자. 돈으로 시간을 살 수 있다면 얼마든지 그렇게 해야 한다. 돈은 벌 수 있지만 시간을 다시 얻을 수 없지 않은가.

④ 성과가 있는 일에 집중하라

성과가 있는 일에 집중하면 그 과정에서 배움이 깊어지고 자연스럽게 자신의 능력이 강화된다. 전문가가 되는 것이다. 처음에는 결과물보다 투입되는 노력의 양이 더 많겠지만 성과가 쌓여갈수록 투입보다는 결과물을 만들어내는 사람을 말한다. 그것이 효율성이다.

⑤ 일상을 활용하라

시간을 억지로 만들어내려고 하기보다는 일상의 시간을 활용하자. 우리는 순간순간 많은 정보를 주고받는다. 그 양이 엄청난데도 제대로 활용하지 못하고 대부분 흘려 넘기고 있다. 일상에서 떠도는 정보들을 잘 모아두기만 해도 많은 시간을 절약할 수 있다.

(2) 마음의 청춘을 유지하라

사뮤엘 올만은 청춘을 나이가 아닌 마음의 상태라고 하였다. 강한 의지, 풍부한 상상력, 불타는 열정 이러한 이상을 잃어버릴 때 비로소 늙는 것이라고 말이다. 언제나 마음의 젊음을 유지하고 열정적으로 살아가는 사람들은, 무언가에 미쳐있거나 누가 뭐라고 하든 개의치 않는 자기중심적이거나 혹은 어리숙한 거짓말로 자신을 속이지 않는 정직한 사람, 무엇보다도 셀프리더십을 가지고 있다. 젊었을 때 이런 특징들은 다른 사람들에게 설득력 있게 보이지 않고 오히려 비난의 대상이 되기도 한다. 그러나 시간이 흐를수록 탁월한 성과로 남다른 삶을 살아가는 그들을 닮고 싶어 한다. 괜찮은 삶을 살고 싶다면 육체적 건강뿐만 아니라 마음의 젊음을 유지하기 위해 노력해야 한다.

■ 마음의 건강을 지키는 법

① 밝은 사람과 같이 지내라

긍정적인 태도로 삶에 웃음이 떠나지 않는 사람들이 있다. 그들로 당신의 주위를 가득 채워라. 당신의 얼굴에서 웃음이 떠나지 않을 것이다. 웃음은 전염된다.

② 너무 많은 일을 하지 마라

한꺼번에 많은 일을 하면 지친다. 한 번에 하나의 일만 하라. 그러면 제대로 할 수 있을 것이고, 하나를 제대로 하면 세상의 진리 하나를 발견할 수 있다. 그 진리란 '단순한 삶이 힘이 세다'는 것이다.

③ 구별할 수 있는 눈을 가져라

당신을 행복하게 해줄 수 있고 그렇지 않는 것이 있다. 그것을 구별하지 못하면 삶은 복잡해지고 인생은 꼬인다. 무엇이 중요한지 모르는 사람들은 이것저것 마구 건드리는 법이다.

④ 포기하라

무엇이 중요한 것인지를 구별할 수 있는 눈을 가졌다면, 이제 중요하지 않는 것을 과감히 포기해야 한다. 자유란 포기할 수 있는 능력을 포함하는 것이다.

(3) 상상력을 키워라

상상할 수 없는 것은 이루어지지 않는다. 자신이 원하는 것에 대한 원대한 꿈을 가지고 그것을 구체적으로 머릿속에 상상해야 한다. 상상하는 것을 반복해서 진정한 소망이 되었을 때, 우리는 그것을 위해 실천하고 행동하며 자신을 단련시킬 수 있다. 그럴 때 꿈은 한발 한발 나의 앞으로 다가오는 것이다.

■ 꿈을 위한 상상력을 키우는 방법

① 구체적으로 상상하라

황영조 선수나 이봉주 선수가 마라톤에서 우승할 때 두 손을 번쩍 치켜들고 결승 테이프를 끊는 장면처럼, 자신이 성공하는 장면을 구체적으로 떠올려 보라. 나는 마라톤에서 우승해야지라는 추상적인 상상만으로는 실천력이 따르지 않는다. 구체적으로 눈에 보이도록 상상할 때 힘이 생긴다.

② 마인드맵을 그려라

마음속으로 어떻게 하면 내 꿈을 이룰 것인지에 대해 마인드맵을 그려보자. 마인드맵을 그리면서 꿈은 점차 구체화되고 해보겠다는 열정이 꿈틀거릴 것이다. 머릿속에서 정리가 됐으면 그림으로 그려보자.

③ 성공사례를 연구하라

성공사례를 연구하는 것은 자신의 상상력을 자극하는 데 도움을 준다. 그들이 어떻게 성공했는지를 연구하면서 나의 꿈은 어떻게 실현될 것인지, 어떤 모양이 될 것인지 구상하게 되는 것이다.

④ 접촉의 기회를 만들어라

만약 당신의 꿈이 마라톤 완주라면 자주 마라톤 경기장에 가보는 것이 좋다. 경기장에 몰려든 사람들과 휘날리는 깃발들은 자신의 꿈을 상상하도록 자극할 것이다. 꿈이 개그맨이 되는 것이라면 자주 방송국을 찾아서 그들의 공연을 보는 것이 좋고, 작가가 되는 것이 꿈이라면 책을 자주 보고 작가들을 직접 만나보려고 노력해야 한다.

(4) 자신과 대화하라

지금 중요한 문제에 부딪혔거나 혼자 있는 시간이 버겁게 느껴진다면, 스스로에게 질문을 던지고 그에 합당한 대답들을 쏟아내 보자. 당신의 상상력과 창의성은 생각처럼 빈약하지 않다. 당신 속에는 수많은 당신이 숨어 있으며 그 한 사람을 만날 때마다 새로운 아이디어 하나와 또 다른 세계를 얻을 수 있다. 그 아이디어 중 하나는 당신을 지금까지 경험해보지 못한 전혀 다른 신세계로 안내할 것이다.

■ 자신과 대화하는 효과적인 방법

① 질문을 글로 써보라

스스로에게 질문을 던지면서 그것을 글로 써보는 것이다. 그리고 좋은 해결책이 생각날 때마다 번호를 붙여서 글로 남겨보자. 생각하는 데 훨씬 도움이 될 것이다. 손이 생각을 이끌어내는 경험을 하면서 자신의 능력에 새삼 감탄하게 될 것이다.

② 긍정적으로 질문하라

부정적인 질문을 하면 부정적인 답이 나오고 긍정적인 질문을 하면 긍정적인 답이 나온다. 적절한 질문이 중요한 이유는 이것 때문이다. 자신에게 생각을 자극할 수 있도록 긍정적으로 질문하자.

③ 구체적으로 질문하라

구체적으로 질문을 하면 구체적인 답이 나온다. 좋은 질문이란 긍정적이고 구체적으로 시기에 적절하도록 하는 것이다. 6하 원칙을 지켜가면서 하는 질문은 구체적이다. 특히 자신에게 던지는 질문에 '어떻게'라는 것이 반드시 포함되어 있어야 한다.

④ 설명하듯이 답하라

자신의 질문에 답할 때에는 다른 사람에게 설명하듯이 말해야 한다. 자신감 있게, 그것은 당연히 그렇게 되는 것이며 굉장히 창의적인 내용인 것처럼 자부심을 가지고 설명하다 보면 자연스럽게 논리가 만들어지는 것이 느껴진다. 다른 사람에게 설명하는 방식은 자신의 두뇌를 자극하는 좋은 방법이기도 하다.

(5) 스페셜리스트가 되라

진정한 스페셜리스트는 제너럴리스트다. 한 가지에 전문성을 가진 스페셜리스트, 사실

그 분야에 정통하기 위해서는 굉장히 넓은 시야를 갖는 제너럴리스트가 되어야만 한다. 세상은 서로 연관되어 있기에 상호영향력을 파악해야 하며 더 이상 단절되어서는 창의성이 발휘될 수 없다.

■ 진정한 스페셜리스트가 되는 방법

① 하나에 집중하라

진정한 전문가가 되기 위해서는 먼저 하나를 잘 해야 한다. 하나를 잘하지 못하는 사람은 전체적인 것을 골고루 잘할 수 없다. 욕심에 모든 것을 잘하기 위해서 이것저것 건드려보는 사람들이 많다. 그것은 실패의 지름길이다.

② 분야를 넓혀라

하나를 잘하게 되었다면 차츰차츰 분야를 넓혀가는 작업이 필요하다. 잘하는 분야와 관계된 것 중에서 지금 가장 필요하다고 생각되는 분야를 집중 공략하면 된다. 한 분야에 대한 공략이 진행되고 있을 때 또 다른 관심 분야가 생겨날 것이다. 그것이 다음에 공략할 분야가 된다.

③ 새로운 것을 좋아하라

새로운 것을 좋아하지 않는 사람은 진정한 전문가가 될 수 없다. 눈 뜨고 일어나면 어제의 내 전문지식은 고철이 되어 있는 시대가 지금이다. 새로운 것을 끊임없이 배워서 과거의 것과 적절하게 조화시켜나가야 한다. 이른바 업데이트다.

④ 분석능력을 갖춰라

당신이 어느 분야에서 무엇을 하건 자신의 일을 통계화하거나 일의 성과를 분석할 수 있는 능력을 반드시 갖춰야 한다. 일의 구조나 성과, 프로세스 등을 분석할 수 없다면 전문가가 아니다.

⑤ 사람 사귀기를 즐겨라

사람을 사귀는 것을 회피해서는 안 된다. 사람을 멀리하면 정보에 어두워지고 중요한 사람들의 심리를 이해하는 데 어려움을 겪을 수밖에 없다. 무엇을 하든 사람의 심리에 대해 알지 못하면 일정한 수준 이상으로 발전하기는 어렵다. 다른 것들은 책에 웬만큼 다 있기 때문이다.

(6) 노후를 대비하라

세계 최고의 노령화추세를 보이는 우리나라는 이제 자식이 부모를 봉양하는 시대를 떠나 자신이 노후를 스스로 책임져야 할 때가 왔다. 흔히 노후의 인생에는 경제고, 건강고, 고독고, 역할고 네 가지의 고통이 따른다고 한다. 이 고통들이 일상화된 시대에 살게 될 우리는 이제 평생 동안 일하며 살아가야 한다. 그러기 위해서는 자신이 좋아하는 평생 직업을 찾아야 할 것이다.

예전처럼 60세까지만 일하고 퇴직금 받아서 그동안 모은 돈으로 노후를 편하게 지낼 수 있는 시대가 아니다. 그렇다면 보다 효과적으로 자신의 일을 발견하기 위해 노력해야 하는 것은 아닐까? 일을 통해 자신의 생산성을 끊임없이 확보할 수 있으려면 무조건 일이 좋아지도록 해야 한다. 그렇게 중요한 것을 해야 하는 시간에 당신은 무엇을 하고 있는가 생각해 볼 일이다.

■ 노후를 준비하는 방법

① 좋아하는 직업으로 전문가가 되라

좋아하는 일에서 전문가가 될 수 있다면 우리는 평생노동을 반갑게 받아들일 것이다. 일이 곧 놀이이고 놀이가 곧 일이기 때문이다. 그런데 먹고 살 만큼 돈도 벌어야 하고 직업에서 전문성도 확보해야 하는데, 두 마리 토끼를 잡는 게 어려우니 사람들은 쉽게 돈 쪽으로 기울고 만다. 하지만 돈을 선택하는 순간 당신의 노후는 위기를 맞이한다는 사실을 기억하길 바란다. 돈은 소모되는 것이지만 능력은 축적되는 것이다. 전문가가 되면 퇴직이라는 걱정은 없다. 내 자신이 직업이 되는 것이다.

② 눈높이를 낮춰라

노후를 위해 10억 정도는 준비해 두어야 한다는 허무맹랑한 억측을 하는 사람들이 있다.

10억을 준비해 두었다가 퇴직한 다음날 낚시하러 간 바닷가에서 빠져 죽는다면 아까워서 어떻게 눈을 감을까? 게다가 돈이 그렇게 많이 필요하지도 않다. 기본적인 연금으로도 충분히 생활할 수 있다. 문제는 눈높이를 낮추는 것이다. 제주도 여행이나 한번 가고 친구들과 가까운 산을 오르고는 막걸리 한 사발 하는 것이 노후의 즐거움이다. 당신은 젊은 사람들이 돈을 쓰는 기준으로 노후 생활을 예측하기 때문에 엄청난 돈을 모아야 한다며 부산을 떠는 것이다. 책을 읽고 세상을 관조하며 친구들을 만나 장기나 한판 두고 아내의 손을 잡고 가까운 산을 찾아 자연의 아름다움을 즐기는 데에는 돈이 거의 들지 않는다.

③ 적게 써라

그래도 돈이 필요하다면 적게 쓰면 된다. 지금 당신의 소비에서 술값과 필요치도 않는 비싼 물건들을 사는데 드는 돈만 모아도 노후의 기본 생활은 충분할 것이다.

④ 연금을 활용하라

우리 국민들은 국가에 납부하는 것은 모두 세금이라고 생각하는 경향이 있다. 그러나 국민연금과 건강보험, 고용보험 같은 제도들은 인간으로서 기본적인 위험을 보장받고 삶의 질을 유지하기 위한 복지제도의 일환이다. 국민연금뿐만 아니라 사기업에서 판매하고 있는 연금제도를 잘 활용하면 노후에 대한 충분한 보장이 가능하다. 지금 노후 생활을 컨설팅 해줄 만한 전문가를 만나서 노후 경제 문제를 해결해두자.

(7) 일상의 의미를 찾아라

자연은 그대로 있는데 인간이 느끼는 감정들이 달라지기에 사람은 날마다 다른 기분으로 생활한다. 세상이 변하는 것이 아니라 사람의 생각이 변하기 때문에 세상이 변하는 것처럼 느껴지는 것이다. 지금 자신이 하고 있는 일의 의미를 발견하는 일은 그대로 받아들이는 생활태도가 아니라 실천을 전제로 한다. 지금 자신이 하고 있는 일의 의미를 찾아보도록 하자.

■ 일상의 의미를 찾는 방법

① 신문을 보지 마라

신문에는 사건들과 광고, 프로그램 일정표가 있을 뿐 세상을 살아가는 지혜는 찾기 어렵다. 지혜는 독서와 관찰, 사색의 결과로 얻어지는 것이다. 일상에 빠져 있는 사람은 의미를 발견할 수 없다. 잠시 큰 틀에서 봐야 한다. 신문보다는 책을 보는 것이 큰 틀을 보는 방법이다.

② 휴대폰과 사귀지 마라

생각하기 싫어서 휴대폰을 건드리는 자신을 보라. 무슨 의미를 발견할 수 있을까?

③ 샤워를 하면서 하루를 계획하라

아침 일찍 일어나 샤워를 하는 시간은 중요하다. 하루를 계획하는 시간으로 활용할 수 있기 때문이다. 하루의 일과를 오전, 오후, 저녁으로 나누어서 무엇을 할 것인지 생각해보면 자연스럽게 어떤 일들이 내게 중요한지를 결정하게 된다. 그런 결정의 과정이 의미를 찾아가는 과정이다.

④ 자료를 찾기 전에 생각부터 하라

일을 하기 전에 스스로 일의 방향을 결정하고 나서 필요한 자료를 찾아야 한다. 전임자는 어떻게 그 일을 하였고 그것에 대한 정보는 어떤 것들이 있는지를 먼저 찾아본다면, 그것은 이미 일의 방향을 결정해놓고 내 생각을 보충하는 결과 밖에 되지 않는다.

⑤ 일기를 써라

일기라는 공간은 자기만의 역사를 기록하는 곳이다. 자기 삶의 여정을 기록하고 평가하고 정리하는 곳이다. 일기만큼 하루를 잘 정리하고 의미를 발견하도록 돕는 것은 없을 것이다. 우리는 글을 쓰면서 생각하고 생각하면서 의미를 발견하고 깊어진다.

(8) 창의성을 발휘하라

창의성은 기존의 당연하다고 생각되는 것에 의문을 품으면서 시작된다. 그래서 세상을 삐딱하게 보거나 기존의 것들에 대해 "왜?"라고 의문을 던질 수 있는 사람이 창의적인 해결책을 만들어낼 가능성이 많은 것이다. 이것을 갖춘 이들은 현대사회를 살아가는 데 엄청난 힘이 된다. 지금 하고 있는 일에서 창의성을 발휘하고 싶다면 "왜?"라는 질문을 던져보자.

■ 창의성을 살리는 방법

① 생각하기를 반복하라

창의적인 사람이 따로 있다는 것은 편견이다. 자신에게 기대하지 말라는 의도로 사람들은 그런 말을 던지곤 한다. 새로운 것을 만들어내기 위해 생각해야 하기 때문에 '나는 창의적이지 않다'고 말한다. 진정으로 창의적인 사람의 특징은 생각하기를 그치지 않는다는 것이다. 한 가지 해결책이 떠올라도 그것에 만족하지 않고 생각하고 또 생각한다. 그러다 보면 무릎을 탁 칠 만한 괜찮은 것이 나오게 마련이다. 그것이 바로 창의성이다.

② 외워라

기본적인 것들을 외우고 있을 때 그것이 중요한 순간에 머릿속에 떠오르면서 보다 좋은 생각을 만들어낸다. 외워둔 것이 없다면 생각의 연계고리를 만들어낼 만한 기준이 없기 때문에 생각의 파급을 낳을 수 없다. 그래서 중요한 내용들은 반드시 핵심을 정해서 외워야 한다.

③ 절대 '안 돼!'라는 말은 하지 마라

아이들은 물론이고 자기 자신에게도 안 된다는 말은 하지 말자. 안된다고 말한다는 것은 나는 안 된다는 것을 알고 있다는 뜻이다. 그런 사람일수록 상상하고 행동할 수 없는 법이다. '안돼!'는 창의성을 죽이고 시작도 할 수 없게 만드는 독과 같은 말이다.

(9) 자기 자신을 사랑하라

자신을 사랑하는 사람들은 자신 없다고 말하지 않는다. 자기에게 칭찬과 격려를 통해 새롭게 시작할 용기를 주려는 사람이야 말로 진정으로 자신을 사랑하는 사람이다. 어떤 형태로든 자기 자신에 대한 신뢰를 유지하기 위해 노력해야 한다. 또한 아주 조금이지만 그것을 할 수 있는 수준으로 우리 자신을 개선해야 한다. 잘 할 수 있어야 용기를 낼 수 있고 배울 수 있는 기회를 떳떳하게 가지게 된다.

■ 자기에 대한 믿음을 갖는 방법

① 자신을 긍정하라

나는 할 수 있다고 생각하는 것이 습관이 되어야 한다. 엘리베이터 안에서 거울을 보며 '나도 이 정도면 괜찮은 놈이야'라고 생각할 수 있어야 한다. '나는 왜 이럴까?' 하는 부정적인 생각에 휩싸이면 남들 앞에 나서기도 민망해지고 그런 태도가 남들까지 당신을 보잘것없는 사람 취급하게 된다. 결국 당신 때문에 그렇게 되었으니 원망할 곳도 없다. 자신을 긍정해야 남들도 나를 긍정적으로 생각해줄 것이다.

② 작은 성공의 경험을 쌓아라

큰 성공이 아니라 작은 성공이 필요하다. 작은 성공의 경험들이 축척되면 자신에 대한 믿음도 강화될 것이고 큰일도 해낼 수 있을 것이다. 그래서 하루의 일과에 목적의식적으로 체계를 갖추려고 끊임없이 노력을 해야 한다. 그것은 일상의 작은 부분에서 성공할 수 있는 기본적인 조건이다. 점심시간 관리하기, 커피는 두 잔만 마시기, 퇴근 전에 오늘의 업무 평가하기 같은 간단한 일들의 성공경험에서 자신에 대한 믿음이 생긴다.

③ 남몰래 연습하라

일단 다른 사람들에게 알리지 말고 혼자 연습하는 시간을 가져야 한다. 그리고 일정한 수준에 오르기 전까지는 절대 남들에게 자기 실력을 알려서는 안 된다. 제법 괜찮을 정도로 실력이 쌓였을 때 보여줘야 남들도 놀라고 스스로의 자신감도 강해지는 법이다. 자신감이란 만들어지는 것이다.

■ 하루를 사는 비결

① 하루에 글 하나를 쓰자

② 하루에 좋은 생각 하나를 남기자

③ 하루에 한 번 이상 감사하는 마음을 갖자

④ 하루에 전화(메일)한 통 하자

⑤ 하루에 한 번 하늘을 보자

자신을 재창조하는 것은 하루를 사는 태도를 만드는 것과 관계가 있다. 하루를 바꾸지 않으면 우리 삶은 바뀌지 않는다. 하루야말로 우리 삶의 최고 양식이며 우리는 그것을 제대로 이용할 수 있어야 한다.

CHAPTER

03 리더십

1 리더십의 정의와 유형

1) 리더십의 정의

리더십(leadership)은 역량을 가진 리더(leader)가 배(ship)를 이끌어 목적지까지 가는 것을 의미한다. 최근 리더십에 대한 개념은 지도자 한 사람에게만 국한된 능력이 아니라 보편적인 개인적 특성이며, 누구나 살아가면서 크든 작든 리더의 역할을 하고 있다고 본다. 또한 시대가 필요로 하는 리더는 이전의 보스 개념의 리더가 아닌 개인적 역량을 갖추고 다른 사람들과 함께하며, 긍정적이고 원만한 대인관계를 갖춘 리더를 지향하고 있다(Covey, 2003). 리더십은 다른 사람의 마음을 변화시키고자 하는 모든 인간관계에서 발생할 수 있는 현상으로 다른 사람의 사고, 감정, 행동을 변화시키는 과정에서 나타나는 다양한 형태의 영향력이라 정의한다(김성숙, 2009).

리더십은 특정한 소수만이 가진 뛰어나 자질이거나 역량을 의미하지 않는다. 리더십은 자신이 가진 고유한 자질을 사용하여 공동체에 유익을 위해 영향력을 발현할 수 있는 능력을 의미한다(김정효, 2006).

따라서 리더십은 누구나 가지고 있는 자질이며, 사회적 관계 속에서 자연스럽게 발휘될 수 있다. 그리고 리더는 타고나는 것이 아니라 학습과 교육을 통해 개발되어질 수 있다.

"리더는 만들어진다"

리더십은 선천적으로 타고나는 능력이 아니라,
후천적으로 배워서 갖게 되는 능력이다.
따라서 어느 누구도 리더로 태어나는 것이 아니라,
다만 학습과 교육에 의해 리더로 만들어지는 것이다.

– 손인춘(2003). 세상을 뒤엎는 리더십 –

2) 리더십의 유형

리더십의 유형은 학자마다 다양하게 분류하고 있으나 리더십의 대표적인 유형을 다음과 같이 소개할 수 있다(박덕숭, 2009).

(1) 셀프 리더십(Self Leadership)

셀프 리더십이란 스스로 자기 영향력을 행사하기 위해 사용되는 사고 및 행동전력을 일컫는다. 즉 스스로 자신을 이끌어 나가기 위해 스스로의 생각과 행동을 변화시켜서 자신의 목적을 달성해나가는 과정과 책임 있는 행동이라 말할 수 있다.

셀프 리더십의 특성은 스스로 의지를 가지고 자신의 뜻과 목표를 성취해 나가는 능력과 또래집단 내에서 타인과 함께 융화하면서 집단에 영향력을 끼칠 수 있는 능력이다. 현대사회에서 가장 적합한 리더는 스스로를 이끄는 사람이다. 진정한 리더십은 외부로부터가 아닌 인간 내부로부터 비롯된다는 시각에서 출발한다. 외부적 리더십의 작용은 잘 하면 사람들에게 내부의 셀프리더십에 동기를 부여하거나 지원을 해주지만 오히려 내부 과정의 혼란을 일으켜 그들의 열의나 창의성을 저해한다. 셀프 리더십은 스스로 자신을 이끌어 나가기 위해 취하는 책임 있는 행동이라는 관점에서 많은 시사점을 제공한다.

(2) 서번트 리더십(Servant Leadership)

서번트 리더십은 단어 그대로 조력자로서의 리더십을 발휘하는 것으로 끝없는 사랑형 리더로서 조직은 지배하려 하지 않고 신뢰로 이끌어 가는 리더십을 말한다. 기존의 리더십이 조직 구성원의 앞에서 조직 구성원을 이끄는 역할을 하였다면, 서번트 리더십은 조직 구성원의 일체화와 공감대 형성을 통하여 조직목표를 달성하는 것이다. 조력자로서의 서번트 리더는 기본적으로 방향제시자, 파트너, 지원자의 세 가지 역할에 중점을 두고 구성원들을 리드해 나가는 특성을 갖고 있다. 특히 오늘날 같이 다원화되고 복잡한 사회에 적용해야 할 리더십으로 서번트 리더십이 주목받고 있다.

서번트 리더십은 모든 인간의 존엄성과 가치에 대한 믿음에서 출발하며 리더의 권위는 추종자로부터 기인한다는 민주적인 원칙에 입각한 리더십라고 표현하였다. 서번트 리더는 조직과 구성원의 목표가 균형을 이루는 가운데 구성원 각자를 팀 리더의 일부로 봄으로써 자율성과 공동체 의식, 주인의식을 갖도록 내재적인 의미를 부여한다. 이들은 지시보다는 지원과 대화를 중요한 관리도구로 사용하기 때문에 서번트 리더십이 발휘되는 조직은 구성원의 일체화와 공감대 형성을 통하여 조직의 목표를 달성하게 된다. 지도자로서 다른 사람을 이끌기 위해서는 먼저 섬기는 과정이 선행되어야 한다. 리더는 먼저 보고 앞서는 사람으로 리더에게는 방향제시의 측면과 섬김의 측면이 반드시 공존해야 한다.

(3) 공유적 리더십(Shared Leadership)

공유적 리더십은 협동 활동 시 구성원들과 리더십을 공유하는 것으로서 협력을 통해 리더십이 다양해지고 리더의 역할도 경우에 따라 달라지는 것을 의미한다. 공유적 리더십에도 주어진 상황에서 탁월한 존재로 한 사람이 드러날 수 있으나 그것은 일시적인 현상이다. 공유적 리더십은 자신이 소속해 있는 그룹에는 구성원들과 문제를 공유할 뿐만 아니라 구성원 스스로가 그룹 활동에 참여하는 태도와 성향을 의미한다.

새로운 시대의 리더는 때와 장소에 맞추어 리더와 추종자의 역할을 바꿀 수 있는 사람이다. 따라서 때에 따라 역할이 달라질 수 있다는 것과 적절한 상황에서 자신의 역할을 바꿈으로써 상황에 대처하는 능력을 학습할 필요가 있다. 현재 사회의 필요한 리더십은 리더와 추종자의 역할을 동시에 수행하며 타협과 협상, 결단력, 문제해결력, 합의 등의 사회적 기술

능력에 바탕을 두어야 한다(Kagan, 1994).

2 리더십 교육

오늘날 우리사회의 다양한 조직이나 공동체를 이끌어 갈 리더에게 요구하는 것이 있다. 많은 리더십 교육의 이론 중 스티븐 코비 박사의 〈성공하는 사람들의 7가지 습관〉에 접목하고자 한다.

코비 박사는 물은 위에서 아래로 흐르고, 열매를 얻으려면 씨를 뿌려야 하는 자연의 법칙처럼 인간관계를 지배하는 법칙, 즉 원칙(Principle)이 있음을 발견했다. 수많은 원칙가운데 성공하기 위한 7가지 원칙을 추리고, 각 원칙간의 논리적 체계와 실행방식 등을 정리한 것이 바로 〈성공하는 사람들의 7가지 습관〉이다.

다음은 각 습관별 패러다임과 실행과정을 정리[1]한 것이다. 각각의 습관은 상호 연결되어 있어서 앞의 습관을 습득하지 못하면 다음 습관으로 이행 할 수 없는 독특한 구조를 가지고 있다.

1) 습관 1 : 주도적이 되라

■ 기본 원칙

- 인간은 선택의 자유가 있고 선택한 것에 대한 책임은 오직 자신에게 있다.

■ 주요 패러다임

- 나는 삶에서 내가 선택하고 행동한 것들에 대한 책임이 있다.
- 나는 주도적이 됨으로써 좀 더 자유로워지고 영향력을 확대할 수 있다.

1) Covey, S. R. (2003). 성공하는 사람들의 7가지 습관(The seven habit of highly effective people). 김경섭 역. 서울: 김영사(원본발간일 1989년).

■ 주요 실행과정

- 대응적인 태도를 버리고 주도적인 언행을 한다.
- 영향력의 원을 확대한다.
- 자신은 물론 다른 사람들의 운명을 바꾸는데 도움을 줄 수 있는 변환자가 된다.
- 의사결정 과정에서 신중하게 선택하여 인간이 지닌 천부의 능력을 행사한다.

■ 가치관에 따라 반응하기

주도적인 사람은 그들의 가치관에 가장 적합한 선택을 하기 위해 자유롭게 공간을 활용한다. 그들이 갖는 선택의 자유는 자극과 반응 사이의 공간을 잘 활용함으로써 확대된다. 자극과 반응사이에는 공간이 있다. 그 공간에는 반응을 선택할 수 있는 자유의 힘이 있다. 우리의 성공과 행복은 그 자유의 힘에 의한 반응에 달려있다.

■ 영향력의 원에 노력을 집중하기

- 영향력의 원이란 사람이 직접 영향을 미칠 수 있는 사항들을 포함하는 영역이다.
- 사람들이 자신의 영향력을 행사할 수 있는 것들에 집중할 때, 그들의 지식과 경험은 늘어나게 되고 신뢰성은 더욱 증진된다. 그 결과, 영향력의 원은 더욱 넓어진다. 그러나 사람들이 그들이 통제할 수 없는 것들에 노력을 집중하게 되면, 영향력 행사를 위해 투입할 수 있는 시간과 노력을 빼앗기게 된다. 그 결과 영향력의 원은 더욱 줄어들게 된다.

2) 습관 2 : 목표를 확립하고 행동하라

■ 기본 원칙

- 실제 창작을 하기에 앞서 마음속으로 설계를 해야 원하는 작품을 만들 수 있다.

■ 주요 패러다임

- 나는 나의 운명을 선택할 수 있고 구체적인 비전을 창출할 수 있다.

• 나는 어떤 활동을 시작하기 전에 그 결과를 마음속으로 그려볼 수 있다.

■ 주요 실행과정

• 개인과 조직의 사명서를 만들어 일상생활의 실행지침으로 삼는다.
• 모든 활동과 시도를 올바른 방향으로 이끌기 위하여 원하는 결과와 중요한 가치들을 먼저 마음속에 그려본다.

■ 삶의 중심을 선택하기 : 원칙 중심(principle-centered)

• 원칙 중심의 삶을 사는 사람은 인간의 효과성을 지배하는 원칙에 의거하여 의사결정을 한다. 원칙은 지식, 가치관을 가지고 최상의 선택을 할 수 있도록 도와주는 이상적인 기준이다.

■ 자기사명서

• 사명서 : 인생의 의미와 목적에 대한 자신의 견해를 나타내고 있는 대단히 유용한 문서이다. 사명서는 당신이 의사를 결정하고 행동을 선택하는데 있어서 지침이 되는 개인 헌법의 역할을 해준다.

■ 자기사명서의 이점

• 당신의 삶에 대해 깊이 생각해 보게 한다.
• 당신의 내면 깊숙한 곳에 있는 생각과 감정을 살펴볼 수 있도록 도와준다.
• 당신에게 정말로 중요한 것이 무엇인지를 분명하게 한다.
• 당신의 시각을 확대시켜 준다.
• 당신의 가치관이나 목적을 마음속에 확실하게 각인 시켜 준다.
• 가치관에 따른 방향을 제시해 주고 스스로에게 약속하게 한다.
• 장기적인 목표달성을 위해 날마다 진전이 이루어지게 한다.
• 당신의 인생에게 우선하는 것들을 마음속에 그려보는 정신적 창조를 한다.

3) 습관 3 : 소중한 것부터 먼저 하라

■ 기본 원칙

- 삶을 성공적으로 살려면 중요한 인간관계, 주요 역할, 각종 활동들을 균형 있게 유지해야 한다.

■ 주요 패러다임

- 쓸데없는 일들로 인하여 가장 중요한 일들이 미뤄지지 않아야 한다.
- 나는 생산/생산능력의 균형을 유지하기 위하여 내 영향력의 원 안에서 최선을 다해야 하겠다.
- 나는 긴급한 일보다는 중요한 일에 노력을 집중하겠다.
- 나는 나의 주요 역할들을 수행하기 위해 설정한 중요한 목표를 달성하기 위해 최선을 다함으로써 나의 사명을 완수하겠다.

■ 주요 실행과정

- 중요하지 않은 것들에 대해 "no"라고 말하고 정말로 중요한 것들을 위해 최선을 다한다.
- 제 2상한의 활동들에 노력을 집중한다.
- 자신의 사명, 역할, 목표, 우선순위에 따라 주간 계획을 세우고 매일 실천에 옮긴다.

■ 당신에게 소중한 것

- 소중한 것이란 당신이 개인적으로 가장 가치가 있다고 생각하는 것들이다. 그것은 당신을 올바른 방향으로 인도한다. 또한 당신이 사명서에 나타낸 원칙 중심의 목적을 달성하도록 도와준다.

■ 시간 관리 매트릭스(Time Management Matrix)

구 분	긴급함	긴급하지 않음
중요함	〈제 1상한〉 • 급박한 문제들 • 실행시간이 가까워진 프로젝트 • 회의 준비 • 위기	〈제 2상한〉 • 예방 • 가치관 확립 • 인간관계 구축 • 진정한 새 출발 • 유능해지기
중요하지 않음	〈제 3상한〉 • 잠깐의 급한 질문 • 일부전화 • 일부 우편물 • 일부 보고서 • 일부 회의 • 많은 인기 있는 행동	〈제 4상한〉 • 하찮은 일 • 일부 바쁜 일 • 일부 전화 • 시간 낭비 거리 • 지나친 TV 보기

- 우리는 시간을 잘 활용하려면 제 1상한과 제 2상한에 초점을 맞추어야 한다.

4) 습관 4 : 상호이익을 모색하라

■ 기본 원칙

- 대인 관계를 효과적이고 지속적으로 유지하려면 상호이익의 모색이 필수 조건이다.

■ 주요 패러다임

- 나는 나의 이익과 상대방의 이익을 동시에 모색한다.
- 나는 다른 사람들과의 관계에서 개인 대 개인으로 경쟁하기보다는 상호 의존적인 협력을 통해 더 나은 결과를 창출해 낸다.

■ 주요 실행과정

- 상호이익을 모색함에 있어서 용기와 배려를 균형있게 유지해야 한다.
- 승–패의 패러다임에 물들어 있는 과거를 청산하고 승–승의 결과를 창출해 내기 위해 노력한다.

인간 상호작용의 6가지 패러다임

- 승–승 : 자신도 이기고 상대도 이기게 하는 사람들은 승–승을 실천하는 것이다. 승–승의 패러다임을 가진 사람들은 동시에 상대도 만족시키는 해결책을 찾으려고 노력한다.
- 승–패 : 승–패적 사고를 가진 사람들은 무엇보다도 자기 자신에게만 관심이 있다. 그들은 항상 자기가 이기고 상대가 져주기를 기대한다. 그들은 다른 사람의 성공을 희생시키거나 배제시키고 자기의 성공을 이룬다.
- 패–승 : 패–승적 사고를 가진 사람들은 다른 사람에 대한 배려는 높으나 자신의 감정이나 신념 등을 표현하거나 실천하는 용기가 부족하다. 그들은 쉽게 굴복하며 인기 있거나 인정받고 싶어 한다.
- 패–패 : 패–패적 사고를 가진 사람들은 용기와 배려가 모두 낮다. 그들은 다른 사람들을 시기하고 비난한다. 그들은 자신뿐만 아니라 다른 사람들을 깎아 내린다.
- 승 : 오직 그들이 바라는 것만을 성취하려고 한다. 그들은 상호 의존적인 상황에서도 다른 사람들을 전혀 의식하지 않고 자신만을 생각한다.
- 승–승 아니면 무거래 : 승–승적 사고의 최고 경지로 승–승의 해결책을 모색한다. 만약 서로 수용할만한 해결책을 찾지 못한다면 그들은 의견 차이를 기꺼이 인정한다.

상호이익을 모색하라.

- 상호이익을 모색하는 것은 모든 인간의 상호작용에서 서로의 이익을 모색하는 심리구조이다.

5) 습관 5 : 경청한 다음에 이해시켜라

기본 원칙

- 처방에 앞서 진단부터 먼저 한다.

주요 패러다임

- 나는 보통 철저히 파악하지 못하기 때문에 먼저 경청해야 된다.
- 내가 상대의 이야기를 경청하여 자세히 파악한 다음 상대에게 이야기한다면 그를 더 잘 이해시킬 수 있다.

주요 실행과정

- 공감적 경청 기술을 활용하라.

처방하기 전에 진단하라.

- 대부분의 사람들은 처방하기 전에 증상 진단에 필요한 시간과 노력을 들이지 않는다. 그들은 이해하려는 의도로 듣지 않고 반박하려는 자세로 듣는다. 그러나 만일 먼저 이해하기 위해 듣는다면 처방을 내리기 전에, 철저히 진단해 보기 위해 필요한 시간을 충분히 가질 수 있다.

듣기의 수준

- 공감적 경청을 실천하는 사람들은 다른 사람들이 진정으로 말하는 의미를 파악하려 하거나 그들의 입장에서 이해하고자 노력한다.

자서전적 응답

- 사람들이 상호간의 대화에서 흔히 직면하는 가장 큰 장애들 중의 하나는 자서전적으로 응답하는 경향이다. 우리는 자기 자신의 경험이나 동기에 근거하여 다른 사람들의 메시지를 충고, 탐색, 해석, 판단한다.
- 우리는 자기 자신의 패러다임을 통해서 사물을 보거나 전달하거나 다른 사람들의 삶에 자신의 자서전을 들려주는 잘못은 그만두어야 한다.

■ 5가지 공감적 경청의 방법들

1) 내용을 반복한다. – 감정은 아니고 말로만 반복하라.
2) 내용을 재정리한다. – 상대방이 말한 의미를 자신의 말로 요약한다.
3) 감정을 파악한다. – 주의 깊게 보고 자신의 말로 상대방의 감정을 파악하기 시작한다. 감정을 나타내주는 말의 이면에 있는 몸짓이나 어조를 파악하라.
4) 내용을 재정리하고 감정을 파악하라. – 자신의 말로 상대방의 감정을 표현하라.
5) 공감적 경청이 적절하지 못하거나 필요하지 않을 때를 구별한다.

6) 습관 6 : 시너지를 활용하라

■ 기본 원칙

- 전체는 각 부분의 합보다 크다.

■ 주요 패러다임

- 나는 상대방의 다른 점을 소중히 여기고 제 3의 대안을 추구한다.
- 더불어 협동하는 것이 시간이 걸리지는 모르지만 장기적으로 더 나은 결과를 가져다 준다.

■ 주요 실행과정

- 제 3의 대안과 시너지적인 결과를 창출해 내려면 승–승을 모색하고 공감적 대화를 하라.
- 제 3의 대안을 찾으려면 시너지 창출을 위한 기본 법칙들을 사용하라.

■ 시너지란 무엇인가?

- 두 개 이상의 서로 다른 개체가 힘을 합쳐 둘이 지닌 힘 이상의 효과를 내는 현상을 말한다.

- 상충 = 경쟁 → 서로가 대치하고 있는 힘
- 상생 = 협동 → 서로가 나란히 가고 있는 힘
- 상승 = 공동창조 → 서로가 융합하고 화합하는 힘

• 시너지를 가로막는 장애물 : 낮은 신뢰, 두목 의식, 고자질, 경쟁 의식, 낮은 협력, 목적 결핍, 방어심, 빈정거림, 교활한 변수, 편견, 얄미운 지적, 실직의 공포, 조직내 경계

■ 차이점을 가치 있게 생각하라.

• 시너지의 본질은 차이점을 가치 있게 생각하는 것이다. 차이점을 중요하게 생각한다는 것은 개인의 차이점 대해 단순히 동의하거나 인정하는 것을 의미하지 않는다. 오히려 그것은 사람들의 차이점을 존중하고 이를 새로운 시각의 학습 기회로 생각하는 것을 의미한다. 여러 사람들의 다양한 의견, 견해, 시각, 재주, 재능 등은 좋은 해결책을 모색할 때 값어치가 있다. 당신이 혼자서는 조금밖에 찾아내지 못하고 생산하지 못할 일을 여러 명이면 더 많이 찾아내고 생산할 수 있게 하는 것은 바로 이러한 차이점 때문이다.

7) 습관 7 : 심신을 단련하라

■ 기본 원칙

• 생산능력(자원, pc)을 개발해야 생산(결과, p)이 가능하다.

■ 주요 패러다임

• 나는 4가지 차원 각각에서 꾸준히 자기를 쇄신함으로써 삶의 효과를 증진할 것이다.
• 나는 자신을 끊임없이 향상시켜 나가겠다.

■ 주요 실행과정

• 개인적인 생산/생산능력의 균형을 개선시키기 위하여 자신이 가진 각종 자원을 끊

임없이 개발하고 쇄신시켜야 한다.

- 신체적, 정신적, 영적, 사회적/감정적 차원 각각에서 자기 쇄신을 위한 목표를 정하고 실천하라.

4가지 차원의 자기쇄신(심신단련)

- 심신을 단련하라는 우리 심신의 4가지 차원들(신체적, 정신적, 영적 및 사회/감정적 차원)을 매일같이 쇄신해 나가는 과정이다. 이러한 4가지 차원은 우리의 능력을 향상시키며, 마음, 신체 정신의 수련을 도와준다. 이러한 개인의 승리는 매일 자신을 이겨내고 극복하는 데서 얻어질 수 있는 승리이다. 그리고 날마다 성취하는 개인의 승리는 자신의 성장을 북돋아 줄 뿐 아니라 공동의 승리를 달성하도록 도와준다. 자기 쇄신을 통해 이러한 승리들을 달성해 나갈 때 다른 6가지 습관들을 배양하고 성숙시키게 된다.

신체적 차원

- 적절한 영양, 운동, 휴식, 그리고 스트레스를 관리하면서 신체적 건강을 유지한다.

정신적 차원

- 독서, 글쓰기 그리고 생각하는 시간을 통해서 정신능력을 향상시킨다.

영적 차원

- 영감을 주는 문학 작품을 읽거나 기도를 통해, 자연과 교감함으로써 영적 능력을 향상시킨다.

사회/감정적 차원

- 중요한 사람들에 대해 날마다 꾸준히 감정계좌에 예입해 나감으로써 사회/감정적으로 성숙해 나간다.

CHAPTER 04

이미지 메이킹

1 참된 자아의 완성–이미지 메이킹

21세기는 이미지 시대라 할 수 있다. 좋은 이미지를 보다 많이 구축하는 사람이 성공하는 사회가 되었다. 사람은 외부의 자극을 받아들여 뇌 속의 이미지들과 결합과정을 거쳐 새로운 의미를 만든다. 이때 만들어진 형상을 이미지(Image)라고 하며, 이렇게 만들어지는 이미지는 곧 그 사람의 첫인상으로 결정된다.

현대사회는 기업과 조직뿐만 아니라 개인의 이미지 또한 긍정적이고 호감을 주는 이미지로 창출하는 것이 중요해짐에 따라 개인의 인지도 향상을 위한 체계적인 이미지 관리가 필수적이다.

각종 미디어의 발달은 이러한 현상을 더욱더 가속화한다. 인터넷, 스마트폰, 최첨단 정보 미디어의 발달은 사이버공간에서 고도로 차별화된 존재를 부각시키고 있다. 이는 곧 이미지의 시각화를 더욱더 강조한다는 것을 의미하게 된다.

즉 시각적인 이미지는 효과적인 커뮤니케이션을 위한 필수적인 조건으로도 활용된다. 긍정적인 이미지 확대를 통한 시각적 커뮤니케이션이 압도하는 시대, 나만의 차별화된 이미지와 콘텐츠로 최대한의 가치를 인정받는 것은 모든 각각의 분야에서 성공과 직결될 수 있는 것으로 여겨진다.

현대사회에서 건강하고 행복한 삶을 영위해 나가기 위해서는 자기 이미지를 올바르게 관리하고 표현할 수 있는 능력이 필요하다. 누군가를 처음 만났을 때 상대방에 대한 첫인상과 같은 느낌이 각인되는 시간은 매우 짧다.

미국 다트머스대의 심리 과학자인 폴 왈렌 교수의 연구에 따르면, 뇌의 편도체는 0.017초라는 짧은 순간에 상대방에 대한 호감과 신뢰여부를 판단한다고 한다. 즉, 처음 입력된 정보가 이후에 습득하는 정보보다 더 강한 영향력을 발휘하는 초두 효과(Primacy Effect) 때문에 첫인상은 많은 사람들에게 중요한 요소이다.

첫인상이 중요한 것은 첫인상이 한 사람의 이미지를 결정짓는 첫 단계이기 때문이다. 어떠한 이미지로 사람들에게 어필하느냐에 따라 사회적 성공이나 기업적 성공에 큰 영향을 미치는 것이 현실이다.

첫인상은 외모, 표정, 제스처, 자세, 걸음걸이, 목소리 톤, 대화법, 인성, 옷차림 등으로 평가된다. 첫 인상이 중요한 이유는 첫 인상의 형성에 지배적인 초두효과 때문인데, 이는 처음 본 선행의 정보가 뒤따르는 후속의 어떠한 정보보다 더 큰 영향력을 발휘함을 의미한다. 첫 인상의 초두효과는 중요한 면접이나 맞선 등 짧은 시간을 통해 상대를 파악하게 되는 자리일수록 '첫인상'은 더욱 크게 작용한다.

초두 효과(Primacy effect)는 먼저 제시된 정보가 추후 알게 된 정보보다 더 강력한 영향을 미치는 현상이다. 인상 형성에 첫인상이 중요하다는 것으로 '첫인상 효과' 라고도 한다. 또한 3초 만에 상대에 대한 스캔이 완료된다고 해서 '3초 법칙', 처음 이미지가 단단히 굳어버린다는 의미로 '콘크리트 법칙'이라고도 한다.

- 좋은 첫인상을 만들기 위해서는

1st, 스스로에게 정직해야 한다.
2nd, 낙천적이고 적극적인 자세가 필요하다.
3rd, 머리모양과 패션도 중요하다.
4th, 외모(키, 몸매, 얼굴 등)에 대해 당당한 자세를 취해야 한다.

'끌리는 사람은 1%가 다르다' 이민규(2005)에서 신(神)은 마음을 먼저보고 인간은 겉모습을 먼저 본다고 하였다. 첫인상은 각 개인이 자신의 인생과정에서 혹은 자신의 능력과 노력으로 얼마든지 바꿀 수 있고 변할 수 있는 자신의 가치라고도 볼 수 있다.

현대사회는 시각적으로 나타나는 이미지가 곧 경쟁력으로 통하는 이미지의 연출시대라고 할 수 있을 만큼 개인의 역할에 따른 이미지 메이킹의 중요성이 대두되고 있다. 이미지는 자신을 표현하는 커뮤니케이션의 수단으로서의 의미를 가지기 때문에 자신의 이미지를 적절하게 표현하는 방법을 탐색할 필요가 있다.

특히, 정보통신의 발달과 다양한 미디어의 보급으로 시각적 커뮤니케이션이 보편화됨에 따라 이미지의 중요성이 커지고 있으며, 이미지는 자신을 표현하는 커뮤니케이션의 수단으로 중요한 의미를 가진다.

이미지는 대체로 객관적으로 존재하는 사물 자체가 아니라, 그 사물에서 체험하는 감각과 그 감각으로부터 받는 인상의 내용을 의미한다. 즉 이미지는 실체가 아니고 상상되는 것이다. 다른 사람에 대해 스스로 만들어 내는 인상(impression)이다. 이는 어떠한 대상에 관한 경험에서 생기는 것으로, 개인의 지각을 통해서 의미화 되고 연상에 의해 형성되고 각인되는 것이다.

세상의 많은 부분이 이미지 지향적이고, 사회라는 거울은 우리가 누군가에 대한 자아의식 형성에 막대한 영향을 미친다. 마케팅 이론가이면서 미국 MIT 대학교수인 Philip Kotler(1988)는 자신은 하나의 상품이라고 정의하였다. 또한, 이미지개념과 정의에 대해 윤두아(2007)는 〈표 4-1〉과 같이 정리하였다.

〈표 4-1〉 이미지의 정의

연구자	정의
Gruning(1993)	이미지라는 것은 커뮤니케이터에 의해 수용자라고 불리어지는 사람들을 대상으로 계획되거나 주어지는 어떤 것이다.
Ailes, Roger (1989)	"당신 자신이 바로 메시지다(You are the message)."라고 한 것도 우리 각 개인이 자신의 이미지를 어떻게 창출하느냐에 따라 상대방에게 전달되는 메시지가 결정되고, 그 메시지를 전달하는 매체는 바로 우리 자신
Scott(1996)	이미지를 크게 구성이미지(composite image), 총체적 이미지(generic image), 그리고 환각이미지(hallucinatory image)로 구분. 구성이미지란 거의 지식에 가깝게 되며, 대상으로 여러 측면에서 살펴 본 후에야 비로소 형성되는 이미지인 것이다.
Walter Lippman (1962)	이미지를 "우리들 인간이 어떤 대사에 대해 갖는 머릿속의 그림(mental pictures in our head)"이다.
Daniel Boorstin	그의 저서 〈The Image〉에서 이미지를 관념(pseudoideals)이라고 했는데 그에 의하면 이미지

연구자	정의
(1962)	는 특정 사건에 대한 참되고 진실된 면을 보여주기 보다는 조작되고 단편적인 것
Kotler(2000)	이미지를 마케팅 관점에서 한 개인이 어떤 대상에 대하여 가지는 신념, 생각 및 인상의 집합
Philip Kotler (1988)	자신은 하나의 상품이다. 마치 비누를 만들어 세련되게 포장하고 소비자에게 호의적인 상품 이미지를 창출해 내는 것처럼 자신의 이미지를 메시지로서 잘 포장하고 세련되게 시각화하여 대인관계의 원만한 인간관계와 호의적인 속성 개발관계
Dunn(1961)	이미지란 과거의 경험으로부터 구체적, 감각적으로 인간의 마음속에 재생되는 상(象)으로, 직접적인 감각 대상의 자극이 없어도 인간의 의식 가운데서 만들어지는 것

따라서, 누구나 가지고 있는 '자기모습', 자기이미지를 분석하고 이해하는 과정을 통해 개인이 추구하는 목표에 도달하기 위한 자신의 이미지를 통합적으로 관리하는 행위로, 개인의 참된 자아의 완성이라고 할 수 있다.

이미지 메이킹은 스스로 바람직한 상을 정해 놓고 그 이미지를 현실화하기 위한 개인의 의도적인 노력으로 개인이 추구하는 목표를 이루기 위해 자기 이미지를 통합적으로 관리하는 행위 즉, 자신의 이미지를 다른 사람들에게 좋은 이미지로 전달할 수 있도록 자신을 만들어 가는 의도적인 변화과정이라고 할 수 있다.

'나는 어떠한 모습으로 살아가고 있는가?', '나의 이미지는 이대로 괜찮은가?' 라는 자기 이미지를 모색하고 자신에 대한 긍정적인 자아개념, 즉 자기이미지를 형성하는 것이 중요하다.

자기이미지란 인간의 심리적, 정신적, 정서적인 특성 등이 고유하고 독특하게 형성되어 있는 상태로, 이러한 이미지는 받아들이는 입장에 따라 왜곡될 수 있는 지극히 주관적이기 때문에 개인의 인상을 긍정적으로 만들거나 타인에게 보여지는 자신의 이미지를 원하는 방향으로 이끌기 위한 작업이 필요하다.

이미지 메이킹은 자신의 이미지를 긍정적으로 생산하여 상징화한 후 상대편에게 그것을 전달하는 것이며, 동시에 상대편의 이미지를 긍정적으로 재생산하여 자신에게 지각시키는 것을 의미한다고 할 수 있다.

2 이미지 메이킹의 유래 및 요소

1) 이미지 메이킹의 유래

이미지 메이킹이란 이미지를 만든다는 의미로, 개개인이 가지고 있는 외적이미지와 내적이미지를 합하여 호감가는 최상의 이미지를 만든다는 의미이다. 여기서 외적이미지는 용모, 태도, 표정, 음성, 옷차림, 걸음걸이, 자세, 동작, 제스처 등을 말하며 내적이미지는 말씨, 성격, 인성, 실력, 감정, 자신감, 분위기 등을 말한다.

이미지 메이킹은 그 이미지를 현실화하기 위해 개인의 잠재적 능력을 최대한 활용하여 개인을 가장 훌륭한 모습으로 표현되도록 의도적으로 만들어가는 과정으로, '이미지(Image)'와 '메이킹(Making)'이라는 두 외래어의 합성어이다. 개인의 인상을 긍정적으로 만든다는 의미로도 많이 사용되고 있으며 일반적으로 이미지는 마음속의 개념 같은 것이기 때문에 긍정적 효과를 표현하기 위해서는 시각적으로 구체화하는 과정이 필요하다.

이미지 메이킹에 성공한 외국 정치인들

[출처: 중앙일보] 이미지 메이킹에 성공한 외국 정치인들

1960년 9월 26일. 미국 시카고 CBS 스튜디오에서 최초의 미 대선후보 TV 토론회가 열렸다. 이 한 번의 TV 토론회가 미 대통령을 바꿨다.

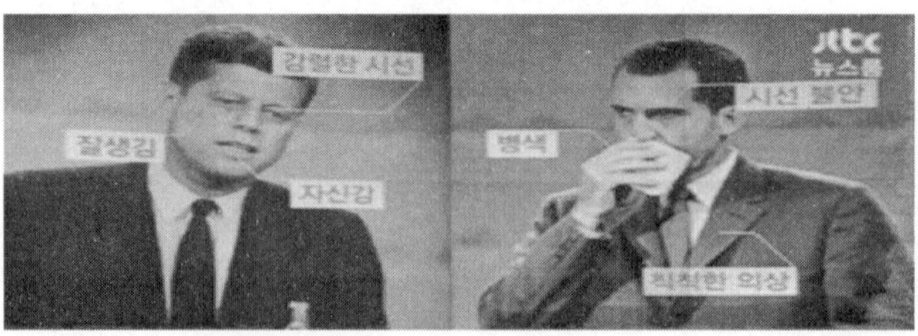

이 한 번의 TV 토론회가 미 대통령을 바꿨다. 미국인들은 부통령 출신인 리처드 닉슨 대신 무명에 가까웠던 정치 신인 존 F 케네디를 선택했다. 닉슨이 케네디보다 말을 못했기 때문일까?, 아니다. '말을 못하는 것처럼' 보였기 때문이다. 케네디는 흑백배경을 고려해 짙은 감청색 양복을 입고 세련된 머리 모양을 했다. 미소와 제스처를 적절히 사용해 젊고 자신감 있게 보였다. 반면 닉슨은 회색 양복에 색깔 없는 음색으로 늙고 초췌한 이미지를 남겼고, 국민들은 케네디의 손을 들어줬다.

(중략)

또한, 제2차 세계대전의 악몽을 부른 히틀러도 이미지 메이킹의 대가였다. 독단적 이미지의 대명사인 히틀러에게도 작은 키와 왜소한 체구는 콤플렉스였다. 그는 키가 드러나지 않도록 사진은 늘 상반신만 찍었다. 배경은 어둡게 처리해 권위적인 이미지를 연출했다. 연설할 때는 오른손을 펼친 채 높이 쳐들어 자신의 존재를 과시하고, 왼손으로는 심장을 눌러 충성심을 표출했다. 그의 노래 부르듯 당당한 목소리와 강렬한 손동작은 카리스마 넘치는 표정과 어우러지면서 대중을 압도했다.

2) 이미지 메이킹의 구성요소

이미지 메이킹은 용모, 태도, 표정, 음성, 옷차림, 걸음걸이, 자세, 동작, 제스처 등의 외적 이미지와 말씨, 성격, 인성, 실력, 감정, 자신감, 분위기 등 내적이미지로 구성된다. 김경호(2004)는 이미지 메이킹의 주요 요소를 5가지로 나누어 설명하고 있다.

첫째, 이미지는 외모(appearance)이다. 외모는 그 사람의 심성과 생각이 작용하고, 감정과 습관이 영향을 주며, 자세와 행동이 수반되고, 표정과 말이 관여하거나 간섭한다. 저변에는 그 사람의 욕구가 잠재되어 있는데, 이러한 종합적인 요소에 의해 형성되어 외부로 표출된다. 그 사람의 옷차림이나 선택되어진 색채, 화장의 형태나 헤어스타일, 피부 관리, 심지어는 성형수술에 이르기까지 그 사람의 심성이나 생각에 의해서 결정되고 연출된다. 따라서 외모는 내부에 깔려 있는 조건들에 의하여 현재의 모습으로 표출된다.

둘째, 표정(expression)이다. 표정은 그 사람의 심성과 감정에 의해서 작용하고 생각과 욕구가 영향을 주며, 언행이 수반되고 외모와 자세가 관여하거나 간섭한다. 저변에는 그 사람의 습관이 잠재되어 있고, 이러한 종합적인 요인에 의해 형성되어 외부로 표출된다. 표정은 그 사람의 '마음의 창구'라는 표현처럼, 그 사람의 기본적인 심성과 상황에 따라 달라지는 감정에 의해서 밖으로 연출된다.

셋째, 자세(attitude)이다. 자세는 그 사람의 감정과 욕구에 의해서 작용하고, 심성과 습관이 영향을 주며, 외모와 말이 수반되고, 표정과 행동이 관여하거나 간섭한다. 저변에는 그 사람의 생각이 잠재되어 있는데, 이러한 종합적인 요인에 의해 형성되어 외부로 표출된다.

넷째, 행동(behavior)이다. 행동은 그 사람의 욕구와 습관에 의해서 작용하고, 감정과 생각이 영향을 주며, 표정과 외모가 수반되고, 말과 자세가 관여하거나 간섭한다. 저변에는 그 사람의 심성이 잠재되어 있는데, 이러한 종합적인 요인에 의해 형성되어 외부로 표출된다. 평상시에 그 사람이 무엇을 추구하고 있느냐와 오랫동안 길들여진 습관에 의해서 그 사람의 행동이 나타나기 때문이다.

다섯째, 말(speech)이다. 말은 그 사람의 생각과 습관에 의해서 작용하고, 심성과 욕구가 영향을 주며, 표정과 자세가 수반되고, 외모와 행동이 관여하거나 간섭한다. 저변에는 그 사람의 감정이 잠재되어 있는데, 이러한 종합적인 요인에 의해 형성되어 외부로 표출된다.

이미지형성 요소(image building factors)는 겉으로 나타나는 그 사람의 심성, 생각, 습관, 욕구, 감정 등과 같은 내적 이미지와 개인의 외모, 표정, 태도, 행동, 자세, 말씨 등과 같은 외적이미지에 귀인(attribution)하여 표출된다(김경호, 2005). 다시 말하자면 자기 이미지형성 요소의 내적이미지는 외적이미지에 영향을 주고, 외적 이미지는 대인관계 이미지인 사회적 이미지에 영향을 준다. 이 이미지 형성요소를 송은영(2008)은 〈표 4-2〉와 같이 분류하여 정리하였다.

〈표 4-2〉 자기 이미지 형성 요소

자기 이미지		
내적이미지	자아개념	자아 존중감, 자아정체감, 비전설정 등
	인지적 요소	교육, 신념, 의지, 지식, 리더십 등
	정서적 요소	심성, 감정, 자신감, 욕구, 열등감, 책임감 등
	성격 및 성향	천성, 기질, 내향성, 외향성, 적극성 등

외적이미지	신체적 요소	얼굴이미지, 키, 체형, 피부색, 생김새 등
	표현적 요소	표정, 메이크업, 옷차림, 헤어, 컬러, 액세서리 등
	행동적 요소	걸음걸이, 제스처, 태도, 자세 등
	청각적 요소	목소리, 억양, 말의 속도, 말의 내용, 말투 등
사회적이미지	사회적 환경	직업, 부서, 역할, 의무, 사회, 문화, 경제력 등
	커뮤니케이션	유머, 대화수준, 의사소통 수준, 적응수준 등
	매너, 에티켓	직장예절, 공공질서, 에티켓, 배려, 매너 등
	대인관계수준	인맥, 인간관계능력, 신뢰감, 호감도, 친밀성 등

대인관계에서 이미지는 좋은 인간관계의 발전에 영향을 줄 수 있으며, 직장에서의 업무 성과 뿐만 아니라 개인이 추구하는 인생 목표 달성에도 많은 영향을 미치고 있으므로 타인에게 긍정적인 모습으로 보일 수 있다.

이미지 메이킹 교육은 자아존중감 향상과 열등감 극복 등의 긍정적인 이미지 향상으로 좋은 대인관계를 형성하도록 도와주기 때문에 외모, 표정, 자세, 말투, 행동 등 평소 연습할 필요가 있다.

미국 캘리포니아대학 심리학과 교수 Mehrabian(2007)은 "사람의 이미지를 결정하는 요소 중 55%를 차지하는 것은 외모이고, 38%를 차지하는 것은 목소리이며, 말의 내용은 7%의 중요도 밖에 차지하지 않는다."고 한다. 이미지를 형성하거나 결정하는 조건, 즉 이미지 인식을 결정하는 요소에서 언어는 7% 밖에 차지하지 않고, 시각이미지와 청각이미지가 이미지 형성에 중요한 요소임을 밝히고 있다.

외모로 사람의 전부를 판단할 수 있는 것은 아니지만 보여지는 모습으로 인해 업무처리 능력에 호감을 주어 상대에게 신뢰감을 줄 수 있다면 이미지 메이킹도 트레이닝을 해야 한다.

최근, 인간 중심의 개성시대와 정보기술 산업의 시대로 도약하면서 인적자원측면 중심의 교육내용으로의 전환과 함께 개개인의 개성과 특성에 맞는 개인 이미지브랜드(personal image brand)전략이 강화되면서 개인의 경쟁력 강화를 위한 이미지메이킹 프로그램(image making program)이 활성화되고 있다. 현재 이미지메이킹 프로그램의 내용은 〈표 4-3〉과 같다.

〈표 4-3〉 이미지 메이킹 프로그램의 내용(김영란 외 6, 2012)

이미지 메이킹 프로그램의 내용		
내적 이미지	외적 이미지	사회적 이미지
• 마음 다스리기 • 좋은 생각하기 • 캐릭터 형성하기 • 기본예절 지키기 • 개인성향 높이기 • 자신감 표현하기	• 첫인상/표정관리 • 음성이미지 관리 • 태도이미지 관리 • 메이크업/헤어 연출 • 패션 코디네이션 • 비즈니스 스타일링	• 이미지지수 분석 • 호감도지수 분석 • 셀프 커뮤니케이션 • 셀프 프레젠테이션 • 셀프 브랜드 형성 • 셀프 리더십 형성

이와 같이, 이미지 메이킹의 내적인 이미지는 자기자신의 긍정적인 마인드와 자신감 향상과 목표에 대한 비전을 설정하는 교육프로그램을 포함하고, 첫인상을 형성하는 외적 이미지는 표정, 자세, 복장, 헤어, 화장, 스피치 등의 내용을 제시되어 있고, 사회적 이미지는 대인관계 개선을 위한 내용으로 구성되어 있다.

이를 바탕으로, 조외현(2007)은 아무리 아름다운 화장을 하고 있어도 최상의 이미지 연출을 위해서는 부드러운 미소 띤 표정이 필요하다고 하였고, 어느 것 하나 이미지 형성에 있어서 빠질 수 없는 요인으로 보고 이러한 구성요소를 통합적 이미지라 지칭하고 이미지 메이킹 내용을 [그림 4-1]과 같이 이미지의 7가지 구성요소라 하였다.

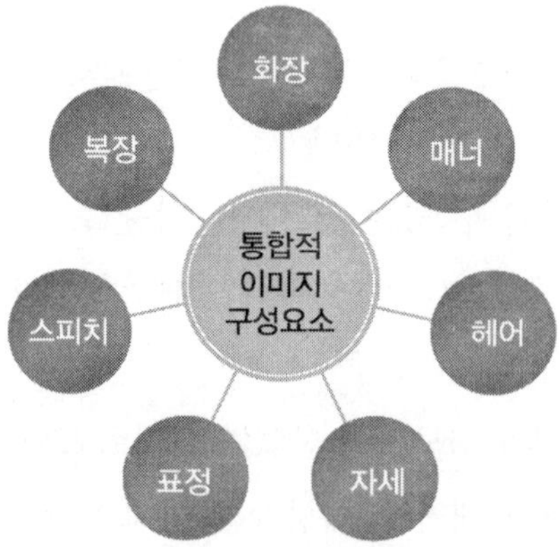

[그림 4-1] 이미지의 7가지 구성요소

③ 왜, 이미지 메이킹은 중요한가?

최근, 자신의 선택과는 상관없이 이미지가 전달되고 상대방의 이미지를 평가하면서 인간관계를 확장하고, 좋은 이미지를 구축하는 사람이 성공하는 시대를 살아가고 있다.

따라서, 우리는 스스로의 삶을 성공적으로 이끌기 위해 자신의 이미지 관리에 더욱 신중하게 대처해야 하고, 무엇보다도 자신만의 긍정적인 이미지를 구축하는 것이 중요하다.

아울러, 바람직한 이미지를 위해서는 스스로 외적인 이미지 메이킹과 내면이미지의 강화에 힘쓰고 이것을 바탕으로 상대방에게 자신의 이미지를 어떻게 표현할 것인가가 중요하다.

이미지 메이킹은 개인이 추구하는 목표를 이루기 위해 자기 이미지를 통합적으로 관리하는 행위이자 자기향상을 위한 개인의 노력이고, 자기이미지를 긍정적으로 인식하는 사람은 직장에서 자기성취 및 생산성의 향상을 가져오고, 그 반대의 경우 직장에서 고립과 실패를 가져올 수 있으므로 진정한 이미지 메이킹이란 내면에서 시작된다.

현대사회에서 건강하고 행복한 삶을 영위해 나가기 위해서는 무엇보다도 자아존중감(self-esteem)의 확립과 원만한 대인관계의 형성이 우선적으로 필요하다.

자아존중감이란 자기가 자신을 판단할 때 한 개인으로서 공경하는 마음을 갖는 것이며, 자기를 긍정적으로 수용하는 것을 의미한다. 즉, 자신이 얼마나 중요한 사람이며, 어떤 능력을 갖고 있고, 어느 정도의 성공을 이룰 수 있는지 등의 자신에 대한 주관적인 판단으로서 자아개념 형성단계에서 최종적으로 형성되는 자기인식이라 할 수 있다.

자아존중감이 높은 사람은 자신감과 용기가 있으며 성취동기가 높고, 인생의 다양한 변화에도 원만하게 대처해 나간다. 반면 자아존중감이 낮은 사람은 자신감이 없고, 소극적이며 대인관계가 좋지 않을 뿐만 아니라 열등감이 심하고 실패를 두려워한다.

자아존중감은 개인이 자신에 대해 갖는 가치관으로서 바람직한 성격형성 및 사회생활에 있어서 가장 중요한 요소이다. 인간은 태어나면서부터 여러 형태의 끊임없는 대인관계를 맺으며, 만족스럽고 효과적인 대인관계의 경험은 개인에게 건전한 인격발달과 자아존중감 형성에 긍정적인 영향을 준다.

사람들은 살아가면서 간혹 왜곡된 자기 이미지를 형성하기도 한다. 이렇게 잘못 형성된 자기 이미지는 그 사람의 능력이나 가능성을 타인이 올바르게 인식하는 것을 막아 실제보다 축소된 평가를 받게 한다.

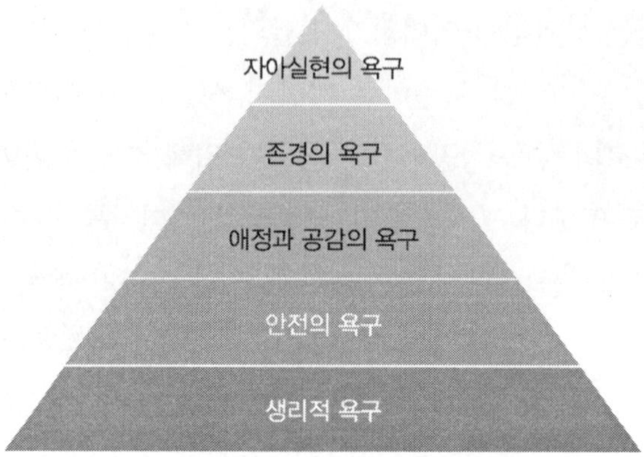

[그림 4-2] 매슬로의 욕구 피리미드

에이브러햄 매슬로(Abraham Maslow)는 '욕구단계이론'에서 자존감을 '먹을 것과 마실 것에 대한 욕구'라는 필수적인 생존 욕구보다 '위에' 있다고 설명하고 있다.

깨진 거울 속 자신의 모습이 온전하게 보이지 않는 것처럼 한 사람의 이미지는 사회 속에서 한 개인이 이루고 있는 여러 가지 관계와 신분이 상징 적으로 나타나는 것이라고 할 수 있다. 자신의 외모를 가꾸는 것은 특별한 자기표현의 한 방법으로 이미지는 자기 정체성과 밀접한 연관을 갖고 있다.

이미지 메이킹이 중요한 것은 개인의 인간관계와 밀접한 관련이 있기 때문이다. 함께 더불어 살아가는 인간사회의 구조 속에서 바람직한 인간관계는 개인의 행복과 삶의 질을 향상시키는 데 직접적으로 기여한다.

또한 직장에서 구성원에게 요구하는 능력 중에 하나이고 직장인으로서 자기 성취나 생산성으로 연결되기 때문에 현대인에게 이미지 메이킹이 반드시 필요하다고 할 수 있다.

어떤 목적의 달성이 이미지에 의해 좌우되기 때문에 좋은 이미지를 갖추는 사람이 성공의 기회를 가져올 수 있는 것이다. 사회에서는 물론 업무 능력이 가장 중요하지만 자신의 이미지를 잘 관리하면서 인간관계를 맺어나가는 노력도 업무능력 못지않게 중요하다고 할 수 있다.

이미지는 눈에 보이지 않는 허상으로 “어떤 것을 머릿속에 재현하는 일” 이라면 “이미지 메이킹”은 어떤 목표나 상황을 이미지화하여 “실제로 실현시킬 수 있게 도와주는 것”이라 할 수 있다. 즉 이미지 메이킹은 개인의 잠재능력을 밖으로 표출시켜 활동력 있고 자신감 있는 사람, 호감을 주는 사람으로 인식된다.

《참된 자아의 인식》이라는 이미지 메이킹의 3가지 효과는 자아존중감이 향상되고, 열등감 극복으로 자신감이 높아지며, 궁극적으로 대인관계 능력 향상의 효과를 얻게 된다고 할 수 있다.

또한, 《나다움을 개발하라》라는 이미지 메에킹의 5단계는 다음과 같다.

1st, 자신을 알라는 자신에 대해 알고 자신의 장점과 단점을 파악한다.

2nd, 자신을 계발하라는 자신의 단점은 보완하고 장점은 극대화할 수 있도록 해야 한다.

3th, 자신을 상품화하고 포장하라는 자신의 장점이 드러날 수 있도록 외적 내적 이미지를 잘 표현할 수 있도록 한다.

4th, 자신을 알리고 광고하라는 상대방으로부터 호감가는 이미지를 갖게 하여 자신을 알리도록 한다.

5th, 본인에게 진실하라는 자신을 있는 그대로 거짓없이 표현하여 신뢰감을 줄 수 있도록 한다.

출처: 김경호(2015) 이미지메이킹의 이론과 실제 참고

이미지 메이킹 훈련을 위한 7가지 유의점은 다음과 같다.

첫인상에 신경써라
얼굴 근육을 단련시켜라
내몸에 맞는 제스처를 개발하라
인사는 정중하게 하라
나의 이미지 멘토를 정하라
맑은 목소리를 내라
걸음걸이는 당당하게 하라

출처: 김경호(2015). 이미지메이킹의 이론과 실제 참고

4 나의 이미지 분석

그렇다면, 이미지 메이킹의 정상인 참된 자아를 찾기 위한 지금 현재의 나의 이미지는 어떠한가? 체크해 봅시다.

1. 내가 생각하는 현재의 나의 이미지?
2. 내가 생각하기에 타인이 내게 느끼고 있는 나의 이미지?
3. 실제 타인이 보는 나의 이미지?

자신의 첫인상 유형을 생각해 보고 가장 비슷하다고 생각되는 유형에 ○ 또는 √를 해봅시다.

유형	내용	판단
A유형	첫인상은 좋았는데 갈수록 실망스런 사람	
B유형	첫인상이 평범해서 별 느낌이 없었거나 오히려 안 좋다고 생각했는데, 겪어보니 진국인 사람	
C유형	첫인상에서 신선하고 참 좋은 사람이라고 느낌을 받았는데 계속 만나 보니 정말로 그런 사람	

당신의 첫인상에 대해 개선할 사항을 생각해 보자.

1. 나의 첫인상에 대한 문제점은?
2. 점차적으로 개선해야 할 첫인상은?
3. 첫인상 개선을 위해 지금 실천할 수 있는 항목은?

이미지 메이킹의 기본원리는 자신의 외적 이미지를 강화하여, 긍정적인 내적 이미지를 끌어내는 시너지효과(synergy effect)를 얻는 것이라고 할 수 있다. 매너는 장기간 몸에 밴 좋은 습관이라고 한다면, 이미지는 단기간에 개발하거나 만들어 갈 수 있다. 그러므로 이미지 시대의 성공 전략으로 자신을 보다 나은 이미지로 새롭게 "이미지 메이킹" 할 필요가 있다.

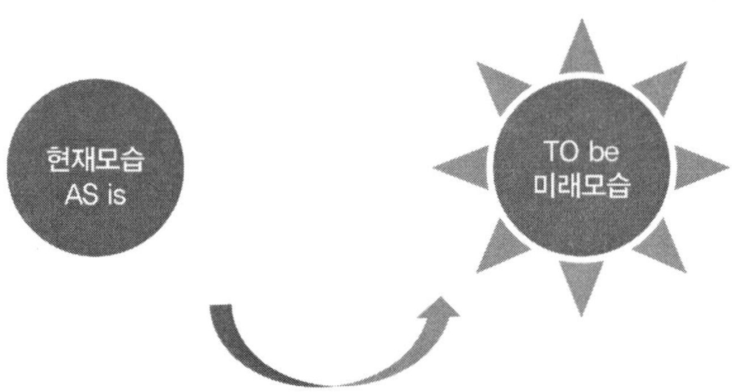

CHAPTER

05 학습을 위한 좋은 습관

1 습관이란?

사람은 누구나 습관을 갖고 있다. 러시아의 대문호 도스토옙스키는 '습관이란 인간으로 하여금 그 어떤 일도 할 수 있게 만들어준다'고 하였다. 그만큼 습관은 한 사람의 삶을 좌우하고 성공을 결정할 만큼 중요한 요소이다. 인간을 성공으로 이끄는 가장 강력한 무기는 풍부한 지식이나 피나는 노력이 아니라 바로 습관이다.

[그림 5-1] 도스토옙스키

'세 살 버릇이 여든까지 간다'는 속담이 있다. 어릴 때 만들어진 버릇은 늙도록 고쳐지지 않는다는 말이다. '제 버릇 개 줄까'라는 속담도 있다. 한번 습관이 만들어지면 좀처럼 그 습관에서 벗어나기가 어렵다는 경고의 말이다.

좋은 습관은 그것으로 인해 자기의 능력을 향상시키고 행복한 삶을 누리며 성공의 길을 걷게 되지만, 나쁜 습관은 그것 때문에 능력이 저하되고 불행한 삶을 살며 실패의 길을 걷게 된다.

습관은 운명을 결정하는 놀라운 힘을 가지고 있다. 습관은 우리의 생각과 행동을 지배하고 생활을 지배하며 성격을 형성하고 운명까지도 좌우한다. 스위스의 철학자인 아미엘은 생각, 행동, 습관, 성격, 운명에 대한 인생방정식을 성립하였다.

생각이 변하면, 행동이 바뀌고,
행동이 변하면, 습관이 바뀌고,
습관이 변하면, 성격이 바뀌고,
성격이 변하면, 운명이 바뀐다.

우리는 무슨 일이나 긍정적이고 낙천적으로 보는 사고와 감정의 습관을 길들여야 한다. 좋은 습관은 길들이기가 힘들지만, 나쁜 습관은 매우 쉽게 길들여진다. 왜 좋은 습관은 어렵고, 나쁜 습관은 쉬울까? 나쁜 습관을 끝내기 어려운 이유는 그 습관에 대한 생각에 대해 계속 '생각'하기 때문이다. 난폭운전, SNS 중독, 손톱 물어뜯기 같은 행동적 습관을 비롯해 두려움, 공포증 같은 정신적 습관까지 모든 습관은 '생각'에 기반하며, 충동에 굴복한 반복적 생각과 행위로 인해 뇌 안에서 신경회로가 강화된다. 바로 관점을 바꾸면 행동도 바뀔 수 있다는 게 핵심이다.

다이어트, 영어공부, 운동 등등, 올해도 당신은 뭔가를 결심했을 것이다. 새 다이어리에 야심차게 목표를 써놓기도 하고, 주위 사람들에게 '내일부터 다이어트야'라고 선포하기도 했다. 그로부터 한 달 후, 이전의 결심은 흐지부지되고 당신은 여전히 야식을 먹고 운동은 하지 않고 있을 것이다. 사람들에게 한 호언장담 때문에 잠깐 멋쩍기도 하지만 '나는 원래 결심을 잘 못 지켜'라고 합리화하며 이전과 똑같은 일상으로 돌아간다. 그런데 무엇이든 한 번 결심하면 꼭 이루고야 마는 사람들이 있다. 어느 순간 그들은 '나 최근 다이어트해서 10kg 정도 뺐어'라며 건강해진 몸매를 자랑하기도 한다. 그들이 특별히 독한 걸까? 아니면 의지력이 엄청나게 강한 걸까? 둘 다 틀렸다. 그들은 당신보다 독하지도 의지력이 강하지도 않다. 단지 아주 사소한 습관을 매일 조금씩 반복했을 뿐이다. 그렇다면 어떻게 그들처럼 달라질 수 있을까?

[아주 작은 습관의 힘]의 저자 제임스 클리어는 어떤 습관을 자신의 무기로 만들기 위해서

는 딱 네 가지만 기억하면 된다고 한다. 바로 '행동 변화의 4가지 법칙'인데, 모든 습관은 분명하고(제1법칙), 매력적이고(제2법칙), 쉽고(제3법칙), 만족스러워야(제4법칙) 한다는 것이다.

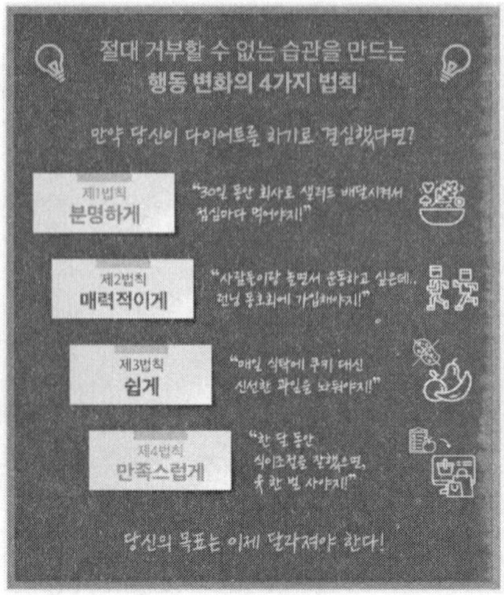

[그림 5-2] 제임스 클리어의 행동변화의 4가지 법칙

제임스 클리어는 이 법칙으로 놀라운 변화를 경험하였다. 매일 잊어버리기 일쑤였던 매일 아침 사과 먹는 습관을 기르게 된 것이다. 저자는 건강한 식습관을 위해 매일 사과를 먹으려고 했지만, 매번 사과를 사오자마자 냉장고 과일 칸에 집어넣고는 잊고 있다가 다 먹지 못하고 버렸다. 그런데 '매일 사과 먹기'라는 습관을 '분명하게' 하자 변화가 찾아왔다. 저자는 사과를 눈에 잘 보이도록 식탁에 올려두었다. 그러니 저절로 틈날 때마다 매일 사과를 먹는 것을 잊지 않게 되었다. 이처럼 저자가 소개한 방법은 특별한 의지력 없이 지금 현재 습관을 조금만 바꿔도 원하는 목표를 이룰 수 있다.

하지만 살면서 우리의 일상에는 가끔 변수가 생긴다. 어쩔 수 없이 오늘 결심한 그 습관을 수행하지 못할 때가 분명히 찾아온다. 그럴 땐 과감하게 한 번의 실수는 포기해도 된다고 우리를 다독인다. 대신 '절대로 연속으로 두 번은 거르지 않는다'라는 원칙을 지킬 것을 당부한다. 왜냐하면 당신이 그 습관을 두 번 거르게 되면 또 다른 새로운 나쁜 습관이 시작되기 때문이다.

더 나아가 '1만 시간의 법칙'이라는 신화에 사로잡혀 있는 우리의 편견을 산산조각내어야 한다. 일반적으로 우리는 변화를 위해서는 시간을 무조건 많이 투자해야 한다고 생각한다. 그러나 탁월한 차이를 만드는 것은 '시간'이 아니라 '횟수'다. 21일이냐, 30일이냐, 300일이냐는 중요하지 않다. 단 2분이라도 자주 반복하는 것이 중요하다. 어떤 습관을 2일 동안 두 번 반복하는 것과 100번 반복하는 것은 엄청나게 다른 결과를 초래한다.

2 좋은 습관

1) 자신을 아름답게 가꾸는 좋은 습관

① 성실하게 살아가는 습관이다. 성실은 곧 참이며, 거짓이 없는 것이다. 나를 속이지 않고 남을 속이지 않는 진실한 마음이다. 또한 성실은 곧 정성이다. 모든 것에 정성을 다하면 안 되는 일이 없다. 그래서 지성이면 사람뿐만 아니라 하늘도 움직인다는 뜻으로 '지성이면 감천'이라고 한다.

② 일찍 자고 일찍 일어나는 습관이다. 아침 일찍 일어나 공부하는 습관이 길들여지면 집중력과 두뇌발달에 가장 좋다.

③ 예절을 지키는 습관이다. 예절은 서로 간에 지켜야 할 도리이자, 사람이 갖추어야 할 품위이다. 즉 사람들이 지켜야 할 사회적 약속이다. 사회적 약속을 지키지 못하면 불쾌감을 주고 불화가 생긴다.

④ 미소짓고 인사 잘하는 습관이다. 미소는 얼굴에 피는 꽃이며, 남과 친밀해지는 지름길이다. 그래서 상대에게 호감을 준다. 참된 인사는 자신 쪽에서 마음을 열고 상대에게 다가가는 것이다. 낯선 사람에게도 '안녕하세요'라고 내가 먼저 인사한다.

⑤ 건강을 스스로 챙기는 습관이다. 몸이 건강해야 모든 일에 의욕과 열의를 가지고 뜻한 바를 성취하려고 분투하고 도전하는 기백이 생긴다.

⑥ 항상 배우기에 힘쓰는 습관이다. 아는 것이 힘, 배워야 산다. 인생에서 가장 중요한 것은 부단히 배우고자 하는 마음을 가지고 살아가는 것이다. 그래서 성공한 사람들은 배우려는 태도를 생활 속에서 습관화한다.

⑦ 독서하는 습관이다. 사람은 책을 만들고 책은 사람을 만든다. 책을 읽는 동안에 독서에 필요한 집중력, 어휘력, 추리력, 상상력, 판단력, 비판력, 사고력 등이 길러지기 때문에 독서 능력이 풍부한 학생은 학교 공부도 쉽게 빠르게 이해할 수 있다.

⑧ 일기 쓰기 습관이다. 일기란 매일 겪은 일에 대한 생각이나 느낌을 적는 개인적인 기록이지만, 습관화하면 엄청난 부가가치가 창출된다. 러시아 문학가 톨스토이는 평생동안 실천한 일기 쓰기 습관에서 비롯된 것이다. 일기 쓰기는 자기 성찰의 길잡이

가 된다. 자기의 마음을 반성하고 살피는 것이다.

⑨ 자기를 소중하게 생각하는 습관이다. 세상에서 가장 소중한 존재는 자기 자신이다. 자기 자신을 사랑하지 못하고 자신을 비하하고 자학하고 낙심과 위축과 좌절감의 포로가 되어 자포자기한 채 세상을 비관하며 산다. 그 절망적인 상황을 용감하게 털고 일어나 정상인으로 복귀해 대역전극의 인생을 살아야 한다.

⑩ 직업을 소중하게 생각하는 습관이다. 인생에 있어 직업처럼 소중한 것이 없다. 인간의 원초적인 문제에서 자아실현을 이루는 데까지 직업을 통해서 이루어진다. 성취의 기쁨과 보람을 맛보면서 자아실현의 꿈을 실현하는 벅찬 감격으로 삶을 아름답게 살게 될 것이다. 일 자체에서 즐거움과 보람을 찾을 수 있는 직업을 택해야 한다. 그리고 자기 직업에 성실해야 한다.

⑪ 나는 행복하다고 생각하는 습관이다. 행복과 불행은 마음먹기에 달려 있다. 불행하다고 생각하는 사람들은 그릇된 행복관으로 해서 자기 자신 안에서 행복을 찾을 수 있는 지혜가 부족했기 때문이다. 어떻게 하면 행복해 질 수 있을까? 진정으로 행복하길 원하면, 낙천적인 마음가짐 즉 모든 것을 긍정적으로 생각하고 기쁘게 받아들이려는 생활 태도를 가져야 한다. 그리고 분수를 지키고 자기 생활에 만족할 줄 알아야 행복하게 살아갈 수가 있다. 행복은 자기 자신이 결정하고 자기 스스로 창조하는 것이다. 언제나 나는 행복하다고 생각하는 습관을 몸에 익히면 기쁜 마음으로 행복한 나날을 보낼 수 있을 것이다.

⑫ 시간을 효율적으로 활용하는 습관이다. 시간을 소중히 여겨야 하는 이유는 시간이 생명이기 때문이다. 어떻게 보면 인생이란 실제로는 오늘 하루에 요약된다고 볼 수 있다. 내 앞에 현존하고 있는 것은 오직 오늘이라는 이 시간뿐이다. 내가 소유하고 있는 시간, 내가 활용할 수 있는 시간은 오직 현재뿐이다.

⑬ 스마트 폰 등을 효과적으로 관리하는 습관이다. 자기에게 얼마나 도움을 주고 있는지를 따져 보고 선택적으로 활용하도록 하는 것이 좋다. 또한 스스로 절제와 자제를 할 수 있는 힘을 키워 보는 것도 삶의 지혜가 된다.

2) 긍정적인 생각을 키우기 위한 좋은 습관

① 도전하고 또 도전하는 습관이다. 끊임없는 도전은 놀라운 집념으로 성취를 가져온다. 어떠한 어려운 역경과 거듭되는 실패 속에서도 결코 좌절하지 않고 포기하지 않는다.

② 나도 할 수 있다고 생각하는 습관이다. 일의 성패는 그 사람의 능력보다도 오히려 그 사람의 마음가짐에 달려 있다. 어떤일이 '반드시 이루어질 수 있다'고 믿으면 결국 그것이 사실로 나타나는 일이 많은 것도 이 때문이다. 좋은 결과를 얻기 위해서는 무엇보다도 '할 수 있다'는 긍정적인 신념이 있어야 한다.

③ 자신감을 키우는 습관이다. 우리가 일을 성취하는 데 있어 가장 중요한 것은 자신감을 갖는 것이다. 사람은 자신감을 가질 때, 두려움이 없어지고 당당해지며 하고자 하는 의욕이 생기고 하면 된다는 신념이 생긴다.

④ 중도에 결코 포기하지 않는 습관이다. 성공한 사람들은 실패해도 포기하지 않는다. 영국 정치가 윈스턴 처칠은 많은 실패를 거듭한 평범한 실패자였으나, 결코 좌절하거나 포기하지 않고 세계인들이 존중하는 사람이 되었다. 연설문을 보면, '절대로, 절대로, 절대로 포기하지 말라!'고 큰소리로 외쳤다.

⑤ 실패를 두려워하지 않는 습관이다. 현실은 괴롭지만 희망의 끈은 놓지 말라. 구름이나 소나기 없이는 무지개가 뜰 수 없다는 것을 명심하고 참아야 한다. 크게 실패한 사람이 큰 인물이 된다. 실패를 딛고 일어서면 새로운 세계가 열린다. '실패는 성공의 어머니'이다.

⑥ 신념을 키우는 습관이다. 신념이란 '반드시 그렇게 된다'고 확신하는 마음이다. 인간에게서 가장 큰 힘이 있다면 그것은 신념의 힘이다.

⑦ 역경을 이겨내는 습관이다. 톨스토이는 '사람은 저마다 자기 십자가를 지고 인생을 살아간다'고 했다. 역경이 없는 인생은 없다. 따라서 이 역경을 어떻게 극복해 나가느냐가 인생의 가장 큰 과제이다.

⑧ 끈기를 키우는 습관이다. 끈기는 일종의 마음의 상태이다. 끈기는 목적한 바를 성취하고자 하는 의욕을 불러일으킬 수 있는 동기유발이 이루어질 때, 비로소 발휘될 수 있는 것이다. 따라서 동기유발만 제대로 이루어질 수 있다면 끈기는 누구나 키울 수 있는 것이다.

⑨ 적극적인 정신으로 행동하는 습관이다. 행동력의 차이가 성패를 가름한다. 그러므로 적극적인 정신으로 살아야 한다. '할까, 말까'하고 주저할 때에 '할까'의 길을 선택한다. '실패하면 어떻게 될까'하는 불안보다는 성공했을 때의 기쁨을 먼저 생각한다.

⑩ 열등감을 극복하는 습관이다. 누구나 열등감이 있다. 많은 위인들도 열등감을 가지고 있었지만, 그것을 자기의 성장발전에 용수철로 삼아 이를 극복함으로써 자기의 뜻을 이루어 낼 수 있었다.

⑪ 집중력을 키우는 습관이다. 정신 집중이 되지 않으면 무슨 일을 해도 능률이 오르지 않을 뿐만 아니라 실수까지 저지른다. 집중력을 얻는 방법은 일에 대한 동기를 찾고 집중력 감퇴를 줄이기 위해 일에 지치지 않도록 휴식 등으로 기분 전환한다.

3) 인간관계를 원만하게 하는 좋은 습관

① 감사하게 생각하는 습관이다. 감사는 행복의 문을 여는 열쇠이다. 감사하는 마음을 가질 때 인생은 사는 것이 기쁘고 즐거워진다. 사도 바울은 '범사에 감사하라'는 진리를 가르쳤다. 우리는 모든 일에 고마워하는 마음을 가지고 살아가도록 힘써야 한다.

② 약속을 지키는 습관이다. 약속은 자기가 한 말에 책임을 진다는 것이다. 약속한 것은 반드시 지켜야 한다. 도산 안창호 선생은 중국 상하이에서 일본 천황의 생일 축하식장에 폭탄을 던진 의거일에 일본 관헌에게 체포되었다. 그날 어느 동지의 자녀에게 생일 선물을 주겠다고 약속한 날이었다. 주위 사람들이 말렸지만, 어린아이와 한 약속을 지키기 위해 그 집에 갔다가 체포되었다. 약속을 지키는 습관을 기르면 신뢰가 쌓인다.

③ 친절하게 대하는 습관이다. 서로가 따스한 마음을 가지고 친절하게 대하면, 기분이 좋을 뿐만 아니라, 상대방에게 호감이 가서 금세 친근감을 갖게 된다. 친절은 인간관계를 부드럽게 하는 윤활유이다.

④ 만남을 소중하게 여기는 습관이다. 참다운 삶은 참된 사람을 만나는 데서 시작된다. 사람은 어떤 사람과 만나느냐에 따라 삶의 방향과 질이 얼마든지 바뀔 수 있다. 헬렌 켈러와 설리번 선생의 운명적인 만남이 그러하다.

⑤ 친구를 소중하게 여기는 습관이다. 평생 동안 서로 아끼고 도와주며 돈독한 우의 속에

서 살 수 있는 참된 친구를 가진다면 그보다 값진 재산은 없을 것이며, 그보다 행복한 사람은 없을 것이다. 참된 친구를 얻으려면 무엇보다 성실과 진실한 마음으로 사귀고, 서로 깊이 이해하고 아껴주며, 예의와 신의를 지키고, 고락을 함께 나누는 자세가 되어야 한다.

⑥ 첫인상을 좋게 하는 습관이다. 첫인상은 일반적으로 외모나 말투 같은 예의범절 등이 주는 정보들에 의해 구성된다. 이 같은 첫인상은 상대방에 대한 인상을 형성하는 데 결정적인 역할을 하게 된다.

4) 꿈을 이루기 위한 좋은 습관

① 꿈을 실현하려고 애쓰는 습관이다. 비전을 마음속에 품고 있을 때, 우리는 비범해지고 용감해지고 진지해진다. '소년들이여, 야망을 품어라' 이것은 삶에 희망을 주고 의욕을 일으키고 용기와 보람을 주는 명언은 많은 젊은 세대에게 꿈을 안겨준다. 인생에서 먼저 꿈을 가지고 뜻을 세우는 것이 중요하다. 큰 뜻을 품고 높은 목표를 세워야 한다.

② 미래의 자화상을 시각화하는 습관이다. 꿈을 현실화하는 데 가장 효과적인 방법은 미래의 성공한 자화상을 시각화 하는 것이다. 시각화 하면 잠재의식에 뿌리 깊이 심어지고, 잠재의식은 이를 이루기 위해 놀라운 힘을 발휘한다.

③ 목표를 세우고 일하는 습관이다. 사람은 해야 할 과제가 뚜렷할 때 집중적으로 일할 수 있다. 목표는 자석과도 같아서 모든 정열과 노력을, 한 푯대를 향해서 집중하도록 이끌어 주기 때문이다. 꿈을 품고 목표를 설정하면 그것이 현실로 실현되는 이유이다. 그래서 목표를 세워 일하는 습관을 키우자.

④ 자기계발에 노력하는 습관이다. 자기계발은 사회생활에 있어 성패를 가늠하는 수단이 되고 있다. 자기계발이란 자기의 능력 또는 가능성을 스스로 계발하는 것이다 다시 말하면 자기가 주체가 되어 자기의 능력을 계발하는 것이다.

⑤ 긍정적으로 사고하는 습관이다. 인생을 보람 있고 풍요롭게 살려면 우리가 어떤 사고방식을 가지고 살아가야 하는지 중요하다. 긍정적 사고는 불가능을 가능으로 바꿔준다. 생각은 현실을 만들어 낸다. 그래서 생각과 관련된 습관은 무엇보다 중요하다.

스스로를 제약하는 부정적인 사고 습관은 다른 무엇보다도 우리에게 큰 해를 입힌다. 그러므로 우리는 어떠한 처지에서도 긍정적으로 사고하는 습관을 길들이도록 노력해야 한다.

⑥ 깊이 생각하는 습관이다. 궁리한다는 것은 사물의 이치를 깊이 연구한다거나, 좋은 도리를 발견하려고 곰곰이 생각하는 것을 말한다. 깊은 뜻을 알아내고 어려운 문제의 해결 방법을 찾아내는 일은 모두가 궁리 또는 깊은 사고력을 통해서 얻어지는 것이니 생각하고 판단하는 것이 재미있고 보람된 일이다. 사고하는 습관이 문제해결의 열쇠가 된다.

⑦ 한 가지로 승부하는 습관이다. 꿈을 이루며 인생을 살아가려면 자기가 하고 싶은 일중에서 잘할 수 있는 한 가지 일을 찾아내 거기에 전력투구하는 것이다. 그러므로 강점에 올인하라.

⑧ 적성에 맞는 일에 몰입하는 습관이다. 적성이란 어떤 특수 분야에서 필요로 하는 기능을 쉽게 학습하고 그 기능을 성공적으로 성취할 수 있는 개인의 특수한 잠재능력이라고 한다. 쉽게 말하면 적성이란 자기가 하고 싶은 일 그리고 자기가 잘 할 수 있는 일이다. 적성에 맞는 직업을 선택해야 하고, 지금하고 있는 것에 즐거움과 보람을 찾아야 한다. 잠재의식의 힘을 활용하는 습관이다. 프로이드는 인간은 현재의식과 잠재의식 즉 무의식이 있다고 한다. 그런데 현재의식은 인간의 마음속에 불과 10%밖에 차지하고 있지 않고 나머지 90%는 무의식이다. 자동차 운전의 경우, 현재의식이 명령으로 기계를 조작하지만 숙달이 되면 무의식적으로 움직이게 되어 운전을 자유롭게 할 수 있다. 내가 내 마음에 어떤 암시를 잠재의식이라는 땅에 심느냐 하는 것이다. 왜냐하면, 잠재의식은 심는 대로 자라기 때문이다.

⑨ 닮고 싶은 성공모델을 벤치마킹하는 습관이다. 꿈을 이루는 데도 법칙이 있다. 성공한 사람들을 모방하며 그 경험과 노하우를 보고 배우면서 그 길을 계속 추구해 나가라는 것이다. 훌륭한 인물은 나름 자기 자신만의 성공모텔을 가지고 있다. 여러분도 '이런 사람이 되고 싶다'고 생각하는 인물을 꼭 찾기를 바란다.

⑩ 창의성을 살리는 습관이다. 남보다 앞서려면 창의성을 발휘해야 한다. 즉 창조적인 일을 하지 않는 한 성공을 기대할 수는 없다. 창의력을 발휘하는 사람들은 강력한 문제의식을 가지고 있고 융통성이 있다 그리고 생각하고 또 생각한다.

⑪ 떠 오르는 아이디어를 메모하는 습관이다. 메모를 해두면 엄청난 부가가치가 창출된다. 메모를 통해 자신이 하는 일에 자신감을 얻어 자신의 결점이나 부족한 것을 보완하고 자기의 단점을 장점으로 바꾸게 된다.

5) 스티븐 코비가 말하는 "성공하는 사람들의 7가지 습관"

그는 '행복은 궁극적으로 원하는 것을 위해, 지금 우리가 원하는 것을 희생하고자 하는 욕구와 능력의 열매라고 부분적으로나마 정의할 수 있다'고 했다. 미래를 준비하는 사람들에게 현재를 희생한다고 하는 사람들이 있다. 진정한 행복은 원하는 삶을 위해 지금 당장 힘들더라도 노력해야 하고, 불필요한 것들을 포기하는 희생이 필요하다는 것이다. 우리는 희생이라고 하면 부정적인 측면으로 받아들이는 것 같다. 그러나 미래를 위해 실력을 연마하고 있는 사람들은 마치 '현재를 희생'하고 있는 것처럼 치부된다. 성장하는 삶이 바로 행복한 삶이 된다. 스티븐 코비가 성공하는 사람들의 습관에서 개인의 승리와 대인관계의 승리를 위해 7가지 습관을 제시하였다.

- 개인의 승리

  습관 1: 자신의 삶을 주도하라

  습관 2: 끝을 생각하며 시작하라

  습관 3: 소중한 것을 먼저 하라

- 대인관계의 승리

  상호의존의 패러다임

  습관 4: 승-승을 생각하라

  습관 5: 먼저 이해하고 다음에 이해시켜라

  습관 6: 시너지를 내라

  습관 7: 끊임없이 쇄신하라

[그림 5-3] 스티븐 코비 〈성공하는 사람들의 7가지 습관〉

자신의 삶을 주도하라. 주도적이라는 의미는 계획하고, 기록하면서 실행하는 것과 함께

주도적인 사람의 행동은 가치관에 기초를 둔 스스로의 의식적 선택의 결과라고 한다. 주도적인 사람은 멘탈이 무너진 상황에서도 자신이 해야 할 것을 잘 안다.

끝을 생각하며 시작하라. 스스로 설정해 놓은 비전, 목표, 원칙 등이 자신의 삶에 가이드 역할을 한다. 우리는 가치관을 확립하기도 전에 삶의 효율관리 또는 목표 설정과 달성에만 집착하고 있다.

소중한 것을 먼저하라. 시간관리란 표현 자체가 진정한 의미에서 보면 잘못된 것이다. 왜냐하면 우리는 시간을 관리하는 것이 아니라 자신을 관리해야 하기 때문이다. 즉 초점으로 시간을 기록하는 것이 아니라 자기관리가 필요하다.

승-승을 생각하라. 승-패적 사고는 사람들의 잠재능력이나 현재 능력을 최대한 발휘하고 있는 지를 보고 평가하는 게 아니라 다른 사람들과 비교하여 평가한다. 이는 경쟁의 부작용일 수 있다. 내가 좋고 남도 좋을 수 있는 관점을 가져야 한다.

먼저 이해하고 다음에 이해시켜라. 작가는 소통을 위해 먼저 경청차호 상대방을 먼저 이해하려고 노력해야 한다도 한다.

시너지를 내라. 차이점을 소중히 여기는 것은 중요하다. 어떤 사람의 발언이 '다름'이 아닌 '틀림'으로 받아들여지는 경우가 많다. 작가는 자주 사람들의 마음과 접촉하고 나눔으로써 얻은 많은 지식과 감정이 소중하다는 사실을 인정하라고 제시한다.

끊임없이 쇄신하라. 매일 똑같이 살면서 변화와 성장을 하도록 자기 쇄신이 필요하다.

3 나쁜 습관 정리법

좋은 습관을 들이려 애쓰지 말고 나쁜 습관을 버려라! 이는 좋은 습관 길들이기보다 나쁜 습관의 예방이 더 중요함을 전한다. 나쁜 습관은 질병을 부른다. 건강을 유지하는 것은 내 생활습관을 살펴 나쁜 습관을 고쳐 육체적인 건강을 예방하는 것이 최고의 비결이다. 벤자민 프랭클린은 '나쁜 습관은 고치는 것보다 예방하는 것이 더 쉽다'고 하였다.

나쁜 습관을 가지지 않으려면 어떤 생각과 행동이 필요할까. 먼저, 말에 대해 부정적인 말과 자신의 노력에 대한 자랑은 버린다. '바쁘다'는 말과 남에 대한 험담도 버려야 한다.

불평불만을 하지 말고 핑계를 버린다.

또한 인간관계에서 공적을 버린다. 주변에 감사하는 마음을 가져와 신뢰감을 얻는다. 혼자있는 시간을 가지고 고독해 본다. 그러면 자신만의 독특한 개성을 발휘하고 눈에 띄는 성과를 올릴 수 있다. 남과 비교하는 의식을 버린다. 그래야 자신의 판단을 스스로 존중할 수 있다. 자존심을 버린다. 즉 허세를 버린다. 체면보다 실속을 챙기고 능력을 과시하지 않으며 남들에게 굳이 이해받으려 하지 않는다.

[그림 5-4] 벤자민 플랭클린

인맥 관리는 먼저 배풀어라. 기브 앤 테이크(give & take)를 버리고 대가를 기대하지 말고 '나'를 위해 하면 된다. 물욕을 버린다. 물건이 사고 싶다 생각될 때 신중히 생각해서 판단한다.

나쁜 습관은 고치기가 어렵다고 한다. 습관은 의지로 고치기가 어렵다. 이미 무의식화 되어 자기도 모르게 튀어 나오기 때문이다. 나쁜 습관을 고치는 것은 새로운 습관으로 대체하는 것이다.

애써 좋은 습관을 하나 더 늘리려 하지 말고 자신이 가지고 있는 나쁜 습관만 줄여도 인생이 달라진다. 사람들은 새출발을 원하거나 스스로를 긍정적으로 변화 내지는 개선시키고자 할 때 항상 리스트를 작성한다. 이 리스트의 항목은 새로운 다짐과 좋은 습관으로 가득 차 있다. 더불어 이러한 결심을 작심삼일로 장렬하게 끝맺은 경험을 누구나 한 번쯤은 갖고 있다. 여기서 문제는, 우리는 항상 좋은 습관을 형성하는 것에만 혈안이 되어 있다는 데에 있다. 이 책은 가장 쉽게 자기 자신을 발전시키고 원하는 방향으로 나아가게 하기 위한 효과적인 방법으로 내가 이미 가지고 있는 나쁜 습관을 없애기를 제시하고 있다. 굳이 좋은 습관을 하나 더 넣을 것이 아니라 나쁜 습관을 없앰으로써 자신이 하고 싶은 일, 소중하게 지키고 싶은 일, 나아가고 싶은 길을 찾는 것이다.

고도 도키오의 〈나쁜 습관 정리법〉에 보면, 하루에 한 가지씩 나쁜 습관을 버리며 40일 동안 자신을 변화시키는 프로젝트에 도전하라고 한다. '나쁜 습관 정리하기'는 지금 당장 자신이 가진 나쁜 습관을 다 버리고 싶겠지만 어차피 마음먹었다고 나쁜 습관을 한 번에 없애기란 쉽지 않다. 참고 하나씩 버림으로써 당신의 인생은 조금씩, 하지만 분명히 긍정적인 방향으로 변화할 것이다. '나쁜 습관 정리 카드' 를 활용해 보라. 나쁜 습관이 적힌 카드를 뜯고 찢어버리는 의식을 통해 다시는 그 습관이 나를 잠식하지 않게 철벽을 칠 수 있을 것이다.

강성태의 〈습관달력〉으로 나쁜 습관 고치기 실천법에 대해 알아보자. 목표 습관을 적고, 잘 보이는 곳에 붙여 놓는다. 그날 목표 습관을 실천한 후 스티커 붙이기, 도장 찍기 등으로 체크를 한다. 66일 후 목표 습관을 만들 수 있다. 이때 자신에게 보상한다.

[그림 5-5] 강성태의 '습관달력'

이때 중요한 것은 첫째, 목표 습관은 높지 않고 적절한 수준으로 정해야 한다. 목표 습관의 수준을 처음부터 높게 잡으면 습관으로 만들기가 어렵다. 예를 들면 하루에 10분 영어 듣기, 하루에 20분 영어 듣기 순으로 목표 습관의 수준을 올려줘야 한다. 둘째, 66일 습관이 완성되면 보상을 해 주어야 한다. 단 외적 보상이 내적 보상보다 클 경우, 목표 습관이 아닌 보상이 목표가 될 수 있으므로 주의하여야 한다.

4 학습을 위한 좋은 습관 씨앗

성공한 사람들의 좋은 습관을 내 것으로 만들어라.

1) TV · 인터넷을 끄고 텍스트를 펼친다

독서하는 습관이다. 틈날 때마다 자꾸 읽다 보면, 책이나 신문, 잡지 등 읽을 거리가 늘어난다. 가슴에 남는 좋은 문장은 메모해 두고, 밑줄을 긋기하여 다시 보게 한다.

2) 적자 생존! 지독하게 적는다

메모와 글쓰기 하는 습관이다. 레오나르도 다빈치, 에디슨, 아인슈타인, 스티브 잡스는 천재가 아니라 메모광들이다. 왜 자꾸 메모와 글쓰기를 하는 것일까. 기억하려 애쓰지 않고 적는다. 이들은 책을 쓰거나 프레젠테이션 능력이 탁월하다. 바로 메모광이기 때문에 가능하다. 성공적인 메시지는 무엇을 쓰든 짧게 써라 그러면 읽힐 것이다. 명료하게 써라. 그러면 이해될 것이다. 그림 같이 써라. 그러면 기억 속에 머물 것이다.

3) 인사만 잘해도 첫인상이 달라진다

예의 있는 습관이다. 진심을 다해 상대방에게 정말 반갑다는 마음으로 인사를 한다. 마음이 가면 행동은 그저 따라갈 뿐이다. 마음을 풀고 진심을 보여주는 것만이 가장 좋은 인사가 될 수 있다.

4) 전화 한통, 이메일 하나도 신경 쓴다

소통하는 습관이다. 성공한 사람들은 딱딱하게 격식을 차려서 하는 것보다는 어깨의 힘을 풀고, 솔직하게 말하려고 노력한다. 그래야만 상대도 마음으로 답하기 때문이다. 어떤 의도를 접고 진솔하게 다가가는 것이 가장 중요하다.

5) 따스한 마음으로 스킨십한다

포용하는 습관이다. 진심으로 '허그'하라. 안아주는 것이 아무래도 부담스런 사람이라면, 진심 어린 악수도 좋고 등을 두드려도 좋다. 어쨌든 스킨십 습관은 나와 다른 사람의 관계를 더욱 따스하게 만든다는 것을 기억해 두자. 그저 마음을 나누는 이 사소한 보디랭귀지가 상대를 포용한다는 사실을 무언중에 전하는 것이다.

6) 시간을 갉아먹지 않는다

시간관리 습관이다. 당신이 오늘 할 일이 무엇인지 자세히 적는다. 중요하고 급한 일이 무엇인지 우선순위를 정한다. 우선순의로 정한 일은 반드시 시간 내에 끝낼 수 있도록 노력한다. 모든 일은 혼자 하려 들지 말라. 잘할 수 있는 사람과 일을 나누자. 다른 사람의 모든 부탁을 들어주면, 정작 당신의 일을 하지 못한다. 준비만 하다 보면 아무일도 하지 못한다. 중요한 것은 실천이다. 포기한 일에 대해 미련을 갖지 말라. 시간을 쪼개쓰려고 생각하지 말고 일의 집중도를 높여라. 자기계발에 대해 투자하는 시간은 낭비가 아니다. 가끔은 쉬어라 그래야 발전도 있다.

7) 되도록 푹 잔다

수면 습관이다. 존 메디나 박사는 '인간의 뇌가 엄청난 스트레스를 받으면 제대로 학습할 수 없게 된다는 두뇌법칙을 통해 학교와 직장생활에서 스트레스를 잘 다루는 것이 학생들의 학습능력과 생산성 향상의 열쇠'라고 강조한다. 자신에게 꼭 필요한 수면 패턴을 찾아서 몸에 익히는 것도 사소하지만 중요한 습관이다.

8) 접대하지 말고 식사한다

인맥관리 습관이다. 다만 식사를 할 때는 여러 분야의 다양한 사람들을 만나야 한다. 그래야만 더욱 다양한 시각에 대해 들으면서 깊어지고 넓어질 수 있다. 여기에 인맥을 관리하려 하지 말고 진심을 다하면 된다.

9) 스스로에게 최면을 건다

마인드컨트롤 습관이다. 여러분의 시간은 유한하다. 타인의 인생을 살며 낭비하지 마라. 타인의 생각에 얽매이지 말고, 자신의 마음과 직관을 따라가는 용기를 갖는 것이다. 배고픔과 미련함과 함께 원하는 것을 찾아라. 빌게이츠와 스티브 잡스가 어려움을 극복해 낸 비결은 스스로 마음을 다스리는 습관이다. 혼잣말 전략을 활용하여 긍정적으로 나아가게 하였다. '저는 힘이 센 강자도 아니고, 그렇다고 두뇌가 뛰어나 천재도 아닙니다. 날마다 새롭게 변했을 뿐입니다 그것이 저의 성공비결입니다.' change(변화)의 g를 c로 바꿔보면 chance(기회)가 된다. 변화 속에 반드시 기회가 숨어 있다.

할 수 있는 가능한 한 많은 유용한 행동들을 자동적이고 습관적으로 되게 만들어야 한다. 마치 전염병을 예방하듯이 자신에게 불리한 것을 키우지 않도록 예방한다. 좋은 습관은 인재를 기르지만, 나쁜 습관은 당신의 발걸음을 멈추게 한다. 습관이 우리를 어떻게 이끄느냐에 따라 우리가 어떤 사람이 되는지가 결정된다. 좋은 습관은 영원히 당신을 배신하지 않는다.

성공한 사람들의 남다른 비결은 잘 길들여진 좋은 습관이었다. 작은 것부터 하나둘씩 실천하다 보면 서서히 좋은 습관에 길들여져 어느새 달라진 나를 발견할 것이다. 여유있는 삶을 위해 하루를 사는 좋은 습관 만들어 보자.

성공한 사람의 화술

1. 적당한 시기와 분위기를 선택할 줄 안다.
2. 적당한 유머를 사용한다.
3. 칭찬을 아끼지 않는다.
4. 상대방의 말을 잘 들어준다.
5. 적절한 제스처를 취한다.
6. 적절한 침묵을 이용한다.
7. 화가 나 있을 때는 말을 천천히 한다.
8. 희망적인 말을 많이 한다.
9. 인간성으로 승부한다.
10. 감동을 준다.
11. 생생한 비유를 할 줄 안다.

CHAPTER

06 일과 학업을 위한 건강

1 건강이란?

1) 건강한 삶

건강이란 정신적으로나 육체적으로 아무 탈이 없고 튼튼한 상태이다. 세계보건기구가 제시한 '건강'정의는 신체적, 정신적, 사회적 건강과 영적 건강이 서로 조화를 이루며 존재할 때 인간이 건강하다고 할 수 있다고 하였다. 삶의 첫 번째 필수 조건 건강은 몸의 건강, 정신의 건강, 마음의 건강이다.

자신의 몸을 사랑하는 사람은 생활 방식이나 식습관과 운동이 올바르게 형성되어 있다. 우리 자신의 정신과 몸이 스스로 조화를 이루고 주변 환경과 잘 어우러지는 것이 바로 행복이다. 그럴 때 비로소 건강과 정상적인 체중을 유지할 수 있다.

우리가 그토록 무관심하게 지나친 아주 사소한 것들이 어떻게 우리의 몸 안에 있는 독소를 배출하고 효소와 호르몬의 균형을 되찾으면서 건강한 생활 습관을 받아들이게 만드는 중요한 도구가 되는지를 깨달아야 한다. 즉 적절한 식사, 숙면 그리고 신체적으로 활동적인 상태를 유지하는 일에 대한 좋은 생활 습관이 필요하다.

2) 매슬로의 동기부여론(욕구위계이론)

인간의 욕구는 타고난 것이다. 이러한 욕구들이 행동을 실행하게 하는데는 두 가지 원칙이 있는데, 첫째는 '욕구가 충족되면 더 이상 행위하지 않는다'이고 둘째는 '욕구는 위계를 가지고 있다'는 것이다.

미국의 심리학자인 아브라함 매슬로(Abraham Maslow)가 주장한 동기 이론은 인간의 욕구를 피라미드 구조와 같이 하위 단계에서 상위 단계로 계층적으로 배열된다고 보았다. 하위 단계의 욕구가 상위 단계의 욕구보다 강하며, 하위 단계의 욕구가 먼저 충족되어야 그 다음 상위 단계의 욕구가 발생한다는 것이다. 1단계 생리적 욕구, 2단계 안전의 욕구, 3단계 사회적 욕구, 4단계 자기 존중의 욕구, 5단계 자아실현의 욕구, 이 5단계의 이론을 "매슬로의 동기부여론"이라 한다.

각 욕구는 우성 계층(hierarchy of prepotency)의 순으로 배열되어 있으며, 욕구 피라미드의 하단부에 위치한 욕구가 충족되어야만 상위 계층의 욕구가 나타난다. 매슬로에 따르면 각 단계의 욕구는 반드시 순서대로 나타나며, 모든 사람이 이와 같은 발달과정을 거치면서 가장 높은 단계까지 가는 것은 아니다.

가장 기본이 되는 본능적인 의식주가 해결되면 다음은 신체적과 정서적 안전이 되어야 하고, 더 나아가 사회에서 기업에서 단체의 소속감이 있어야 하고, 그리고 타인에게 인정받는 존중의 욕구와 자기만족의 자아실현욕구로 이어진다는 것이다. "매슬로의 동기부여론"의 적절한 조화가 하모니로 잘 어우러져야 안전한 평행선으로 건강하고 행복한 삶이 된다는 것이다.

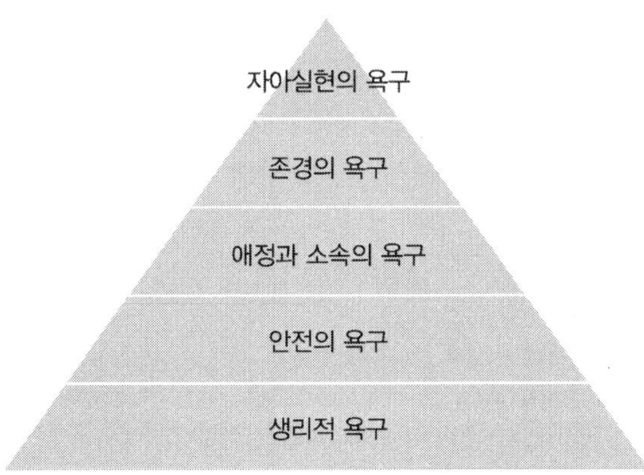

[그림 6-1] 매슬로의 욕구위계도

3) 건강하려면, 몸과 마음의 짐을 벗어 놓아라

건강하려는 것은 내몸을 간결하게 하는 작업이다. 너무 많은 음식, 술, 담배, 걱정, 스트레스는 쓸데없는 짐들이다. 내몸 경영 에너지를 낭비하는 군더더기를 털어 내어야 한다.

스트레스는 만병의 근원이다. 이를 줄이려면 걱정을 버리고, 긍정의 힘을 믿어야 한다. 스트레스의 조건화 과정은 개인의 경험에 따라 차이가 있다. 스트레스는 외부에서 주어진 원인과 그에 대한 적응 노력을 합친 개념이다. 즉 본인의 학습 여하에 따라 스트레스 반응과 증상은 충분히 조절할 수 있는 것이다. 스트레스 대처법으로는 자기최면, 이완기법, 명상, 요가, 복식호흡, 유산소 운동 등이 있다.

대부분 사람들이 쓸데없는 걱정에 매달린다. 그리고 남의 걱정을 나누거나 주고 받으며 스트레스를 쌓는다. 예민해진 몸이 걱정을 만들기도 한다. 걱정 사이클을 보며, 지나친 걱정은 불안과 우울한 마음을 만들고 신체증상을 일으킨다. 증상에 대한 걱정으로 증상이 악화되고, 수행력이 감소되고 자신감을 감소시킨다.

마음의 여유가 사소한 걱정을 없앤다. 생각 자체를 없애는 것이다. 걱정이 가진 의미를 축소한다. 걱정할 시간에 준비하고, 걱정할 일은 미리 부딪쳐라. 반대로 생각해서 걱정을 긍정화하라. 최악의 경우를 생각해 두려움을 없애라. 자신감은 걱정을 버리고 자신을 믿는 힘이다. 자신에 대한 긍정적인 지지, 나뿐만 아니라 다른 사람들도 그럴 것이라는 자기 관용은 신속한 자신감 회복을 돕는다.

건강한 삶을 위한 5가지 원칙

- 움직여야 한다.
- 적응해야 한다.
- 정확해야 한다.
- 느껴야 한다.
- 생각해야 한다.

2 튼튼한 몸

우리가 자신의 몸에 가하는 학대는 영양소 결핍, 영양 부족, 과식 및 가공식품에 대한 지나친 의존 등이 있다. 불규칙한 식사, 불규칙한 수면 패턴, 운동량이 너무 부족 그리고 만성 스트레스가 신체에 큰 피해를 준다.

올바른 식습관 및 생활 방식과 더불어 운동이 에너지의 균형을 다시 찾도록 도와주고, 몸이 최적의 상황으로 스스로 조절하도록 인식한다. 건강한 식단을 선택하고, 제때 충분한 수면을 취하는 것, 그리고 몸의 독소를 해독하는 것이다.

1) 식습관

최근 식생활의 서구화, 불규칙한 식사, 잦은 외식 등 다양한 식생활의 변화로 뇌혈관질환, 심장병, 위암, 고혈압성질환, 당뇨병 등의 만성 질환이 해를 거듭할수록 증가하고 있다. 이러한 식습관 불균형이 원인이 된 만성 질환은 올바른 식생활로 식습관의 개선을 통해서만 좋아질 수 있다.

사진=Samira Bouaou/Epoch Times

[그림 6-2] 균형잡힌 식단

올바른 식생활은 사실 어렵지 않다. 규칙적인 시간에, 한쪽에 치우치지 않고 자연적인 식품을 골고루, 과식하지 않고 싱겁게, 가족과 함께 식사하는 것이 올바른 식생활이다.

최고의 보약은 제철에 나는 갖가지 먹거리와 싱싱한 과일과 신선한 야채, 먹고 싶은 것을 제때에 먹어주는 것이다. 먹고 싶다는 것은 우리 몸이 부족한 것을 채워 달라고 보내는 신호이다. 스트레스가 쌓이면 달고, 맵고, 짜고, 신 음식이 당기거나 평소 자기 몸에 잘 맞지 않은 음식이 당긴다. 왜일까! 그것은 사람마다 다소 다르겠지만, 통상적으로 스트레스를 받으면 긴장이 되어 위가 수축이 되고 소화기능이 약해지는데, 자극적인 음식이 들어가면 위는 방어하기 위해 다시 움직이며 운동을 시작한다. 위가 움직일 수 있도록 도와 달라는 신호인 것이다.

컬러푸드를 많이 먹어야 한다. 컬러푸드는 빨간색, 주황색, 노란색, 녹색, 보라색, 검정색, 흰색 7가지로 나뉜다. 하루 3번 채소와 과일을 골고루 먹으면 각종 질병을 예방할 수 있다. 채소와 과일에는 항산화 효과와 심장질환 예방 효과 등의 기능을 하는 파이토케미컬과 혈당을 조절하고 과식에 대한 욕구를 줄여주는 섬유질이 풍부해 당뇨병, 동맥경화 같은 만성질환을 예방하는 데 도움을 준다.

빵, 떡, 면을 적게 먹어야 한다. 탄수화물 섭취가 과하면 비만, 당뇨병, 고혈압 등을 유발할 수 있어 주의가 필요하다. 우리 몸의 중요한 에너지원이 되는 3대 영양소 중 하나인 '탄수화물' 과연 어떻게 섭취해야 좋을까. 탄수화물의 경우 에너지원으로 쓰고 남으면 지방으로 쌓인다. 배에 쌓이면 내장지방, 간 등 장기에 쌓이면 지방간이 된다. 탄수화물의 올바른 섭취방법은 통째로 먹는다. 도정을 덜한 현미와 같은 곡류, 과일이나 채소는 껍질째 먹는 것이 좋다. 단백질을 충분히 섭취한다. 탄수화물을 적게 섭취하고 단백질을 충분히 섭취하여 우리 몸의 영양 균형을 맞춘다. 식이섬유를 함께 먹어라. 식이섬유를 섭취하면 포도당이 위나 장벽을 통해 흡수될 때 속도를 늦춰 혈당지수를 낮추는 데 도움을 준다. 이렇게 당 흡수를 늦춘 식이섬유가 장으로 내려가면 장에 있던 미생물들의 유용한 먹이가 된다. 노폐물을 배출시키는 것은 물론, 장 건강에도 좋다.

물을 마셔라. 몸에 수분이 부족해지면 피부가 수분을 잃으면서 건조해지고 탄력을 잃어 주름이 생기는 등 노화현상이 가속화된다. 또한 우리 몸에 들어온 나쁜 물질이나 노폐물 배출이 원활하지 않아 몸에 이상이 생긴다.

물은 우리 몸에서 60~95%를 차지한다. 그럼에도 우리는 물의 중요성을 까맣게 잊고 있다. 건강을 위해 물을 마신다는 사람이 있다면 아마 대부분의 사람들이 의아해할 것이다. 건강에 좋은 식음료들이 많아서 쉽게 마시는 물은 중요하게 여기지 않는다. 하지만 건강을 지키는 첫걸음은 다른 무엇보다 물을 마시는 것이다.

몸속의 수분은 세포와 세포 사이를 이동하며 세포의 대사 작용을 돕고 노폐물을 배출시킨다. 몸이 건조해지면 세포 대사 작용으로 생긴 노폐물들이 제때 배출되지 못하고 쌓여서 독소가 되고 두통, 손발저림, 부종, 만성피로 등 각종 질병의 원인이 된다. 그러나 물만 많이 마신다고 해서 이 증상이 나아지는 것은 아니다. 칼륨과 나트륨 등의 미네랄이 균형을 이루지 못하면 수분이 세포에 공급되지 못하고 몸이 더 건조해진다.

이를 다스리려면 생활습관을 바꿔야 한다. 그 중에서도 식습관이 중요하다. 제철 과일과 채소를 먹으면 그 속에 풍부한 수분과 식이섬유, 미네랄 덕분에 물만 마시는 것보다 훨씬 더 많은 수분을 유지할 수 있을 뿐만 아니라 노폐물 배출과 체내순환을 도와줘 건강한 삶을 살 수 있다.

[그림 6-3] 컬러푸드

건강한 식습관은 이렇게 해보세요

1. 규칙적인 식사

하루 세 끼 규칙적인 시간에 맞춰 식사하도록 합니다.

2. 매 끼니 균형 잡힌 식단으로 식사하기

탄수화물, 단백질, 지방과 더불어 각종 비타민, 무기질을 섭취하기 위해 다양한 식품을 골고루 먹습니다.

3. 아침밥 먹기

아침밥을 먹으면 두뇌활동이 활발해지고, 다음 식사 때 폭식을 막아 비만을 예방할 수 있습니다. 또한 어린이, 청소년들은 성장에 도움이 되지요.

4. 과식과 폭식은 금물

과식하거나 폭식하는 경우 체중 증가뿐만 아니라 이상 지질혈증(고지혈증) 및 당뇨병이 있는 경우 혈당 상승의 원인이 될 수 있습니다. 작은 접시에 음식을 덜어 본인에게 맞는 적정량만 섭취해주세요.

5. 음식은 싱겁게!

짜고, 달고, 기름지게 먹는 것은 안 좋다는 사실! 다들 알고 계시죠? 심혈관질환, 뇌졸중을 유발하고 위염, 비만, 충치, 신장 기능의 저하 등 다양한 질병을 유발하는 아주 좋지 않은 식습관입니다. 식사는 최대한 덜 짜고, 덜 달고, 덜 기름지게 드세요

6. 식사는 20~30분 이상 천천히 하기

식사를 5~10분 내로 빨리 폭풍 흡입하게 되면 과식 및 폭식을 하게 됩니다. 식사시간을 여유롭게 즐겨보세요.

7. 열량이 높은 디저트와 야식은 금지!

과자, 빵, 도넛, 피자, 케이크 등의 열 량이 높은 디저트와 피자, 치킨, 맥주 등의 야식은 체중 증가 및 콜레스테롤 증가, 복부비만, 역류성 식도 질환 등의 원인이 될 수 있습니다.

2) 운동

인간의 몸은 생명력을 유지하기 위해 날마다 적당한 활동을 필요로 한다. 그것은 우리를 살아 있게 만들고 건강과 행복을 유지하도록 만드는 데 활력을 불어넣는다. 사람이 건강하려면 신체적, 정신적, 사회적으로 건강해야 한다.

운동의 신체적 효과는 운동은 몸의 근육뿐만 아니라 호흡, 순환 신경 등 여러 기관이 건강하게 작용하여 항상성을 유지한다. 질병을 예방할 수 있고 심장을 튼튼하게 한다. 운동은 생명력을 불어넣고, 신진대사를 증진시키며, 면역력을 키우고, 지방도 태우는 '행복'호르몬을 분비한다. 운동할 때는 항상 코로 숨을 들이마시고, 해로운 '아드레날린 호흡'을 피하기 위해 입을 다물어야 한다. 입으로 숨을 쉬면 저장된 에너지를 빠르게 고갈시키고 스트레스 호르몬의 분비를 유발한다. 자신이 가진 능력의 50%까지만 운동을 한다. 최소한 30분 정도씩 하루에 한 번 혹은 두 번 신선한 공기에 신체를 노출시킨다.

운동의 심리적 효과는 운동을 통해 자아효능감과 긍정적인 마인드를 가질 수 있다. 심각한 우울증을 감소시킬 수 있고 불안 감소에도 탁월한 효과가 있다. 욕구가 충족되지 않으면 정서적 장애와 심신의 장애가 야기 될 수 있다. 또한 적당한 스트레스는 도움을 주지만 과한 스트레스는 만병의 원인이 된다.

스트레스 완화를 위해 몸의 운동도 중요하다. 운동을 꾸준하게 습관을 들인 사람들은 행복지수가 높아진다고 한다. 의학박사 맥스웰 몰츠 박사는 "근육이 이완되면 마음도 이완된다. 근육이 이완된 상태에서는 부정적인 생각이 잘 들어오지 않는다"고 했다. 땀 흘려 운동 후 날아갈 듯 개운하고 산뜻한 기분 좋은 느낌은 누구나 한번쯤 겪었을 것이다. 또한 존레이디 하버드대 정신과 교수는 정신과 의사들이 말하는 꿈의 치료방법으로 불안장애, 우울증, 일반적인 스트레스 등 모든 정신질환에 효과적인 것이 바로 "운동"이라고 했다. 운동은 집중력과 침착성은 높이고 충동성은 낮춰 우울증 치료제인 "프로작"과 "리탈린"을 복용한 것과 비슷한 효과가 있다고 했다. 그러므로 가장 중요한 스펙은 건강한 체력이다.

운동의 사회적 효과는 운동은 사회성 발달과 사회적 유대감을 강화시켜준다. 공동체의식, 협동심, 책임감과 같은 사회성 발달에 큰 도움이 된다. 선의의 경쟁, 타인 존중, 예절의 배양 등 규범 준수 및 태도 형성과 응집력과 공동체 의식 함양 등 다양한 사회적 효과를 얻을 수 있다.

그럼 어떤 운동을 실제로 할 수 있을까. 가벼운 복식호흡은 폐활량을 늘리고 혈액을 맑게 해줄 뿐만 아니라, 면역 체계를 강화하고 스트레스 해소에도 도움이 된다. 요가는 통합 운동 프로그램 중 하나다. 종합적인 건강에 유익하고 정신과 신체의 조화를 만든다. 자신이 선호하는 방식의 명상도 좋다. 태양을 피하지 마라. 자외선은 솔리트롤 피부 호르몬을 활성화시키고, 우리의 면역 체계와 수많은 조절 중추에 영향을 미치고, 멜라토닌과 함께 기분을 전환시키고 생체 리듬을 조절한다. 에너지와 유연성을 유지하기 위해 규칙적으로 요가, 태극권, 필라테스 혹은 이와 유사한 피트니스 운동을 적극 추천한다.

건강한 삶의 토대, 근육 키우기 근력이 부족하면 쉽게 지친다. 몸이 쇠약해져 원하는 대로 몸을 움직일 수 없다면 암, 뇌중풍 같은 큰 병을 얻은 것만큼이나 절망스러울 것이다.

최근 들어 근력 부족으로 일상생활을 유지하는 데 어려움을 겪는 환자가 부쩍 증가하고 있다.

농업 사회였던 과거와 달리 요즘 사람들은 몸보다 머리를 써야 먹고살기가 편한 시대를 살고 있다. 그런데 실내 중심의 생활방식과 업무환경이 형성되면서 몸속 장기의 건강을 유지하는 데 가장 기초가 되는 근육 건강이 위협받기 시작했다. 근육이 소실된 공간에는 지방이 쌓여 심장병, 뇌졸중 같은 혈관 질환을 앓는 환자가 늘어나는 추세다.

기본적으로 사람은 움직여야 건강해진다. 그런데 먹기만 하고 힘쓰는 일을 아무것도 하지 않는다면 건강에 좋지 않은 기름이 계속 몸에 쌓이고, 붙어 있어야 할 근육은 떨어져 나가버린다. 근력이 약해질수록 몸 속 여러 장기에도 질병이 생기기 쉽다. 그렇다면 어떻게 해야 근육을 붙잡을 수 있을까? 근육은 하루 이틀만 쓰지 않아도 바로 없어지는 반면, 지방은 아무리 없애고 싶어도 움직이지 않으면 태울 수 없다. 따라서 매일 밥 먹듯이 꾸준히 근육을 사용해야 강한 근력을 유지할 수 있다.

40대 초반부터는 유산소 운동뿐 아니라 근력 운동을 병행해야 한다. 주 3~5회 하루 30분 이상씩 걷기, 달리기, 자전거 타기와 같은 유산소 운동을 하고, 주 2회 하루 15~30분 정도의 웨이트 트레이닝, 아령 들기, 스쿼트 같은 근력 운동을 해야 한다. 특히 온종일 앉아 생활하는 사무직 직장인의 경우는 상체운동이 필수다.

3) 비만

비만(肥滿, obesity)은 사람의 몸무게가 지나치게 나가는 것을 통틀어 부르는 낱말로서 병리학적으로는 세계 보건 기구(WHO)에서 정한 체질량 지수(BMI: Body Mass Index)가 30 이상인 경우에 비만증이라고 일컫는다. 대부분의 경우, 비만이면 체중이 정상치보다 많이 나가는 것을 뜻하지만, 체중이 그다지 많이 나가지 않더라도 몸의 구성 성분 중 체지방 비율이 높은 것도 비만이라고 한다. 비만은 그 자체로는 문제가 되지 않는다. 그러나 문제는 비만으로부터 야기될 수 있는 사회적 장애와, 과다한 지방으로 생기는 2차적인 합병증이다. 비만은 고지혈증, 고혈압, 동맥경화, 당뇨병, 지방간, 관절 이상의 발생비율을 현저하게 증가시킨다.

비만 해결방안은 자연의 리듬을 맞추면 된다. 인간의 몸은 24시간 주기 리듬을 가지고 있다. 몸의 활동, 장기, 조직, 호르몬 그리고 소화, 배출, 재생 같은 기능들을 조절한다. 수면은 몸이 휴식을 취하는 시간이다. 몸의 조직과 장기들이 힘을 추스르고 재충전하기 위해서는 수면이 필요하다. 자연의 시계에 의하면 몸은 늦은 저녁에 스위치를 내리고 서서히 멈추는데, 몸의 정화과정과 재생과정이 시작되는 때가 바로 이 시간이다.

몸의 활동 수준, 수면과 각성은 모두 24시간 주기 리듬과 연계하여 분비되는 세로토닌과 멜라토닌 두 가지 호르몬에 의해 조절된다. 늦은 저녁이 되면 수면을 취하고 7시간 자려고 노력하고 아침에 일찍 일어난다. 오후 7시 이후에는 물 이외는 먹지 않는 습관이 자연의 리듬에 복종하는 건강습관이다. 이는 일과 학업으로 지친 몸을 평정시키는데 효율적인 생활이다.

굶지 말고 해독하라. 오랫동안 몸에 쌓아온 독성 노폐물들을 제거하기 위해 몸을 해독해야 한다는 것을 의미한다.

3 행복한 마음

사람은 자기의 가치를 발견하고 인정받으며 좋은 관계를 유지하는 행복한 사람이 되고 싫어한다. 사회적 존재로 더불어 살아가야 하는 존재이다. 존엄과 가치를 가졌으므로 독단적, 이기적으로 자신의 욕구를 펼치면 안 된다. 사회공동체 안에서 균형을 잡고 유기적으로 조화를 이룰 때 비로소 인간의 존엄성을 실현한다.

행복(幸福)이란? 영혼을 살아 숨쉬게 하는 것이다. 생활에서 충분한 만족과 기쁨을 느끼어 흐뭇한 상태이다. 그래서 사람은 무엇이 되든 행복한 사람이 되어야 한다.

어떻게 재미있고, 의미있고, 몰입하는 삶을 살 것인가? 행복한 삶을 위한 영양소는 자유, 유능감, 관계이다. 자유는 자발성이다. 자유가 아닌 억압과 통제를 느끼는 순간 하고 싶은 일은 없고 해야만 하는 일로 채워졌을 때 영혼이 시든다. 열등감을 느낄 때 불행하다고 느낀다. 영혼을 숨 쉬게 만드는 에너지는 내가 무슨 일을 하는데 성과가 있는 것이다. 열등감보다 사람들은 누구나 유능하기를 원한다. 좋은 인간관계가 삶의 에너지를 만든다.

행복에 이르는 최고의 비법은 무엇인가? 바로 여행이다. 조금 더 자주 가야 한다. 벗어나는 기쁨이다. 여행은 걷기 + 먹기 + 말하기 + 놀기 즉 행복의 종합세트이다. 경험과 체험을 위한 소비를 할 것인가? 경험을 위한 소비가 더 크고 더 오랜 행복감을 준다. 왜냐면, 경험을 위한 소비는 이야깃거리를 만들기 때문이다.

행복은 '내가 받고 싶은 대로 상대방에게 주는 것'이다. 나를 알아주고(Recognition), 존중해 주고(Respect), 보상해 주기를(Reward) 바라는 마음이다.

행복을 유지하기 위해서는 건강한 까칠함을 유지하는 것이 중요하다. 건강한 까칠함이란 나의 생각과 감정을 명료하고 간결하게 표현하는 능력이며, 인간과 삶에 대한 이해와 수용이며, 끝까지 매너 지키기이다. 행복해지려면 결국 인성이 되어야 가능한 것이다.

제4차 산업혁명시대를 맞이하며 "심미적 감성 역량"이란 개념을 중요시 하고 있다. 이는 다양한 가치에 대한 개방적 태도와 반성의 성찰을 통해서 자신과 타인의 사회현상들을 공감하고, 문화적 소양과 감수성을 통해 삶의 의미와 사물들의 아름다움과 가치를 발견하고 이를 통해 질 높은 삶과 행복을 누릴 수 있는 능력이다.

그 누구에게 사랑을 받기 위해 애쓰며 스트레스를 받지 말고 스스로 존중하며 나를 사랑하며 자신을 아끼며 지치고 힘들 때 "셀프 톡"으로 자신의 이름을 부르면서 토닥거리며 "나는 특별한 사람이다", "그래 잘하고 있어", "내가 최고야", "나는 선물이다", "나를 사랑한다", "참 수고 많다", "나는 멋진 사람이다"라고 하며 자신을 칭찬하며 내 몸을 스스로 터치하면 '바소프레신(Vasopressin)'이라는 호르몬이 나와 스트레스 완화에 상당한 도움을 준다.

긍정적인 생각이 긍정적인 결과를 가져온 것이다. 마음의 성형으로는 긍정적인 생각이 긍정적인 결과를 가져오는 피그말리온효과(Pygmalion effect)와 하버드대 심리학과 교수였던 로젠탈 교수가 발표한 이론으로 칭찬의 긍정적 효과를 설명하는 로젠탈 효과(Rosenthal Effect)가 있다. 로젠탈은 샌프란시스코에 있는 한 초등학생들을 대상으로 지능검사를 해 지능 결과에 관계없이 20%의 학생들을 무작위로 선발한 명단을 교사에게 주면서 이 학생들은 지능이 높으며 앞으로도 더 크게 향상될 것이라고 말했다. 교사도 선발된 학생들도 지능검사 결과를 몰랐다. 지적 능력이 높고, 학업성적이 향상된다는 로젠탈의 말을 믿은 교사는 학생들에게 격려와 칭찬을 자주하고, 학생들은 교사들의 칭찬에 보답하기 위해서 더욱 열심히 공부한 결과 8개월 후 학업 성적이 다른 학생들 보다 평균 점수가 현저히 높았다. 교사의 칭찬과 긍정적인 격려의 결과는 지능과 관계없이 나타난 것이다. 바로 칭찬의 힘! 잘해서 칭찬하는 것이 아니라 칭찬하니 잘하는 것이다.

미국에서 100세 이상 장수한 사람들을 대상으로 10년간 장수비결을 조사했는데, 긍정적인 사고, 신앙심(믿음), 봉사정신 순으로 조사됐다. 긍정적인 사람은 스트레스를 덜 받기 때문에 부정적인 사람보다 더 오래 산다. 봉사 또한 긍정적인 삶을 살아가는 중요한 원동력이 된다. 필자는 꾸준하게 봉사를 하면서 몸은 힘들어도 마음과 정신은 한없이 좋아짐을 매번 경험한다. 주는 기쁨이 받는 기쁨보다 훨씬 더 크다는 사실을 직접 체험하며 느끼게 되었다.

4 일과 학업을 위한 건강습관

1) 균형잡힌 하루 만들기, 리듬습관

- 하루의 생활리듬이 건강에 얼마나 중요한지 사람들은 잘 인식하지 못한다. 잦은 밤샘과 불규칙한 수면시간이 몸에 얼마나 치명적인지 모르고 있다.
- 밤 10시에서 새벽 2시 무슨 일이 있든지 이 시간만은 잠자리에 들어 있어야 한다.

아침의 신선한 공기와 음이온이 지친 세포를 활력으로 채워준다. 머리 회전도 좋아진다. 밤 10-2시 사이의 숙면은 성장호르몬 분비를 촉진시켜 지친 세포를 신선하게 피부를 젊고 아름답게 해 준다.

- 낮잠을 자는 것도 좋다.
- 숙면과 다이어트를 위해 취침 전 4시간은 위장이 비어 있어야 한다.
- 취침 전 과격한 운동은 금물이다. 대신 가벼운 스트레칭은 잊지 마라.

2) 건강하게 먹는 식사습관

- 우리 장 속에 나쁜 유해균이 가장 좋아하는 게 밀가루와 지방이기 때문에 밀가루 음식을 줄이려고 노력한다.
- 감사하는 마음으로 식사를 한다. 그리고 포식을 하지말고 만복감보다 만족감을 느끼는 식사를 한다. "맛있게, 푸짐하게, 건강하게" 맛있게 먹으면 살도 안 찐다. 먹을까 말까 망설이면 그게 스트레스가 되어 살찌게 만든다. 맛있게 먹어야 식탁이 즐겁고 행복하다. 양으로 채우는 만복이 아니라 질로 채우는 만족감이어야 한다. 이것이 삶의 질과 직결된다.
- 무엇을 먹을까? 자연산이고, 신선하고, 유기농 무공해도 좋지만 자연환경에서 자란 제철음식이 최고이다. 특히 수확 후 빠른 시간 내에 먹어야 한다.
- 골고루 먹어야 한다. 탄수화물과 지방은 에너지원으로 사용되고 남으면 중성지방으로 바뀌어 몸에 비축한다. 단백질은 남으면 체외로 배출된다. 지방은 동물성인 포화지방산보다 식물성 불포화지방산을 먹도록 하되, 특히 오메가 3 · 6를 균형 있게 섭취한다. 뇌는 60%가 지방으로 이루어져 있으므로 학습능력을 높이기 위해서 꼭 섭취하여야 한다. 육류는 1주 1회, 생선은 2~3회가 적당하다.
- 식이섬유는 활성산소를 제거해 부패와 노화를 방지하고 장 운동으로 부교감이 활성화되어 면역력이 증강되도록 한다. 흰쌀밥보다 현미밥을 권한다.
- 소금과 술은 가급적 멀리하라. 고혈압과 심장병, 특히 뇌졸중의 주범이다.
- 식탁은 편안하고 본능적 만족이 충족되는 행복한 시간이다. 자율신경으로 말하면 최상의 휴식모드인 부교감신경 우위이다. 만약에 식탁에서 비즈니스를 하면, 교감신

경이 발동되어 편안한 식사를 하지 못한다.

3) 매일 조금씩, 운동습관

- 근력이 쇠퇴하는 것을 막기 위해 근육 단련 운동을 해야 한다. 유산소 운동 30분에 근육운동 10분이 필수적이다.
- 나이가 들수록 몸도 다듬고, 마음도 다듬고, 습관도 끊임없이 다듬어야 한다.
- 기초대사는 생명유지에 필요한 기초적인 활동이다. 기초대사가 올라야 신진대사도 촉진된다. 신진대사는 세포 하나마다의 에너지대사 활동이다. 즉 신진대사 능력이 향상되어야 기초대사량도 높아진다. 근육량을 늘려 신진대사와 기초대사를 올리고, 그리고 운동량을 늘려 혈류가 왕성해지고 체온도 올리면 몸전체에 활력과 건강미가 넘쳐난다.
- 기초대사 시 소비하는 에너지의 60%는 근육에서 이루어진다. 고로 근육을 늘려야 대사가 높아져 에너지 소비가 많고 건강하고 군더더기 없는 몸이 된다.
- 운동은 유연성을 위한 스트레칭, 심폐기능 증진을 위한 유산소 운동, 근육 단련을 위한 무산소 운동이 있다. 근육긴장을 풀기 위해 스트레칭을 하고 무산소운동으로 근력을 단련하고 유산소 운동을 하는 것이 에너지 소비에 효과적이다. 얼음은 작은 덩어리로 쪼개면 더 잘 녹는 것과 같은 원리이다.
- 근육 단련을 하면 성장호르몬, 아드레날린 분비가 촉진되어 지방을 분해한다. 분해된 지방이라야 연소가 쉬워진다. 무산소 운동 후 걷기 등 유산소 운동을 해야 분해된 지방조각이 연소가 잘 된다.
- 뱃심을 키우자. 대퇴부, 엉덩이, 몸의 중심 부위 근육 강화가 효과적이다. 이 부위를 코어근육(core muscle)이라 한다.
- 굳이 운동이 아니더라도 일상속에서 작은 움직임을 통해 에너지를 소비한다. 가령 밥 먹는 일, 화장실 가는 일과 같은 일상생활의 작은 활동이 모이면 상당한 에너지 소비가 된다.
- 생활 속에서 운동이 살아 숨 쉬도록한다. 아침에 기상해서 스트레칭을 하고, 양치질을 하며 운동하고, 계단 오르기, 지하철 서서 가기, 따뜻한 차 마시기, 어디서나 주차

멀리하기 등이다.

- 세로토닌 워킹을 하자. 걷는 것은 즐겁고 행복한 것이다. 세로토닌 워킹은 평소보다 조금 빠르고, 보폭도 약간 넓게, 가슴을 펴고 허리와 등은 반듯하게, 호흡은 아랫배로 보조에 맞추어(3회 입으로 내쉬고, 1회 코로 들이마시고) 주변 자연의 소리를 들어려 주의 집중을 한다. 이대로 5분만 걸으면 행복물질 세로토닌이 분비되어 15분후에는 최고치를 이룬다.
- 조깅하듯 달리자. 조깅하듯 달리되 워킹 스피드로 걷는다. 약간 앞으로 기울어진 듯한 자세로 보폭을 좁게 한다. 착지할 때는 발 앞 부위부터 한다. 앞축이 먼저 닿고 뒤축이 자연스레 내려오므로 팔자 걸음 방지에 도움이 되며 여성들인 경우 걸음걸이도 예뻐지고 고령에 고관절 부담도 한결 줄일 수 있을 것으로 기대된다.
- 기분 좋은 시간에, 기분 좋은 만큼, 기분 좋은 길을 즐겁게 걷는다. 걷다가 지겨우며 여러 가지 다른 걷기를 섞어가며 짧게 해도 된다. 어떤 운동이든지 즐겁게 해야 한다. 운동은 뇌를 위해 하는 것으로 생각해야 한다. 하는 동안 즐겁고, 하고 난후의 상쾌한 피로감도 정말이지 즐거운 일이다.

4) 면역력을 키우는 체온관리 습관

- 몸은 과잉보호하면 약해진다. 더위에 견디듯 추위도 때로는 정면으로 부딪치는 훈련도 더러해야 한다.
- 체온이 올라가면 신진대사가 촉진된다. 저체온이면 제일 먼저 효소 활성도, 소화, 신진대사, 기초대사, 혈액순환, 면역력 등 생명과 직결되는 중요지표가 다 저하된다. 체온이 1도 저하되면 면역력이 30~40%, 기초대사가 12% 떨어진다. 대신 1도 올라가면 면역력이 500~600% 올라간다니 놀라운 일이다. 혈관 확장으로 혈류가 촉진되고 해독작용, 통증 약화, 혈당이 떨어진다. 근단백 합성, 유전자 상처 수복이 일어나며 도파민과 세로토닌까지 활성된다.
- 때로는 차게 해야 에너지 연소가 많을 수 있다. 특히 내장지방은 강력한 발열물질이다. 몸이 차지면 지방을 연소시킴으로써 더 체온을 올리라는 지령이 내려온다.
- 몸을 따뜻하게 하기 위해서 중온탕 목욕이 좋다. 건강욕으로 몸에 활력을 만든다.

5) 건강한 몸을 위한 첫걸음, 마음습관

- 생활습관병의 모든 출발은 욕심에서 비롯된다. 많이 먹겠다는 욕심이나 너무 편히 지내겠다는 욕심이 그러하다.
- 반듯한 자세로 심호흡을 하면 마음이 편해진다. 우리 몸의 모든 기능이 평상시 리듬에 따라 물 흐르듯 흘러간다. 이게 세로토닌 상태다.
- 잘 버리는 것도 능력이다. 기분 나쁜 생각, 생각할수록 재수 없는 일, 화나는 일까지 모두 과감하게 잊는 것이다. 과거는 과거일 뿐! 과거에 매달릴 이유가 없다. 후회, 자책, 고민은 하지 마라. 그리고 아직 닥치지도 않은 미래를 두려워하고 걱정하지 마라.
- '지금 여기'에 집중하는 일이다. 지금 내가 하고 있는 일에 전력투구하고 한 점에 집중하는 것이다. 부정적인 생각을 하지말고 마치 강가에 서서 흐르는 강물을 바라보듯이, 그러노라면 흘러가 버린다.
- 인생은 어느 한 순간 헛되지 않도록 진지하게 살아야 한다.
- 잘 버리는 것 못지않게 잘 푸는 지혜도 중요하다. 상대를 이해하고 용서하는 마음이 결국 자신을 위한 것이다. 화병이 생기지 않기 때문이다. 맺힌 건 풀어야 온몸에 기가 돌아간다. 맺힌상태는 교감신경이 우위가 되어 스트레스 상태가 된다. 푸는 데도 절제와 기술이 있어야 한다.
- 새로운 세계에 뛰어들어라. 고인 물은 썩듯이 사람에게도 새로운 자극이 필요하다. 그게 인간의 본성이다. 뇌는 같은 회로, 같은 자극엔 싫증을 낸다. 이것을 권태기 또는 매너리즘이라 한다. 뇌가 새로운 자극에 호기심이 발동하는 순간 반짝거린다. 해서 공부보다 즐거운 게 없다. 지적 자극이 젊음과 건강의 비결이다.
- 매 순간에 감동하라. 우리의 낙천성, 긍정성은 뇌의 쾌락중추를 활성화시켜 안되는 일도 되게 하는 초인적인 힘을 발휘하도록 만든다. 이게 긍정의 힘이다.
- 자기긍정, 자기칭찬은 결국 다른 사람에게도 옮겨간다. 뇌 과학에선 이를 거울신경(mirror neuron)의 동기발화라 부른다.
- 인생은 정성을 다해 진지하게 살아야 한다. 삶을 의미해가며 내 삶의 구석구석을 다듬어가며 살아야 한다. 거기서 감동이 온다. 그리고 그 감동을 가슴 속 깊이 새겨

야 움직임이 온다.

- 떠나는 연습을 하라. 문제가 안 풀릴 때는 털고 일어나야 한다. 뜰도 좋고 가까운 공원도 좋다. 잠시 어슬렁거려 보는 거다. 환경을 바꾸고 새로운 자극이 들어오면 뇌는 반짝 활기가 돈다.
- 3초만 멈춰 서서 심호흡하라. 잘 기다릴 줄 아는 지혜가 필요하다. 긴 줄에 설 때 새치기 하려는 마음보다 책을 읽으며 기다려보라. 우리 뇌의 강한 자율성은 남이 시켜서 억지로 해야 하는 경우를 대단히 싫어한다. 하지만 같은 일도 내가 스스로 한다면 아주 편하고 즐겁다. 기다림이 있을 때 가슴이 설렌다. 사람이 멈출줄도 알아야 한다. 생각을 멈추고 일을 멈추고, 그리곤 창밖에 떠가는 구름을 보라. 잠시 방 안을 혹은 뜰을 거닐어라. 잠시라도 명상을 하라.
- 자세가 바르면 마음에 안정이 찾아온다. 자세만 반듯이 해도 명상이 절로 된다. 벽에 등을 대고 서보라. 머리, 어깨, 엉덩이, 뒤축까지 벽에 붙여보라.

건강법칙이란?

1. 생활에 리듬습관을 들이자. 사람은 자연이다. 해가 뜨면 일어나고 해가 지면 자자. 장수자 중에는 야행생활자는 드물다. 특히, 밤 10시-새벽2시의 황금시간대만은 꼭 자야 한다.
2. 식습관의 모토는 '맛있게, 건강하게, 푸짐하게' 즐기는 것이다. 푸짐하게 먹으란 것은 무조건 많이 먹으라는 것이 아니라 만복 보다 만족감을 느껴야 한다.
3. 중년에 들어서면 운동습관도 바뀌어야 한다. 젊은 날의 격정적이던 '도파민적 운동'보다 느긋하게 지속적으로 즐길 수 있는 '세로토닌적 운동'을 해야 한다.
4. 마음의 문을 열고 새로운 것을 찾고 감도하며 욕심을 버리고 긍정적인 마음으로 낙관하라. 명상으로 마음습관을 다듬는다.

PART 02

성인학습자를 위한 효과적인 학습가이드

대학기초학습

Chapter 07 ▸ Report 과제 작성법
Chapter 08 ▸ 파워포인트 제작
Chapter 09 ▸ 발표훈련
Chapter 10 ▸ 소통하는 글쓰기
Chapter 11 ▸ 시험 잘 치는 방법
Chapter 12 ▸ 스터디그룹과 동아리 활동
Chapter 13 ▸ 나만의 학습법 찾기

CHAPTER

07 Report 과제 작성법

1 레포트란?

레포트는 조사, 답사, 연구, 실험 등과 같은 학습결과에 대해 보고하거나 설명하기 위해 쓰여진 글로써 일종의 소논문의 형식을 띠고 있다. 즉 레포트는 교수님이 제시하는 특정 주제에 대해 조사하거나 연구한 결과를 논리적으로 서술한 내용을 제출하는 보고서 형식의 문서이다. 레포트는 주어진 주제에 대한 이해를 바탕으로 결과를 체계적으로 정리하여 문장으로 표현하는 과정이다.

2 레포트 왜 쓰는가?

레포트는 학생들이 해당과목과 관련된 자료를 조사하고 분석함으로써 수강과목에 대한 학습효과를 높이려는 목적을 가지고 있다. 또한 학생들의 독서력과 글쓰기 능력을 길러주고, 과제를 통해 자신이 주장하고 싶은 주장이나 자신의 견해를 체계적, 논리적으로 전개하는 능력을 키워 논문을 작성하는데 필요한 능력을 훈련과정이라고 할 수 있다.

1) 레포트의 효과

레포트를 작성함으로써 얻게 되는 효과는 먼저 학생들에게 해당과목에 관련된 참고 문헌을 읽을 수 있도록 기회를 제공하여 학생들의 관심을 확장시키고 연구심을 길러준다. 그리고 레포트는 시간의 제약으로 강의 시간에 다루지 못한 문제에 대해 직접 고민하고 해결하도록 함으로써 강의실에서 다루지 못한 문제에 접촉기회를 제공함과 동시에 강의 보충의 효과가 있다. 레포트는 참고문헌과 자료에 대해 분석하고 자신의 언어로 작성해 가는 과정에서 독서력과 글쓰기의 기회를 제공하며, 주어진 주제에 대해 자신의 생각이나 주장을 체계적, 논리적으로 전개하는 능력을 연습하도록 하는 기회를 제공한다. 마지막으로 레포트는 학위과정을 마무리를 준비하는 졸업논문이나 석박사 학위논문 및 학술지 논문을 작성하기 위한 예비 훈련의 과정이라고 할 수 있다.

레포트 작성 시 단순히 과제를 완성하는 것에 목적을 두지말고 심도 있는 학문을 하는 기회로 삼는 것이 과제 수행에 있어 바람직한 태도라고 할 수 있다.

2) 레포트 작성의 의미

레포트 작성에 대한 부담과 귀찮음으로 인하여 레포트 작성을 하기 위해서 스스로 노력하고 공부하지 않고 인터넷에서 무단복사하거나 짜깁기하는 관행에 대해서는 학생 스스로 자제해야 될 것이다. 레포트는 학생들이 제시된 주제나 문제에 대한 자신의 생각을 펼쳐가고 창조적인 생각을 어떻게 하면 되는지를 배워가는 과정이라고 할 수 있다. 이러한 귀중한 기회를 단순히 학점을 따기 위한 수단으로 여겨 비용을 지불하고 레포트를 구매하는 행위를 하거나 단순히 인터넷에서 떠돌아다니는 자료를 무분별하게 남용하는 것은 대학생활에서 배워야 하는 창조적인 학습의 기회를 포기하는 것이라고 할 수 있다. 레포트 작성은 스스로 자료를 찾고 분석하기 위해서 자료를 읽어가는 과정에서 학문에 대한 관심과 학구열을 기르게 되며, 강의실에서 충분히 다루지 못한 문제에 대한 심도 있는 연구의 기회를 갖는 것이다. 자신에게 주어진 기회를 충분히 만끽하면서 레포트 작성을 통해서 독창성있고 창의적인 안목을 기를 수 있는 기회를 충분히 만끽하는 대학생활이 되었으면 하는 바람이다.

사회인으로서 살아가기 위해 필요한 기초지식에 대한 기초학습을 초, 중, 고등학교에서 배웠다면, 대학생활에서 습득하게 되는 것은 학문을 하는 기초능력을 배우는 과정이라고 할 수 있다. 자신의 전문분야에 대한 연구를 석박사과정에서 하기위해서는 기초전공과목의 이수 및 이를 바탕으로 학문적인 연구가 필요하다. 이때, 연구 결과 작성과정에서 자신의 주장과 의견을 논리적으로 전개하는데 필요한 글쓰기 기초를 연습하는 과정이 레포트 작성이라고 할 수 있다.

그러므로 레포트를 학점 취득만을 위한 목적으로만 국한 하지 말고 스스로 자료를 찾고 논리적, 체계적으로 작성하는 훈련과정으로 인식하고 접근하는 것이 필요하다. 레포트 작성시 단순한 지식의 나열보다는 수집한 자료를 분석하고 비평과 자기주장을 통해 논리적인 전개를 통해 창의적이고 문제의식이 담긴 레포트를 작성하도록 하자.

3 레포트 잘 쓰는 방법

1) 준비작업

레포트 작성의 첫 단계가 준비작업이다. 준비작업은 네 단계로 나눌 수 있는데 먼저 주제를 선정해야 한다. 이후 계획서를 작성하고, 자료검색 및 수집, 그리고 자료분석과 정리로 분류할 수 있다.

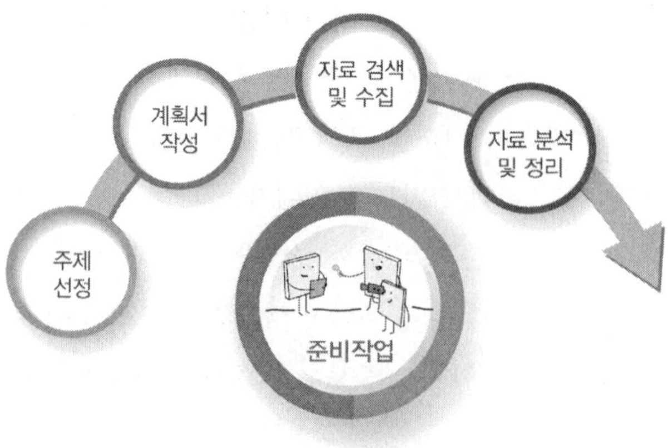

[그림 7-1] 준비작업

(1) 주제선정

레포트의 주제는 대체로 교수가 제시해주는 경우가 대부분이나 학생이 직접 결정해야 하는 경우도 있다. 이때에는 주제가 독창적이고 참신하면서 학문적 가치가 있는 것으로 사회적으로 중요한 것이 좋다. 너무 깊고 전문적인 것으로 자신의 역량에 맞지 않거나 자료 수집이 어려운 것은 레포트 주제로 적합하지 않다. 주제는 자신의 생각을 담고 있는 핵심이므로 레포트를 받는 교수자에게 레포트를 쓴 의도와 목적, 내용을 전하는 키워드라고 할 수 있다. 때문에 레포트의 주제는 포괄적인 주제보다는 구체적이고 작은 주제를 잡는 것이 바람직하다.

주제를 선정 할 때 고려사항으로는 우선 자신의 역량에 적합한 것을 선택하여야 한다. 자기 역량을 넘어선 주제를 선정하게 되면 과제를 작성하면서 주제에 대해 논리적으로 내용을 전개해 나가기 어려울 수 있다. 주제 선정에 너무 어려운 문제나 내용을 선정하지 않고 자신의 역량을 알고 주제를 선정할 필요가 있다.

둘째, 주제를 선정하기 위해서는 포괄적이고 광범위한 내용을 주제로 선정하기 보다는 구체적이고 좁은 범위의 주제를 선정하는 것이 좋다. 광범위한 주제와 넓은 범위의 내용을 전개하다 보면 자신의 생각을 논리적으로 구체화하기에 어렵다. 작성자가 무엇을 이야기하고자 하는 것인지를 알 수 있도록 구체적이고 좁은 범위의 주제를 선정하는 것이 좋다.

셋째, 참고할 수 있는 자료가 충분이 있는 주제를 선정해야 한다. 자신의 역량에 맞고 구체적이고 좁은 범위의 주제를 선정하였다고 하더라도 참고할 수 있는 자료가 별로 없다면 자기가 주장하고자하는 내용을 논리적으로 전개하기에 어려움이 많다. 그러므로 주제를 선정하기에 충분한 자료가 있는 것인지를 미리 확인해 볼 필요성이 있을 것이다.

넷째, 독창성 있는 주제를 선정해야 한다. 주제를 논의하기 위한 충분한 자료가 많이 있는 것을 하다보면 기존의 주제를 답습하게 된다면 과제로써 새롭게 조사를 하거나 할 필요성이 없을 것이다. 작성자가 연구하고자하는 주제가 연구할만한 가치가 있는 독창성이 있어야 한다.

다섯째, 레포트의 주제에 대해서 결론을 내릴 수 있어야 한다. 레포트를 작성하기 위해 자료를 수집하고 분석하여 논의해 가는 과정을 통해 결론을 내릴 수 있어야 한다. 레포트를 작성하는 과정에서 결론을 내리지 못하고 연구의 과정만이 있다면 하나의 레포트로 완성되기 어렵다. 레포트는 서론, 본론, 결론의 레포트 구성형식을 갖추어야 하므로 결론을 내릴 수 있는 주제를 선정하는 것이 바람직하다고 할 수 있다.

(2) 레포트 계획서 작성

레포트 계획서 없이 자료 수집을 하는 경우 짜임새 없는 레포트 작성으로 흐르기 쉬우므로 주제가 선정되고 나면 레포트 계획서를 작성하고 난 후 자료를 수집하는 것이 좋다. 레포트 계획서에는 개요와 가설, 소주제, 시간계획이 포함된다(컬툰스토리, 2015).

첫째, 개요는 레포트 구성에 대해 구상하는 것으로서 체계적으로 서술하기 위해서 필요하다. 개요는 레포트 전체 내용의 요약이므로 레포트 전개시 논리성과 일관성 유지에 도움이 된다.

둘째, 레포트를 작성하기 전에 작성자가 주어진 주제가 어떻게 될 것이라고 미리 가정하는 것으로서 가설을 계획서에 포함하도록 하는 것이 필요하다. 또한 레포트를 작성하는 과정에 가설을 입증하기 위해서 자료의 탐색이나 소주제를 구성하도록 한다. 하지만 모든 레포트에 가설이 포함되어야 하는 것은 아니다. 주어진 주제에 따라 가설을 필요치 않을 경우도 있다.

(3) 자료검색 및 수집

주제가 어떤 분야인지에 따라 레포트 작성에 필요한 자료를 수집하는 방법이 달라진다. 자료를 검색하는 방법에는 문헌조사, 현장조사, 실험조사, 인터넷 조사 등의 방법이 있다. 문헌조사의 경우 학교 도서관을 통해 자료 검색 할 수 있으며 인터넷을 통한 정보 검색의 경우 정보제공자에 대한 신뢰성을 확보한 후 인용해야 하며, 그 출처를 밝혀야 한다.

요즈음 정보의 입수과정은 다양화 되었으며 특히 인터넷을 통한 정보의 입수가 손쉬운 실정이다. 인터넷을 통한 정보 수집의 경우 신뢰성 검증에 유의해야 한다. 인터넷을 통한 정보의 경우 정보제공기관이 신뢰성이 있는 곳인지를 확인하고 인용하되 그 출처를 밝혀두는 것이 좋다.

(4) 자료 분석과 정리

수집된 자료들은 두서없이 모아 둔 것이므로 수집된 자료를 검토하면서 자신의 레포트 소주제와 수집된 자료를 바탕으로 비교 분석하여 자료를 정리해야 한다. 주제가 갖고 있는 의미에 알맞은 자료인가 아닌가를 평가해야 하며 평가는 관련성, 적합성 등의 기준에 의해 이루어져야 한다. 자료를 정리하고 기록하는 방법은 카드식 및 PC 저장 방식 중 하나를 선택해서 작성한다.

2) 요건갖추기

(1) 과제물 유형

레포트에서 형식과 내용은 레포트 작성에 필요한 요소라고 할 수 있다. 일반적으로 과제물의 경우 내용이 중요하지만 레포트를 처음 작성하는 대학생활에서는 우선적으로 형식을 갖추는 것부터 학습할 필요성이 있다. 많은 자료를 검색해서 레포트를 작성했다고 하더라도 형식을 벗어난다면 전달하고자하는 내용이 무엇인지 파악하는데 많은 어려움이 있을 것이다. 또한 내용이 충실해지기 위해서는 먼저 형식을 구상하는 것이 필요하며 과제물의 유형에 따라 형식이 다르므로 과제물의 유형을 파악하는 것이 무엇보다 중요하다.

과제물은 학술적 과제물과 비학술적 과제물로 나누어지며 학술적 과제물은 설명형과 논술형이 있으며, 비학술적 과제물로는 책이나 영화 등을 보고 난 후에 이루어지는 것으로 독후감, 감상문, 서평, 영화평 등이 있다.

가. 학술적 과제물

학술적 과제물의 경우 보통 3단 형식이나 4단 형식으로 구성한다. 3단 형식의 경우 서론, 본론, 결론의 형식을 취하며, 4단 형식의 경우 기, 승, 전, 결의 형식을 취한다. 학술적 과제물도 설명형과 논술형으로 구분하는데 과제물의 종류에 따라 과제물의 형식도 달라진다.

① 설명형

학술적 과제물에서 설명형의 경우 '~에 대해 서술(약술)하라, ~에 대해 설명하라, ~에 대해 기술하시오.'라고 주제를 제시하게 된다. 이러한 유형의 과제물의 경우에는 서론, 본론,

결론이라는 형식을 사용할 필요는 없지만 제목은 제시해야 한다. 먼저 '~대해 서술(약술)하라'라는 주제의 레포트의 경우는 제시된 주제가 원하는 것이 무엇인지를 먼저 파악하여야 한다. 평생교육이란 무엇인지에 대해서 서술하고자 한다면 먼저 평생교육이 무엇인지에 대한 설명을 하고 다양한 근거를 마련하여 작성하면 된다. 근거를 제시할 때는 책이나 논문 등 신뢰할 수 있는 자료를 근거로 제시해야 된다.

② 논술형

학술적 과제물에서 논술형의 경우 '~에 대해 분석해 보시오, ~에 대해 논술하시오, ~의 대안적 방향을 모색해 보시오, ~에 대해 비판적으로 평가하시오, ~에 대해 논평하라.'라는 과제를 받게 된다. 이러한 유형의 과제물의 경우는 서론, 본론, 결론이라는 형식을 띠며, 실제적으로 대학에서 대부분의 과제물이 본 형식을 요구하므로 과제물의 형식에 대해서는 3단구성이나 4단구성에 대해서 익혀둘 필요성이 있다.

또한 설명형과 논술형 과제물의 경우 형식상의 목차를 만들어야 하며, 각주와 참고문헌도 작성해야 한다. 때문에 내가 써야 하는 과제물이 설명형인지 논술형인지를 파악하고 형식을 먼저 결정 후 레포트 작성을 위한 준비를 하도록 하여야 한다.

나. 비학술적 과제물

비학술적인 과제물이라고 해서 학문과 상관이 없는 것이 아니라 학술적인 과제물과는 형식적인 면에서 다르다고 할 수 있다. 독후감은 책을 읽고 난 후 책의 내용에 대한 자신의 감상과 느낌을 표현하는 것이라면 서평은 내용전달과 평가가 동시에 이루어지는 것이다. 비평문은 작품에 대한 평가를 하는 것으로 독후감, 서평, 비평문은 비학술적인 과제물로써 형식이 다르다는 것을 확인 후 과제물을 작성하기 위한 준비를 하도록 해야 한다.

① 독후감

독후감은 책을 읽고 난 후 책의 내용에 대한 자신이 느끼는 감정이나 내용에 대한 감상을 형식에 구애받지 않고 작성한 글이다. 아무리 좋은 책을 읽더라도 적어놓지 않으며 내용을 기억할 수 없으므로 독후감을 작성 해 둔다면 오랫동안 기억 할 수 있을 뿐만 아니라 글쓰기 능력의 향상과 생각의 폭을 확장하는 데 도움이 된다.

독후감 작성은 추리력과 통찰력 향상에 기여하며, 꾸준한 글쓰기는 의사전달이나 논리적인 글쓰기에 도움을 준다. 또한 자기 반성의 계기와 올바른 가치관 확립 및 학습능력 향상에도 도움이 된다.

② 서평

서평은 발행된 책을 독자에게 소개할 목적으로 작성하는 것으로써 책의 정보와 평가가 담겨 있는 문예평론의 한 형식이다. 서평에는 저자가 누구인지, 책에서 사회에 전하고자하는 메시지가 무엇인지, 누가 이 책을 읽으면 좋을지 등에 대해 자세하게 소개를 하는 것이 필요하다. 때문에 책의 서평을 작성하는 것은 작가나 전문가들이 주로 한다.

③ 비평문

비평문은 작품에 대한 가치를 분석하고 정의한 내용을 기재한 문서이다. 비평은 작품과 작가를 평가하는 기준이 되며, 그 기준은 과거의 문학작품과 전통에서 가져오므로(김주연, 2015) 비평의 기준은 시대마다 다르다.

비평은 작품에 대해 평가하는 자체를 의미하므로 부정이든 긍정이든 간에 비평문을 작성하는 근거를 정확하게 기재하는 것이 좋다.

(2) 레포트 형식

레포트의 형식은 서론, 본론, 결론의 형식으로 구성되며, 레포트를 작성하기 위한 준비작업이 완료되면 자신이 의도한 개요에 따라 작성을 하게 된다.

가. 서론

레포트의 서론에서는 주제 선정의 동기 및 의도, 연구의 필요성, 목적, 의의 등을 쓴다. 또한 연구의 제한점과 본문 내에서 다룬 내용과 체제를 간단하게 소개한다. 서론은 전체의 20% 정도를 차지하도록 쓰되 간결한 문장으로 작성한다.

① 서론이 갖추어야 하는 요건

레포트의 서론을 작성하기 위해서는 먼저 서론에서 작성해야 되는 것이 무엇인지 알아야 할 것이다. 서론이 갖추어야 되는 요건으로는 먼저 주제가 지니고 있는 성질과 의의에 대해 밝히고, 레포트의 주제와 관련되는 이론적 배경이나 설정된 가설에 대해 간략하게 설명한다. 그리고 레포트의 작성범위와 한계를 밝혀야 되며, 각장에서 다루게 되는 내용이 무엇인지 요약해서 작성해야 한다. 즉 레포트의 서론은 본 레포트를 통해서 전하고 싶은 것이 무엇인지를 알려주는 것이라고 할 수 있다. 때문에 이러한 내용을 알 수 있도록 서론을 작성해야 하므로 갖추어야 되는 요건에 맞추어 내용을 전개해 나가야 한다.

나. 본론

레포트에서 본론은 레포트의 중심이 되는 부분으로 주제에 관한 이론적 근거에 기반한 자기주장을 하고 관련된 자료에 대해 자신이 갖고 있는 견해나 비판 등을 논리적으로 전개하는 과정이다. 본론에서 전달하고자하는 내용의 이해를 돕기 위해 글보다는 그래프나 수식으로 표현하는 것이 신뢰성도 있으며 알아보기도 쉽다.

① 본론이 갖추어야 하는 요건

본론이 갖추어야 하는 요건으로는 먼저 소주제별로 논리적으로 일관성 있게 전개하고, 수집된 자료를 활용하거나 인용 할 때는 반드시 출처를 밝혀야 한다. 또한 본론의 내용을 전개 시 개괄적인 것에서 세부적, 구체적으로 작성하며 본질을 벗어나지 않도록 해야 한다. 또한 본문은 논리적 전개를 하되 하나의 문제가 해결되면 매듭을 짓고 소결론을 정리해야 한다.

다. 결론

레포트에 있어 결론은 필자의 주된 사고의 집약으로 지금까지 논의해온 사실에 대해 요약하고 유도된 결론을 제시한다. 반드시 서론과 일치되는 결론을 작성할 필요성이 있다. 그리고 미해결된 문제를 중심으로 추후연구에 대한 제언이나 시사점 등을 제시하면 된다.

레포트 작성 시 결론이 갖추어야 하는 요건에 맞게 작성해야 한다. 결론이 갖추어야 하는 요건으로는 서론에서 제시한 가설을 요약 정리하고 본론에서 논리적으로 전개된 내용을 요약하여 결론을 맺는다. 요약은 핵심적 이여야 하며, 결론은 간결하고 논리적으로 매듭지어야 한다.

3) 좋은 레포트가 갖추어야 할 요소

좋은 레포트가 되기 위해서는 레포트가 갖추어야 할 요소가 있다. 좋은 레포트가 갖추어야 할 요소는 객관성, 타당성, 정확성, 신뢰성, 적정성, 비용효율성으로 6가지이다. 레포트는 개인의 주관적인 생각이나 입장을 주장하는 것이 아니라 누구나 인정할 수 있는 객관적 사실에 근거한 객관성을 지녀야 한다. 주제에 맞는 내용의 근거 마련을 위한 문헌 조사, 설문조사, 답사, 실험 등의 객관적인 방법 활용하여 레포트의 객관성을 확보할 필요가 있다.

레포트 작성시 사실과 부합하는 자료를 제시하여 레포트의 타당성을 확보해야 하며, 구체적이고 정확한 자료와 근거를 제시하고, 레포트 작성의 형식을 준수하여 정확성을 확보해야 한다. 레포트 작성에 있어 인용하는 자료의 출처를 제시하고 간결하고 명료한 표현을 사용하여 레포트의 신뢰성을 확보하고 레포트 내용의 수준을 적절하게 작성하여 적절성을 갖추어야 하며 현실적으로 접근 가능한 주제를 선정하여 비용의 효율성을 생각하여 레포트를 작성하여야 한다.

4 레포트 작성의 실제

1) 자료검색 / 수집

레포트의 주제와 분야에 따라 자료 수집 방법이 다르다. 책이나 논문 등을 통한 자료 수집과 직접 관찰, 측정, 실험을 통한 자료 수집이 있다. 교과서나 도서관에서 빌린 책을 활용하거나 전자도서관에서 원문검색을 하는 방법도 있다. 한국학술정보나 국회전자도서관, 국립중앙도서관 전자도서관 등을 직접 검색해서 찾아볼 수 있다.

2) 자료분석

레포트 작성을 하기 위해서 준비작업으로 자료 검색을 통해 수집된 자료를 읽고 요약 작성을 하며, 자신의 생각을 체계적으로 조직하고 결과를 도출하고 객관성을 확보해야 한다. 수집된 자료가 주제가 갖고 있는 의미와 방향에 맞는 자료인가를 평가하여야 하며 자료의 분석과 평가는 정리, 기록하는 과정에서도 계속적으로 이루어져 한다.

3) 레포트 작성의 실제

실제 레포트를 작성하기 위해서는 작성자의 입장에서 글을 쓰는 것이 아니라 레포트를 읽을 출제자가 글을 읽기 편하게 작성을 할 필요성이 있다. 레포트를 읽어가는 중에도 가독성이 있는 글을 쓰는 것이 필요하여 글자의 크기나 간격 등도 편안하게 글을 읽을 수 있는 크기를 작성하면 된다. 레포트 작성시 글씨 크기는 10.5pt나 11pt를 사용하고 문단 간격은 보통 160%를 사용하면 된다. 페이지번호를 반드시 기입하고 그림과 도표를 넣어 신뢰성을 확보할 필요가 있으며 접속사의 지나친 남발을 피하고 중요한 글은 굵게 처리하거나 밑줄을 치면 좋다.

4) 레포트의 구성

(1) 표지작성

표지에는 과제물 제목과 담당과목명, 교수명, 제출일자, 소속, 학번, 성명을 작성한다.

[그림 7-2] 표지

(2) 목차구성

목차는 서론, 본론, 결론 등의 큰 제목 아래 소제목 들이 나열 되어야 한다. 레포트가 5장 이하일 경우에는 목차박스를 만들어서 목차를 작성하거나 목차를 작성하지 않아도 무방하다. 하지만 레포트가 10장을 넘어갈 경우에는 목차 작성이 필수적이다.

목차란에는 서론, 본론, 결론 등의 큰 제목 아래에 작은 소제목들이 있어야 한다. 또한 각각의 제목 오른쪽 끝에는 관련 내용이 있는 페이지를 적는 것이 중요하다. 하지만 양이 적을 땐(컬튼스토리, 2015) 생략해도 무방하다. 목차는 레포트의 내용을 한눈에 알아보기 쉽도록 하는 것이기 때문에 너무 세세한 제목까지 나열할 필요는 없다. 목차의 내용이 많을 경우 한 장을 넘겨서 작성해도 된다.

레포트 작성에서 쪽페이지를 미리 설정해 주면 목차를 작성하기 용이하며 목차부터 페이지번호 '1'부터 시작해도 된다. 또한 중요한 표나 그림 사진 등을 목차아래에 해당 페이지를 곁들여 설명하는 것도 좋지만 이러한 것은 대학 레포트에서는 생략해도(컬튼스토리, 2015) 된다.

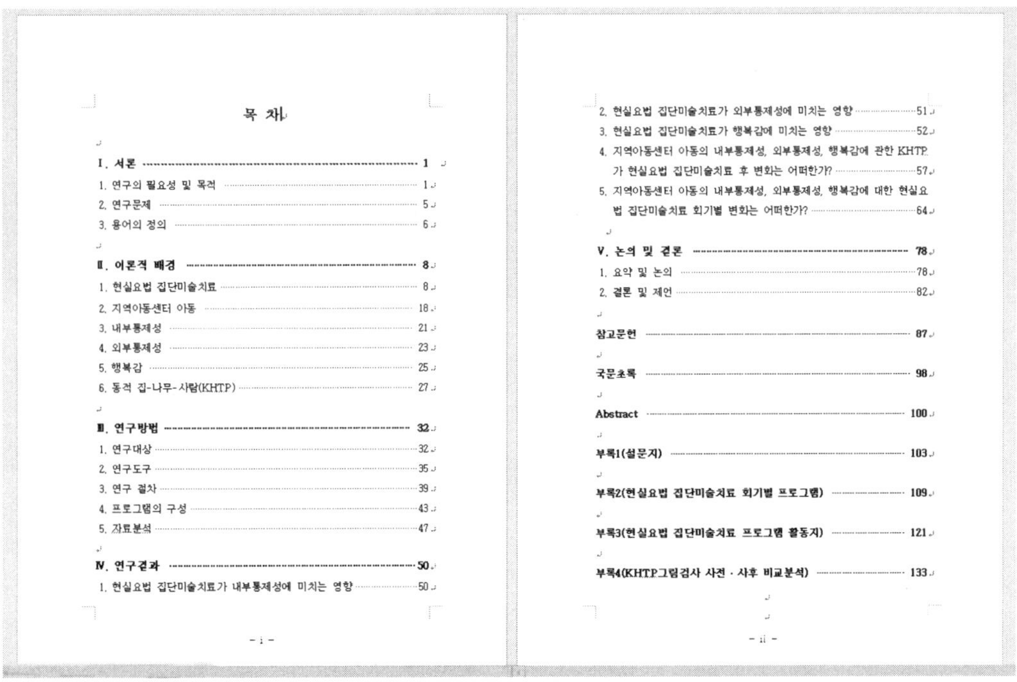

목 차

Ⅰ. 서론 1
1. 연구의 필요성 및 목적 1
2. 연구문제 5
3. 용어의 정의 6

Ⅱ. 이론적 배경 8
1. 현실요법 집단미술치료 8
2. 지역아동센터 아동 18
3. 내부통제성 21
4. 외부통제성 23
5. 행복감 25
6. 동적 집-나무-사람(KHTP) 27

Ⅲ. 연구방법 32
1. 연구대상 32
2. 연구도구 35
3. 연구 절차 39
4. 프로그램의 구성 43
5. 자료분석 47

Ⅳ. 연구결과 50
1. 현실요법 집단미술치료가 내부통제성에 미치는 영향 50

- i -

2. 현실요법 집단미술치료가 외부통제성에 미치는 영향 51
3. 현실요법 집단미술치료가 행복감에 미치는 영향 52
4. 지역아동센터 아동의 내부통제성, 외부통제성, 행복감에 관한 KHTP가 현실요법 집단미술치료 후 변화는 어떠한가? 57
5. 지역아동센터 아동의 내부통제성, 외부통제성, 행복감에 대한 현실요법 집단미술치료 회기별 변화는 어떠한가? 64

Ⅴ. 논의 및 결론 78
1. 요약 및 논의 78
2. 결론 및 제언 82

참고문헌 87

국문초록 98

Abstract 100

부록1(설문지) 103

부록2(현실요법 집단미술치료 회기별 프로그램) 109

부록3(현실요법 집단미술치료 프로그램 활동지) 121

부록4(KHTP그림검사 사전 · 사후 비교분석) 133

- ii -

[그림 7-3] 목차

〈 목 차 〉

Ⅰ. 서론
Ⅱ. 평생교육의 필요성
1. 평생교육의 개념
2. 평생교육의 필요성
Ⅲ. 평생교육체제의 구축전략
Ⅳ. 결론

[그림 7-4] 목차박스

(3) 각주달기

목차 순서대로 글을 쓰면서 각주를 달아준다. 각주에는 저자명 쓰기, 연도, P(페이지, 쪽)를 작성한다. 각주에는 개념을 풀어서 작성하기도 한다.

행동이 높게 나타난다고 하였다. 조수현(2013)은 자아탄력성이 높을수록 또래애착이 높다고 하였으며, 부모애착과 또래애착의 관계에서 자아탄력성의 매개효과를 확인함으로써 부모와의 애착이 불안정한 청소년이더라도 자아탄력성을 높일 수 있다면 또래와의 애착이 불안정하지 않을 수 있다고 하였다(김미진 · 권경인, 2014).

이상에서 지역아동센터 이용 청소년의 경우 부모-자녀관계 및 또래애착에서 긍정적 지지를 받거나 자아탄력성이 높은 경우 휴대폰에 의존하기 보다는 또래와의 상호작용을 통한 긍정적인 성장발달이 가능함을 예측할 수 있다.

---

1. 조수현(2013). 청소년의 자아탄력성 및 또래애착이 1년 후의 우울 및 공격성에 미치는 영향, 이화여자대학교 대학원, 석사학위논문.
2. 김미진, 권경인(2014). 청소년의 부모애착, 분리-개별화, 자아탄력성, 또래애착의 관계. **청소년상담연구, 22**(2), 1-23.
3. 자아탄력성은 환경에 의한 스트레스나 불안으로부터 유연하게 대처하며 환경에 적응해가는 회복력이다. 자아탄력성이 높은 사람은 새롭거나 위험한 상황에서 융통성 있고 효율적으로 적응하며 과제해결을 위해 충동통제를 잘 조절하는 등의 행동특징을 갖는다고 하였다(유성경 · 홍세희 · 최보윤, 2004; 현은민 · 박혜영, 2005).

[그림 7-5] 각주

(4) 인용

인용이란 레포트를 작성하는데 남이 글이 꼭 필요할 때 빌려 쓰는 것을 말한다. 인용을 통해서 자신의 논리의 타당성과 정당성을 확보할 수 있으며, 자기 논리를 주장할 수 있는 근거로 삼을 수 있다. 인용에는 직접 인용과 간접 인용이 있으며 직접 인용에서 인용문구가 3줄 이하 일 경우 따옴표(“ ”)를 이용하여 삽입하고 네줄 이상이면 별개의 단락으로 작성한다.

가. 직접인용

직접인용이란 문헌이나 다른 사람의 저서의 내용이나 다른 사람의 얘기를 있는 그대로 사용하는 것으로 자신이 주장이나 논지의 정당성을 확보하고자 할 때, 원전의 구체적 문장이나 핵심 개념을 보여주는 것이 중요할 때 직접 인용한다.

나. 간접인용

간접인용이란 문헌이나 다른 사람의 주장이나 내용이 중요하다고 생각되지만 표현방식에 있어 자신이 그 주장이나 결론을 더 명확하게 표현할 수 있을 때는 직접 인용보다는 간접인용을 사용하게 된다. 즉 자신의 주장이나 논지의 정당성을 확보하기 위한 논리적 근거 및 사실을 제시하기 위해 문헌이나, 다른 사람의 주장을 가지고 와서 필자의 표현방식으로 재구성하여서 표현하는 것을 말한다.

(5) 참고문헌

레포트에서 언급되어진 모든 참고문헌을 기재한다. 참고문헌은 일반 논문의 참고문헌처럼 내국인 문헌, 외국문헌의 순서로 소개하고 일반논문의 참고문헌 순서로 기재한다. 참고문헌은 보통 5개정도면 적당하다.

참고문헌의 기재형식은 학술지나 연구문헌이나 약간의 차이는 있지만 대체로 비슷한 형식을 띠고 있다. 참고 문헌은 일정한 양식에 맞추어 작성해야 하며 가장 먼저 저자명을 쓰고 그다음에 연도, 제목, 출판사, 페이지 등의 순서로 기재한다. 담당교수나, 학술지에 따라 요구하는 형식에 맞추어 작성하면 된다. 학술지의 경우 학술지를 주관하는 학회마다 참고문헌을 작성하는 형식에 대해 구체적으로 작성되어 있으므로 요구에 맞추어 작성하면 된다.

일반적으로 여러 나라의 문헌을 참고 했을 경우에는 한국, 중국, 일본, 서양의 순으로 나열한다. 저자명은 저자수와 상관없이 모두 표기한다. 참고문헌은 저자명, 출판년도, 책이름, 출판지역 및 출판사 순서로 쓴다. 참고 문헌의 작성은 아래 [그림 7-6]을 참고하여 작성하도록 한다.

참고문헌

권오형(2017). 중학생이 지각한 부모의 양육방식이 휴대전화 의존도에 미치는 영향 : 자아탄력성 매개효과와 성별의 조절효과를 중심으로. 한세대학교 대학원 박사학위논문.

김경민, 송지은(2018), 부모의 방임과 또래관계에서의 소외감이 지역아동센터 이용아동의 휴대전화 의존도 변화에 미치는 영향: 잠재성장모형을 중심으로. 교육문제연구. 31(2), 25-42.

여성가족부(2018). 2018년 인터넷, 스마트폰 이용습관 진단조사 결과 발표. 여성가족부 홈페이지 정책뉴스. 2018.6.21.

우수정(2013). 부모의 학대 및 방임과 학령기 아동의 또래애착이 휴대전화 의존에 미치는 영향. Family and Environment Research. 51(6), 583-590.

Block, J., & Kremen, A. M., (1996). IQ and ego-resiliency. Conceptual and empirical connections

and separateness. Journal of Personality and Social Psychology, 70 (2), 349-361. .

Dori. G. A.(2002). Prediction emotional distress from self-control, eo-resiliency, and self-concept clarity in conjunction with life events. dissertation of Case Western Reserve University.

[그림 7-6] 참고문헌

CHAPTER

08 파워포인트 제작

1 파워포인트

프레젠테이션은 정보, 기획, 안건을 제시하고 설명하기 위해 시청각 자료를 활용하여 설명하는 행위로 시청각 자료를 활용한 발표이다. PPT는 파워포인트(Power Point)의 약자로 프레젠테이션을 위한 도구로서 효과적인 정보전달을 위하여 텍스트, 그림, 표, 영상, 음향, 그래프 등의 시청각 자료를 활용하기 쉽게 만들어진 프로그램이다. 파워포인트는 제한된 시간 내에 청중에게 정보를 전달하여 청중이 전달된 메시지를 이해하고 그 결과를 판단하여 의사결정을 할 수 있도록 체계적인 커뮤니케이션 도구이다. PPT는 프로그램을 다루는 방법이 어렵지 않으면서도 프레젠테이션의 질과 집중도를 높일 수 있다. 때문에 대중적으로 많이 사용하는 도구이다.

1) 좋은 파워포인트의 요건

좋은 파워포인트란 간결함, 청중의 집중을 이끌어 낼 수 있어야 하며, 하고자하는 이야기를 명확하게 보여줄 수 있어야 한다. 파워포인트에서 가장 중요하고 큰 비중을 차지하는 것은 제목이 아니라 내용이다. 때문에 파워포인트를 작성할 때 제목에 포커스를 주는 것이 아니라 내용에 집중할 수 있도록 작성해야 한다.

슬라이드 하나에 하나의 메시지를 주어야 하며, 슬라이드에 많은 내용을 적을 필요 없이 간결하게 작성해야 한다. 스크린에 간단한 메시지의 전달로 청중이 발표자의 목소리에 집중할 수 있도록 PPT는 보조하는 도구일 뿐이다. 프레젠테이션에서 가장 중요한 매체는 발표자이다.

2 PPT 제작

1) PPT로 강의안 만들기

PPT로 강의안을 만들기 위해서는 무엇보다 전하고자하는 내용이 무엇인지를 명확하게 전할 수 있도록 하는 것이 필요하다. 슬라이드에 너무 많은 내용을 적게 된다면 청중들이 화자의 말에 집중하지 못하고 슬라이드의 글을 읽게 됨으로써 집중시킬 수 가 없다. 강의 슬라이드에는 이미지와 짧은 글로 핵심을 전달하는 것이 중요하다. 본 슬라이드에서 전하고자하는 핵심단어와 본 슬라이드의 내용에 어울리는 이미지를 삽입하여 작성하면 된다. 그리고 표지와 목차를 작성한 후 핵심페이지를 작성하게 된다.

강의안 작성 시 핵심 페이지 내용을 작성할 때는 가독성이 좋은 폰트를 사용하고 색상을 통일하여 강의에 집중할 수 있도록 일관성 있는 폰트와 색상을 사용하는 것이 좋다. 애니메이션 효과는 청중의 흥미를 유발하고 강의에 집중할 수 있도록 하는 반면에 과도한 애니메이션을 강의 내용에 집중하지 못하게 하므로 강의안 작성 시 애니메이션 사용에 주의해야 한다. 마지막으로 자료의 출처를 표시하여야 한다. 자신이 직접 조사 및 연구하거나 직접 촬영한 사진이나 자료가 아니라면 출처를 반드시 표시하도록 한다.

2) 이미지 활용

프레젠테이션은 도표, 그래프, 캡쳐 그림 등의 이미지를 활용하여 효과적인 정보를 전달하기 용이하게 만들어진 도구이다. 도표는 청중들이 쉽게 이해할 수 있도록 해 주며 수치가 있는 그래프의 경우 신뢰감을 준다. 또한 캡쳐 그림은 내용전달이 쉬우므로 제한된 시간에 청중에게 효과적으로 정보를 전달하기 위해서 시청각 자료를 활용하면 좋다.

3) 슬라이드 마스터 활용

파워포인트는 반복 작업이 많기 때문에 비효율적이라고 생각한다. 파워포인트에서 기본 서식이 없는 상태에서 슬라이드에 동일한 서식을 채우려면 번거롭게 느낄 수밖에 없다. 하지만 슬라이드 마스터를 활용한다면 파워포인트의 작성이 훨씬 용이해 질 것이다.

파워포인트는 반복 작업이 많아 비효율적으로 보일 수 있지만 슬라이드 마스터를 사용한다면 일관성이 있고 사용상 편리한 이점이 있다. 슬라이드 마스터를 사용할 때는 배경, 색상, 텍스트 배치, 글꼴 설정 등을 고려하여서 작성하여야 한다.

4) 슬라이드 마스터 활용 -저작권 없는 이미지 찾기

슬라이드 마스터를 활용하여 디자인 서식을 작성하기 위해서 이미지의 삽입이 필요하다. 이미지의 경우 저작권 문제가 있으므로 저작권 없는 이미지를 찾는 방법을 알아두거나 저작권에 문제가 없도록 이미지를 구매해서 사용하면 된다. 저작권 없는 무료이미지를 다운받을 수 있는 사이트는 다음과 같다.

- 언스플래쉬 : www.unsplash.com
- 픽사베이 : www.pixabay.com
- 스필릿 샤이어 : www.splitshire.com
- 제이멘트리 : www.jaymantri.com

3 PPT 제작의 실제

1) 슬라이드 마스터 활용 PPT 제작

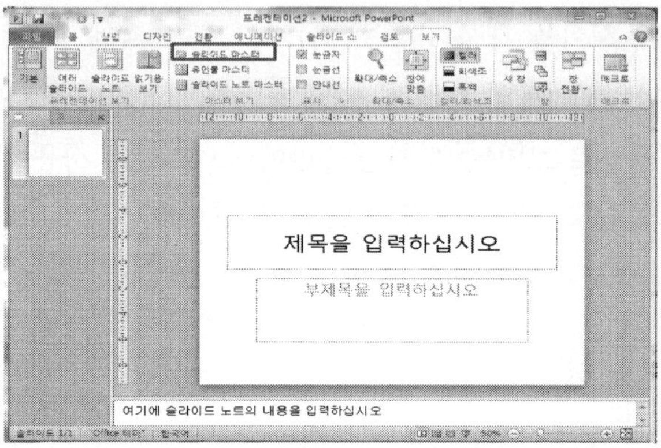

[그림 8-1] 슬라이드 마스터 활용

파워포인트에서 슬라이드는 제목, 목차, 간지, 본문, 끝의 5가지 슬라이드로 구성된다. 5가지의 슬라이드 중 템플릿을 제작하기 위해서는 슬라이드 마스터에서 제목, 목차, 본문의 레이아웃을 제작한다. 이중에서 특히 본문의 경우 동일형태로 지속적으로 사용되므로 반드시 슬라이드 마스터에서 편집해야 한다.

슬라이드 마스터를 제작하기 위해서는 먼저 파일의 우측 상단 보기에서 슬라이드마스터를 클릭하면 슬라이드 마스터를 작성하기 위한 템플릿이 생성된다.

(1) 배경서식 변경하기

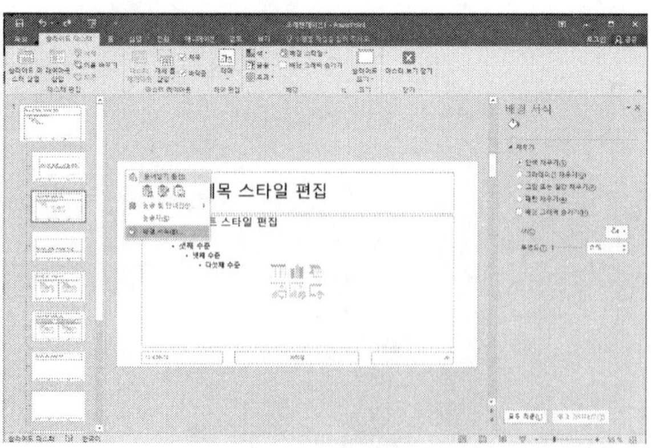

[그림 8-2] 배경서식 변경하기

슬라이드 마스터에서 배경서식을 변경하기 배경에서 우측마우스를 클릭한 후 맨 아래에 배경서식을 클릭하여 색상을 변 경 할 수 있다. 배경서식의 경우 전체 프레젠테이션의 배경색을 결정할 때 사용하면 편리하다. 배경색의 경우 단색이나 질감 패턴 사용자가 결정 할 수 있다. 배경에 이미지를 삽입할 경우에는 배경서식에서 그림이나 사진 앨범을 클릭하여 원하는 이미지를 삽입할 수 있다.

- 배경서식 변경하기

보기 → 슬라이드마스터 → 마우스 우측 클릭 → 배경서식 → 색상변경하기

(2) 슬라이드 마스터 디자인 서식 만들기

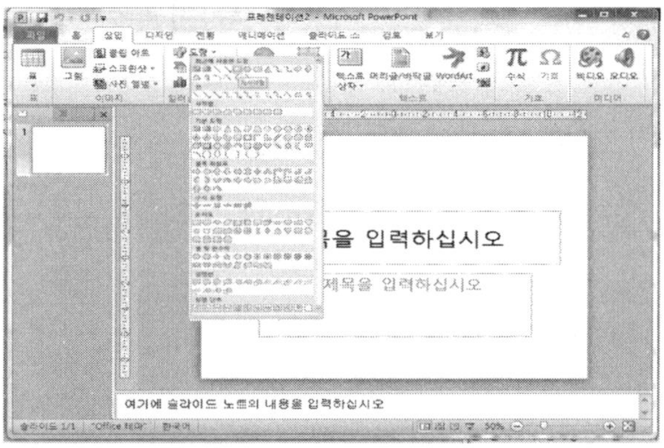

[그림 8-3] 슬라이드 마스터 디자인 서식 만들기

슬라이드 마스터에서 디자인을 설정하기 위해서는 삽입에서 도형을 선택한 후 배치하여 디자인을 만들 수 있다.

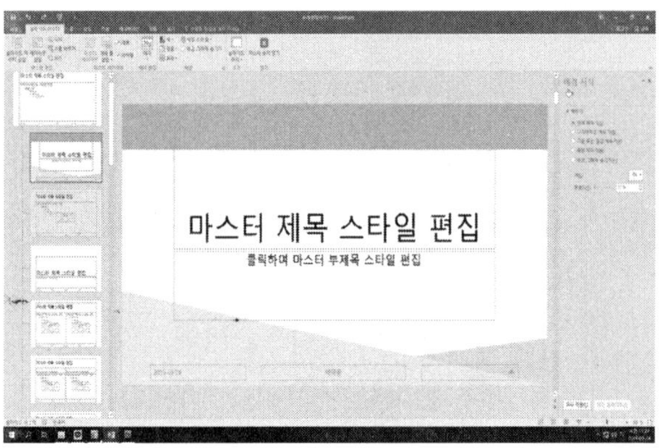

[그림 8-4] 슬라이드 마스터 디자인 서식 작성

원하는 도형을 클릭하여 드래그 하면 도형을 그릴 수 있다. 도형으로 디자인 서식을 완성하고 난 뒤 텍스트를 작성할 수 있도록 도형을 맨 뒤로 보내기를 하면 된다. 도형 맨 뒤로 보내기는 도형을 클릭한 뒤 우측 마우스를 클릭하면 맨 뒤로 보내기가 있다.

- 슬라이드 마스터 디자인 서식 만들기

보기 → 슬라이드 마스터 → 삽입 → 도형그리기 → 도형배치 및 색상 변경 → 도형클릭 → 우측마우스 클릭한 후 맨 뒤로 보내기

(3) 슬라이드 마스터 보기 닫기

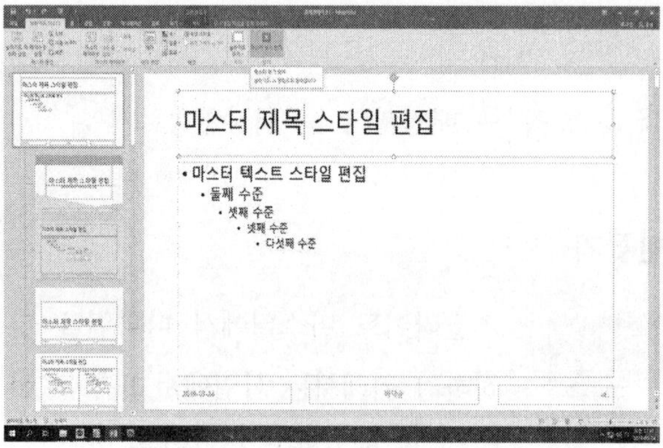

[그림 8-5] 슬라이드 마스터 보기 닫기

슬라이드 마스터에서 배경서식이나 디자인 서식을 만들고 난 뒤 파워포인트 제작 슬라이드로 가기 위해서는 화면 상단에 슬라이드 마스터를 클릭한 후 마스터보기 닫기를 클릭하면 텍스트 입력이 가능한 슬라이드 화면으로 전환된다.

• 슬라이드 마스터 보기 닫기

화면상단 슬라이드 마스터 → 슬라이드 마스터 보기 닫기

2) 기본설정

(1) 슬라이드 크기 설정

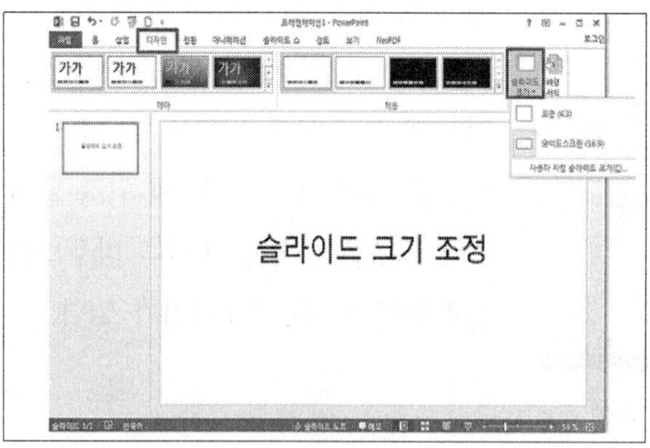

[그림 8-6] 슬라이드 크기 설정

파워포인트를 작성하기 위해서 먼저 슬라이드의 크기를 설정하여야 한다. 슬라이드의 크기는 왼쪽 상단에 디자인을 클릭하여 슬라이드 크기를 설정할 수 있다. 슬라이드의 크기는 4:3, 와이드 슬라이드, 사용자 지정 슬라이드 등으로 발표자가 필요한 크기를 설정할 수 있다.

3) 슬라이드 삽입, 복사, 이동, 삭제

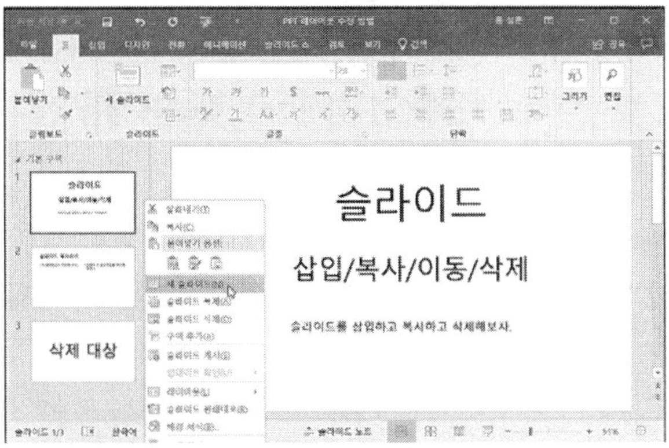

[그림 8-7] 슬라이드 삽입/복사/이동/삭제

슬라이드의 삽입, 복사, 이동, 삭제의 경우 화면 좌측 슬라이드의 축소판에서 이루어진다. 파워포인트의 경우 새로운 슬라이드의 삽입이나 슬라이드의 전체 복제나 삭제 및 이동이 용이하다.

(1) 슬라이드 삽입

슬라이드를 삽입하기 위해서는 화면 좌측 축소판에서 우측마우스를 클릭하여 바로가기 메뉴에서 새슬라이드를 선택 하면 된다.

(2) 슬라이드 복사

슬라이드 복사는 동일한 슬라이드를 하나 더 만드는 것으로 복사하려는 슬라이드를 선택 후 마우스 화면좌측 축소판에서 우측 마우스를 클릭하여 바로가기 메뉴에서 슬라이드 복제를 클릭하면 복사한 슬라이드와 같은 슬라이드를 복제 할 수 있다.

(3) 슬라이드 삭제

슬라이드 삭제도 마찬가지로 화면좌측 축소판에서 이루어진다. 화면좌측 축소판에서 삭제하고자하는 슬라이드 위에서 우측마우스를 클릭하여 바로가기 메뉴에서 슬라이드 삭제를 선택하거나 키보드의 Delete 키를 눌러서 삭제를 하면 된다.

(4) 다중복제와 삭제

파워포인트의 원활한 사용을 위해서 자주 사용하는 서식의 단축키를 알아둔다면 좀더 편리하게 PPT 제작을 할 수 있다. 본 과정에서는 다중복제, 즉 한번에 여러 슬라이드를 복제하고 삭제하는 방법에 대해서 알아보자. PPT 제작하면서 같은 형태의 슬라이드를 여러 개 반복해야 할 경우 새 슬라이드를 복제하기 위해서 매번 반복하는 것은 매우 번거롭게 느껴 질 것이다. 이러한 번거러움으로부터 벗어나려면 단축키를 활용하여 다중복제를 한다면 좀더 쉽게 여러 슬라이드를 복제할 수 있다.

다중복제를 위해서는 shift 키를 누른체 왼쪽화면 축소판에서 원하는 슬라이드들을 마우스로 클릭하여 ctrl + C를 눌러 복사를 하고 난후 ctrl + V를 눌러 복사하기를 하면 다중복제가 이루어진다.

(5) 슬라이드 이동

파워포인트 제작 중 슬라이드를 이동 하고자 할 경우 화면왼쪽 축소판 슬라이드에서 왼쪽 마우스를 클릭한 상태에서 드래그로 원하는 상태로 위치를 옮기면 된다. 슬라이드 이동을 원상태로 복귀하기 위해서는 Ctrl + Z로 원상태로 돌릴 수 있다.

- 슬라이드 삽입 : 화면 좌측 축소판 → 우측마우스 → 새슬라이드 삽입
- 슬라이드 복제 : 축소판 슬라이드 클릭 → 우측마우스 → 슬라이드 복제
- 슬라이드 삭제 : 축소판 슬라이드 클릭 → 우측마우스 → 슬라이드 삭제
- 슬라이드 다중 복제와 삭제 : shift + ctrl + C → ctrl + V
- 슬라이드 이동 : 축소판 슬라이드에서 왼쪽 마우스 클릭한 채로 위치 이동

4) 글. 도형, 표 삽입

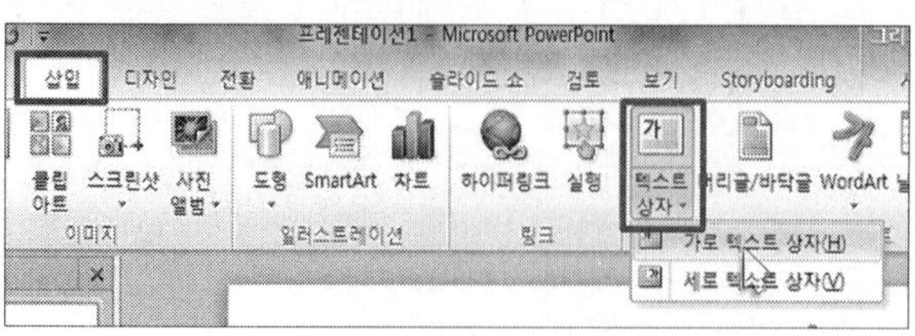

[그림 8-8] 글 삽입

(1) 글삽입

파워포인트에 글(텍스트)을 삽입하기 위해서는 텍스트 상자를 사용하야 한다. 텍스트 상자에서 가로쓰기 상자를 클릭하여 "가로쓰기"라고 적어준

다. 세로쓰기 상자를 클릭한 후에는 “세로쓰기” 텍스트를 작성하면 자동으로 글자가 세로로 작성이 된다.

[그림 8-9] 가로쓰기, 세로쓰기

텍스트를 입력한 뒤 텍스트의 글꼴이 서식을 변경하기 위해서는 우측마우스를 클릭하여 바로가기 메뉴에서 글꼴, 색상 크기, 속성 등을 지정 할 수 있다.

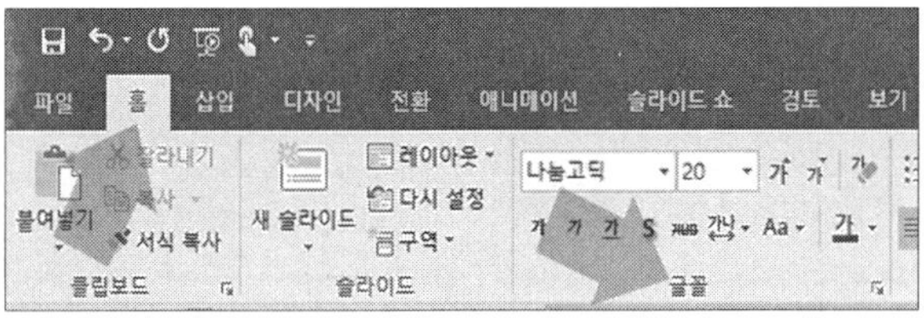

[그림 8-10] 글꼴 서식 변경

또한 글꼴의 기울이기, 밑줄, 음영 등의 서식변경을 위해서는 변경하고자하는 텍스트를 드래그 한 뒤 홈에서 글꼴 변경에서 변경할 수 있다. 텍스트 상자의 글머리 기호의 경우 슬라이드 상단의 홈에서 글머리 기호를 클릭하여 목록에서 선택하여 원하는 글머리기호 선택이 가능하다.

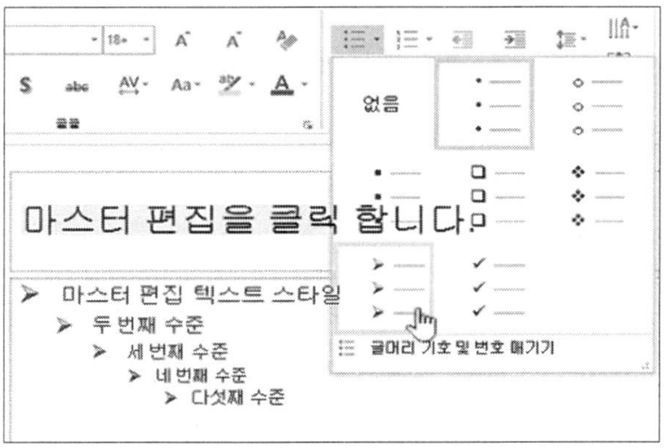

[그림 8-11] 글머리기호 작성

(2) 도형삽입

슬라이드에 각종 도형을 삽입하거나 수정하기 위해서는 그리기 도구 모음을 활용할 수 있다.

슬라이드에 도형을 삽입하고자 할 경우 화면좌측의 삽입에서 도형을 선택해서 원하는 모양을 선택하여 드래그 하여 도형을 삽입한다. 삽입한 도형에서 우측 마우스를 클릭하여 바로가기 메뉴에서 도형서식을 선택한다. 도형서식을 클릭하여 도형 채우기, 윤곽선 및 효과를 클릭하여 원하는 서식으로 변경이 가능하다.

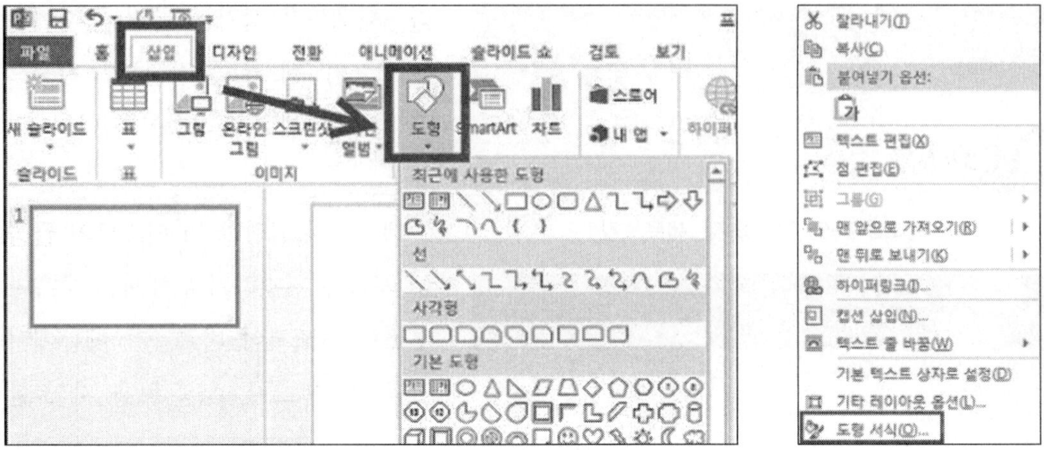

[그림 8-12] 도형삽입

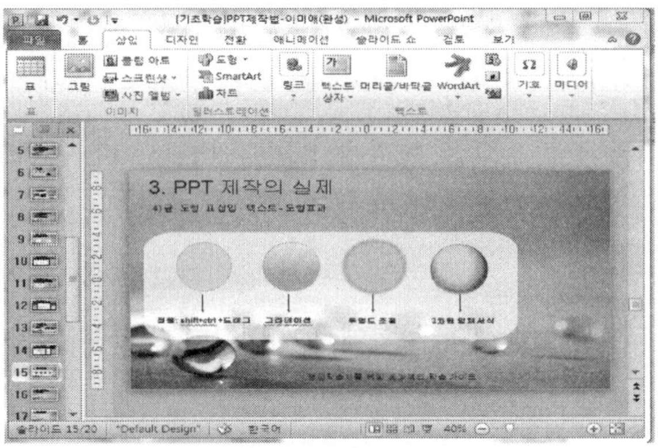

[그림 8-13] 면채우기, 입체서식

삽입된 도형과 같은 모양과 크기의 도형을 삽입하기 위해서는 Shift + ctrl + 드래그를 하면 원하는 모양이 복사된다.

도형서식에서 면 채우기의 그라데이션 채우기에서 그라데이션의 중지점으로 그라데이션을 조절 할 수 있다.

도형서식에서 도형의 투명도 조절과 3차원 입체서식의 지정도 가능하다.

(3) 표삽입

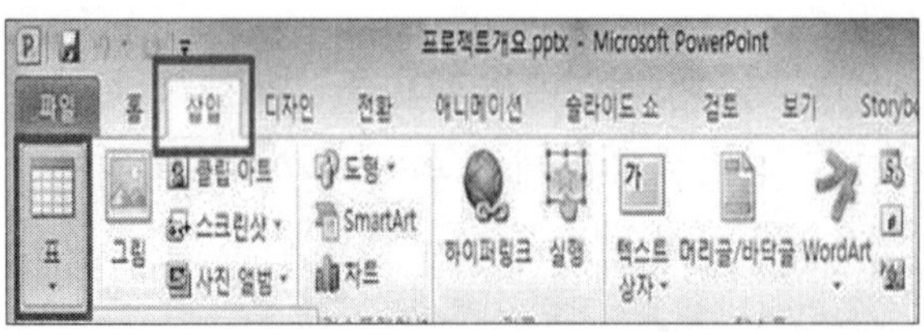

[그림 8-14] 표 삽입

표를 사용하면 내용을 한눈에 파악할 수 있어 편리하다. 표를 만들기 위해서는 파워포인트 우측 상단 삽입에서 바로가기 메뉴의 표에 마우스를 가져가 표 삽입을 위한 표 그룹에 맞추

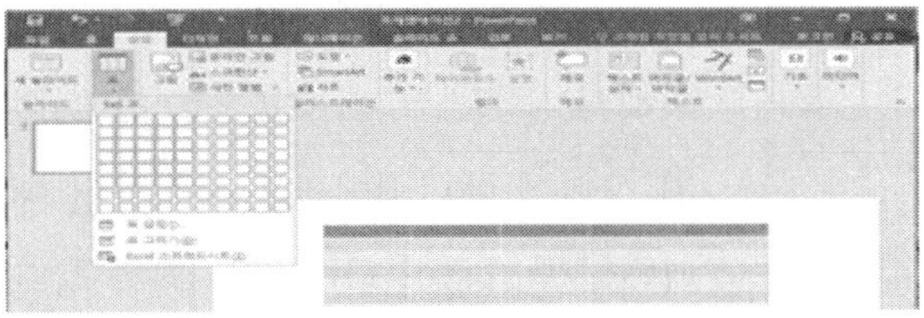

[그림 8-15] 표 그룹

[그림 8-16] 표 스타일

어 원하는 개수의 표를 클릭하면 자동 서식으로 표가 완성된다. 본 교안에서는 가로 5칸, 세로 5줄의 표를 만들어 보았다.

표를 만들고 난 뒤 표 스타일을 변경하고자 할 경우에는 표 스타일로 자신이 원하는 표 스타일을 클릭하면 변경이 된다.

표 안에 텍스트를 입력하기 위해서는 원하는 칸에 마우스를 클릭하고 텍스트를 입력하면 된다. 입력한 텍스트를 정렬하기 위해서 홈에서 정렬을 클릭하면 일괄정렬 할 수 있다.

표 만들기의 간격과 크기의 조절은 마우스를 활용하여 간단하게 자신이 원하는 크기로 조정이 가능하다.

5) 애니메이션 효과

발표자가 청중의 시선을 끌기 위해 적당한 애니메이션을 사용하는 것이 좋다. 과도한 애니메이션을 사용하기 보다는 청중의 시선을 사로 잡기위한 애니메이션 효과 활용을 배워보자.

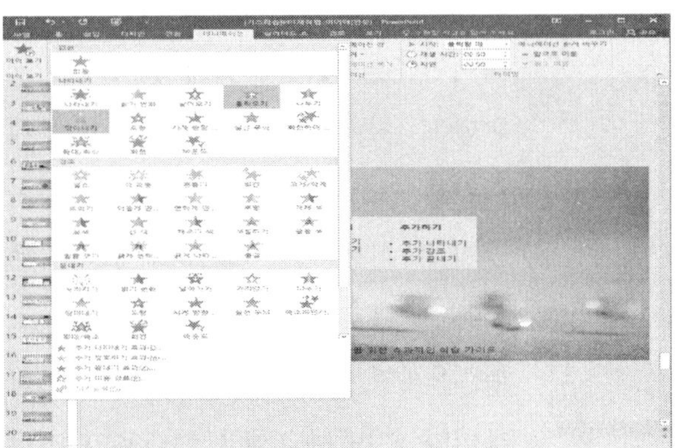

[그림 8-17] 애니메이션 적용

(1) 텍스트에 애니메이션 적용하기

텍스트를 나타나게 하는 애니메이션 기법은 나타내기, 강조하기 끝내기, 추가하기 등이 있으며 구체적으로 나타내는 방법도 다르므로 애니메이션을 하기위해 미리보기를 보면서 발표에 맞는 애니메이션을 적용하는 것이 좋다.

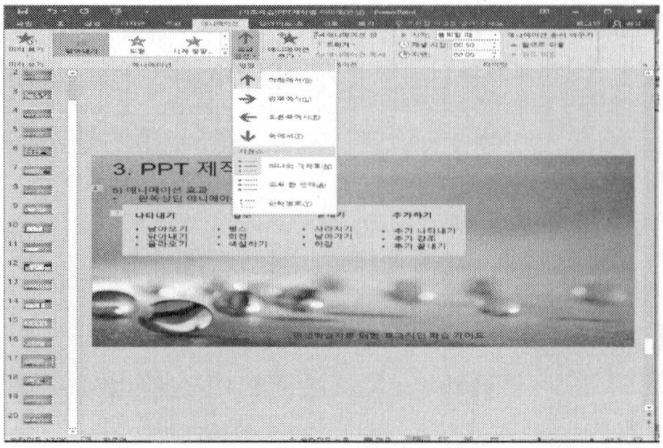

[그림 8-18] 애니메이션 효과

텍스트에 애니메이션을 적용하기 위해서는 텍스트 상자를 선택하고 화면 상단에 애니메이션을 클릭하면 애니메이션 그룹이 나타난다. 좌측 상단에는 미리보기가 있으므로 미리 클릭하여 적용해 보면서 확인하면 된다.

텍스트의 애니메이션을 나타내기에서 닦아내기를 선택한 후 애니메이션 그룹 우측에 효과옵션을 클릭하면 텍스트가 나타나기 위한 방향도 지정이 가능하다.

애니메이션이 실행되는 순서를 변경하기 위해서는 애니메이션 창을 클릭하여 순서를 변경할 수 있다.

(2) 애니메이션 실행하기

슬라이드 쇼 탭에서 슬라이드 쇼 시작에서 현재 슬라이드부터 클릭하면 현재 적용한 애니메이션이 실제 발표를 할 때 어떻게 실현되는 지를 확인 할 수 있다.

6) 그래픽 서식 활용하기

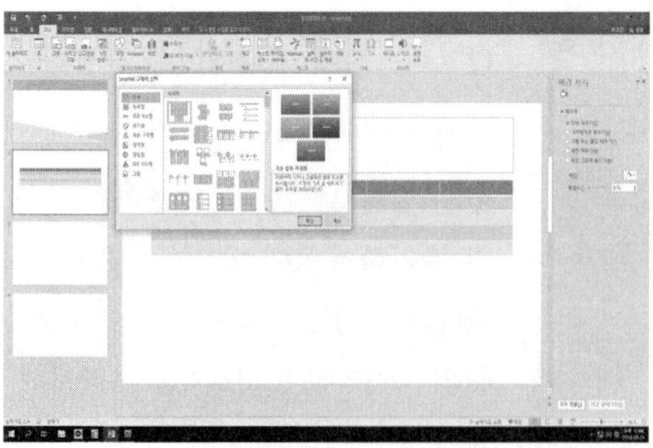

[그림 8-19] SmartArt 그래픽 서식

SmartArt 그래픽을 사용하면 다양한 레이아웃을 목적에 맞게 선택하여 표현할 수 있어서 자신의 아이디어나 메시지를 쉽고 빠르게 전달 할 수 있다.

자주 이용하는 SmartArt 그래픽은 목록형, 프로세스형, 주기형, 계층 조형, 관계형, 행렬형, 피라미드형, 그림 등이다. 전달하고자하는 내용과 전달하고자하는 정보에 따라 어떤 방식을 사용하는 것이 좋은지 먼저 생각해야 한다.

목록형은 비순차적인 정보 표시에 좋으며, 프로세스형은 시간표시나 막대에 단계를 표시하기에 좋다. 주기형은 연속적인 프로세스 표시할 때 사용하고 계층 구조형은 조직도 표시에 용이하다. 관계형은 연결 관계를 표시하며 행렬형의 경우에는 부분과 전체의 관계를 표시 할 수 있다. 피라미드형은 가장 큰 구성요소를 맨 위 또는 맨 아래에 두고 상대적인 관계를 표시하기에 좋으며, 그림을 사용하여 콘텐츠를 표현하거나 강조표시에 용이하다. 내가 전달하고자하는 목적에 맞는 SmartArt 그래픽을 이용해 쉽게 도해를 만들어 보자.

(1) SmartArt 그래픽 삽입하기

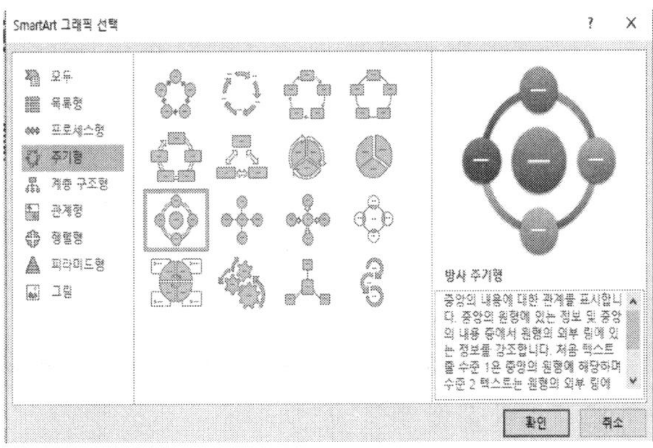

[그림 8-20] SmartArt 그래픽 삽입하기

SmartArt 그래픽에서 주기형 그래픽이 나오면 발표자가 작성하고자하는 내용을 잘 전달 할 수 있다고 생각하는 표를 클릭한다. 클릭하면 주기형에 대한 자세한 설명이 나오므로 발표자의 발표의도에 적합한 것인지를 판단하고 클릭하면 된다.

SmartArt 그래픽이 화면에 생성되면 그래픽에 입력창이 나타난다. 입력창에 발표하고자하는 내용을 입력하면 된다. 텍스트를 입력하면 자동을 SmartArt 그래픽에 표시가 된다. 텍스트의 창을 닫아 그래픽을 완성하면 된다. 그래픽의 색상을 변경하고자 하면 도형에서 우측마우스를 클릭하여 도형서식을 열어 색상을 변경하면 된다.

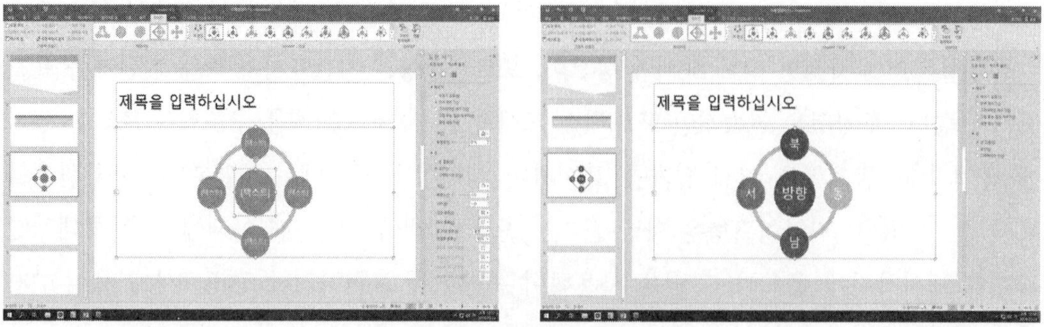

[그림 8-21] SmartArt 그래픽 삽입

(2) SmartArt 그래픽 도형 추가하기

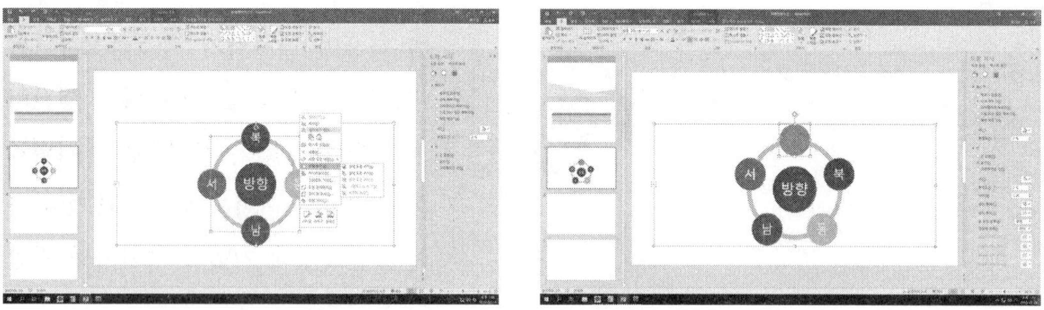

[그림 8-22] SmartArt 그래픽 도형 추가

내용에 따라서 도형을 추가하거나 삭제하여 SmartArt 그래픽을 활용해보자. 도형을 추가하기 위해서는 SmartArt 그래픽에서 우측마우스를 클릭하여 도형추가를 누르면 된다. 도형이 자동으로 생성이 된다. 마찬가지로 도형을 삭제하기위해서는 삭제하고자하는 도형에 마우스를 클릭하여 활성화 시킨 다음 Delete키를 누르면 삭제된다.

7) 동영상 삽입하기

프레젠테이션을 발표하기 위한 동영상 삽입방법에 대해 알아보자. 동영상 삽입은 자체자료를 활용할 수도 있고, 유튜브나 인터넷에 있는 자료를 보여 줄 수 도 있다. 먼저 인터넷이나 유튜브에 있는 자료를 파워포인트에서 활성화시키기 위해서는 하이퍼링크를 활용하면 쉽다. 인터넷 자료를 하이퍼링크로 활용할 경우에는 필히 발표하는 곳에 인터넷이 연결되어 있는지를 확인하여야 한다. 인터넷이 연결되어 있지 않다면 좋은 자료를 활성화 시킬 수 없으므로 발표할 곳의 상황을 고려하여 파워포인트를 제작해야 한다.

(1) 하이퍼링크로 동영상 삽입하기

[그림 8-23] 하이퍼링크로 동영상 삽입

하이퍼링크의 경우 하이퍼링크를 열 수 있게 도와주는 연결단추가 필요하다. 제목이나 아니면 이미지를 먼저 작성 후 하이퍼링크에 연결하여야 한다.

본 강의에서는 이미지를 만들어 준 후 이미지를 클릭한 채로 하이퍼링크를 클릭하면 하이퍼링크 편집 박스가 보인다. 편집박스에서 현재폴더, 열어본 웹페이지, 최근에 사용한 파일이 있으며, 밑에 주소를 입력할 수 있는 난도 있다. 유튜브나 인터넷홈페이지를 열어본 페이지에서 찾아서 클릭하여도 되고, 주소 난에 직접 주소를 입력하고 난 뒤 확인을 누르면 하이퍼링크로 내가 원하는 자료로 연결이 된다.

동영상이 열리는지 슬라이드 쇼보기에서 현재부터 보기를 하여 클릭하여 확인해보기 바란다.

(2) 비디오 삽입하기

화면상단에 삽입에서 비디오 삽입을 클릭하면 비디오 삽입 박스가 열리고 내 PC 안에 비디오를 선택하고 삽입을 클릭하면 된다.

삽입된 비디오를 선택해서 마우스로 크기를 조정하면 된다.

파워포인트를 제작하기 위해서는 파워포인트 프로그램의 화면구성을 작업자에게 맞도록 효율적으로 도구모음과 메뉴를 구성할 필요성이 있다. 파워포인트 제작을 위해서는 도구활용을 원활하게 하기 위해서 슬라이드의 추가, 삭제, 복사 등을 자유롭게 다룰 수 있어야

[그림 8-24] 동영상 삽입

하며, 문서를 열고 발표자가 원하는 디자인 서식을 제작하고 활용할 수 있어야 한다. 스스로 제작이 어렵다면 SmartArt 그래픽 서식이나 기본 디자인 서식에 있는 틀을 활용하면서 자신에게 맞도록 수정해서 작업하는 것도 하나의 요령이라고 할 수 있다. 무엇보다 PPT 제작을 잘 하기 위해서는 직접 많이 만들어 보고 다른 사람이 작업한 자료들을 보고 따라해 보면서 익히는 것이 가장 좋은 방법이라고 할 수 있다.

CHAPTER

09 발표훈련

1 건강한 말하기

발표와 프레젠테이션을 잘하려면 일상생활에서 건강한 말하기를 해야 한다. 건강한 말하기를 위해서 평소에 충분한 말하기 연습을 해야 하며 이를 통해서 보다 나은 방향으로 성장시킬 수 있다(이윤주 · 최손환 · 변효종, 2011). 올바른 대화는 지나치게 말을 아끼기보다는 자신의 의사를 분명하게 표현하는 것이 오히려 불필요하게 발생할 수 있는 오해를 없앨 수 있다. 따라서 아래의 몇 가지 사항을 생각하면서 건강하고 올바른 대화를 실천할 수 있도록 하자.

건강한 말하기를 위해서는 몇 가지 명심해야 할 사항이 있다. 첫째, 우선 정직하고 분명하게 말하는 연습을 해야 한다. 예를 들어, 자신에게 좋은 일이 생겼을 때 내심 다른 이들이 축하해 주기를 바라면서도 겉으로는 무관심한 듯 행동하다가, 정작 축하해 주지 않아 기분이 좋지 않다면 이것은 건강하지 못한 말하기이다. 좋은 일이 있어서 축하받기를 원한다면 "얼마전 나에게 ~이런 일이 생겼어. 축하해 주면 좋겠어"라고 자신의 마음과 말이 일치하도록 표현해야 한다. 이처럼 자신의 의사를 분명하게 표현하는 것이 바람직하다.

둘째, 여유 있게 말하는 것이 필요하다. 대화 할 때는 서로 상대방의 말을 다시 생각해보고 나의 생각을 정리할 수 있는 시간을 두고 대화해야 한다. 탁구경기에서 서로 공을 급하게 받아치듯이 말한다면 상대방이 한 말의 의미를 정확하게 이해할 수도 그리고 올바르게 반응하기도 어렵다. 따라서 여유로운 마음으로 대화하는 것이 건강한 대화에 이르는 방법이다.

셋째, 인격을 존중하며 말하는 것도 필요하다. 건강한 대화가 이루어지려면 상호간의 인격을 존중할 필요가 있다. 나의 인격이 존중되기를 바라면 상대방의 인격도 존중해야 한다. 나의 인격은 존중되기를 바라면서 반대로 상대방을 무시하는 말하기는 바람직하지 않다. 진정한 인격적인 대화는 자신의 생각과 느낌과 상대방의 생각과 느낌을 함께 소중히 생각하는 인격존중이 필요하다.

넷째, 말하는 것 만큼이나 말을 잘 듣는 것도 중요하다. 잘 듣는 사람이 말을 잘하게 되고, 이에 더하여 잘 배우게 된다. 특히 잘 듣는 사람이 단체를 이끌어 가는 좋은 리더가 될 수 있는 법이다. 따라서 끊임없는 듣기 훈련이 필요하다. 상대방의 말을 끊거나 경청하지 않고 상대방이 말하는 중에도 자신이 하고 싶은 말만을 생각하는 등의 행동은 좋지 못하다. 건강한 말하기를 위해서는 건강한 듣기도 반드시 필요하다.

특히 건강한 말하기는 단순히 정보전달만을 의미하는 것이 아니다. 이는 의사소통, 정보교환, 감정이입을 모두 포함한다. 건강한 말하기는 의견, 정보, 지식, 가치관, 기호, 방침, 감정 등을 전달하거나 교환함으로써 상대방의 행동을 변용시키는 과정까지 포함할 수 있다. 이는 서로 정보나 메시지를 전달하고 수신해서 서로 공통된 의미를 수립하고 서로의 의견, 지식, 사상, 감정, 태도, 행동 등에 영향을 미치는 과정과 행동이다(오성환, 2015).

2 소통의 글쓰기

좋은 발표를 위해서 무엇보다 선행되어야 할 것은 글쓰기이다. 글쓰기를 통한 발표 시나리오와 스토리 만들기가 필요하기 때문이다. 바버라 베이그(2011)는 그의 저서 『How to be a Write』에서 글쓰기는 종이 위에 이루어내는 소통의 작업이라고 말한바 있다. 우리는 소통을 잘하기 위해서 일정한 기술을 알고 있어야 한다. 예를 들어, 말로써 소통을 할 때도 효과적인 의사전달을 하기 위해서는 의사소통기술을 알고 있으면 더욱 좋듯이 글을 쓰기 위한 노하우도 알면 좋다. 사실 바둑을 잘 두고 싶을 때도 바둑돌을 놓는 기술을 알고 있어야 하며, 피아노를 잘 치고 싶어도 악보 읽는 법과 악보에 따라 건반 위에 손가락을 움직이는 기술을 알고 있어야 하는 것과 같은 이치이다(최손환, 2011).

그렇다면 글을 잘 쓰기 위해서 무엇을 해야 할까? 첫째, 글을 잘 쓰려면 쓰고자 하는 글에 어떤 내용을 담을지 그려내는 능력을 키워야 한다. 쓰고자 하는 주제를 그려내고 그 주제와 관련하여 어떤 내용을 글 속에 담을지 생각하는 능력을 키워야 한다. 이때 브레인스토밍을 이용하여 그 주제와 관련하여 생각의 폭을 넓힐 수 있을 것이다. 즉 많이 생각하는 것이 필요하다. 인터넷 포털 사이트에 검색하기 이전에 자신의 생각을 브레인스토밍 방법으로 정리하면 좋다.

둘째, 주제와 내용에 대해서 충분히 생각했다면, 관련 자료를 찾아 읽고 본인의 생각에 맞게끔 내용을 만들어 가야 한다. 이때 주제와 내용이 있더라도 어떻게 글을 진행 시켜야 할지 생각나지 않을 때는 관련된 책과 자료를 읽으면 좋다. 작가나 학자들의 서재에 책이 많은 이유도 이 때문이다. 즉 많이 읽는 것이 필요하다.

셋째, 글쓰기는 하루아침에 이루어지지 않는다. 많이 써봐야 한다. 수업시간 마다 강의내용을 받아 적는 것뿐만 아니라 자신이 이해한 부분을 자신의 글로 서너줄 정도씩 적어보면 좋다. 이것만으로도 글쓰기 연습이 충분히 된다. 물론 기회 있을 때마다 짧은 글(원고 기고, 주제 정해서 한쪽 글쓰기 등)을 써보면 더욱 좋을 것이다. 즉 많이 써봐야 한다.

특히 글을 쓸 때는 글을 읽는 사람의 입장에서 글을 써야 한다. 대학생들이 제출하는 과제는 더욱 그렇다. 출제자의 의도를 분명히 파악하고, 출제자의 입장을 고려하여 어떻게 관심을 끌 수 있는지, 자신이 말하고자 하는 바를 어떻게 하면 분명히 드러나게 할 수 있는지, 본인이 준비한 글의 의도를 어떻게 이해시킬지 등을 생각하면서 글을 작성해야 한다.

이처럼 많이 생각하고, 많이 읽고, 많이 쓰는 일은 대학생이 반드시 해야 할 일이다. 이것을 충실히 하면 글쓰기 능력이 좋아져 종이 위에서의 소통 능력이 좋아지고 또한 인간관계에서의 소통도 좋아질 수 있다. 예를 들어, 많이 읽음으로써 박학다식(博學多識)해지고 상식의 폭이 넓어질 것이며, 많이 생각함으로써 깊고 심오한 사고가 가능할 것이다. 특히 많이 쓰다보면 감히 상상할 수 없을 정도로 명쾌하게 머릿속이 정리되는 경험을 할 수 있을 것이며 톡톡 튀는 창의적인 생각도 번뜩일 것이다. 이러한 과정들을 경험하면 이는 글을 잘 쓰는 것을 넘어 발표를 잘할 수 있는 기본이 되기도 한다.

특히, 대학에서는 글을 쓸 수 있는 기회가 많다. 수업시간의 노트필기, 과제물 제출, 각종 프로그램의 지원서 등. 이런 기회 하나하나를 글쓰기의 연습이자 실전이라고 생각하면 된다. 특히 충분히 실력이 갖춰진 다음에 글을 잘 쓸 수 있는 것이 아니라, 모자란 글쓰기 하나하나가 모여서 글을 잘 쓸 수 있다는 점을 명심해야 한다. 또한 학생들은 흔히 공부를 다 하고나서 그 결과를 글로 쓴다고 생각하는 경우가 있다. 하지만 사실은 그 반대이다. 글을 쓰다보면 어느 부분이 모자라는지 생각하게 되고 글 속에서 필요한 부분을 보완하면 학습을 이루어 갈 수 있게 된다. 이런 의미에서 글쓰기는 공부하는데도 많은 도움이 된다. 글쓰기는 발표를 잘할 수 있는 기본이 됨과 동시에 공부를 잘할 수 있는 좋은 계기가 되기 때문에 그 중요성을 아무리 강조해도 지나치지 않다.

3 프레젠테이션의 성공 노하우

'프레젠테이션은 스티브 잡스이다'라는 등식이 성립할 정도로 고(故) 스티브 잡스는 프레젠테이션으로 유명하다. 스티브 잡스는 2005년 애플 뮤직 스페셜 이벤트의 아이팟 나노 프레젠테이션에서 '프레젠테이션=파워포인트'라는 통념을 확실하게 깨버렸다. "1,000개의 음악이 당신의 주머니 안에 있다."라는 멘트로 시작한 프레젠테이션은 스티브 잡스 청바지의 작은 보조 주머니에서 아이팟 나노가 나오자 청중의 술렁이는 환호로 절정에 이르렀다. "늘 궁금해 했던 청바지의 작은 보조주머니는 아이팟 나노를 위한 자리라는 걸 알게 되었습니다."라는 스티브 잡스의 재치있는 말 한마디에 청중은 감탄사를 연발할 뿐이었다.

스티브 잡스는 언제나 검정 티셔츠에 청바지 차림을 고수한다. 세계적인 애플의 CEO가 말쑥한 정장이 아닌 평상복을 입는 이유는 무엇일까? 스티브 잡스의 옷차림에는 자유롭고 유연한 애플의 기업문화가 담겨 있다. 동시에 소비자와 같은 눈높이에서 혁신적인 제품과 서비스를 기획하고 창출하겠다는 의지를 내포하고 있다. 이러한 스티브 잡스의 프레젠테이션은 위기 속의 애플을 미국 시가총액 1위 기업으로 성장시키는 원동력이 되었다(이승일 외, 2011).

이처럼 성공적인 프레젠테이션을 위해 우리가 고려해야 할 내용들을 박종옥 외(2015)에서 제시한 내용을 중심으로 프레젠테이션의 성공 조건, 프레젠테이션의 효과적인 전달 방법, 감성 프레젠테이션, 프레젠테이션 이미지 연출로 나누어 제시하면 다음과 같다.

1) 프레젠테이션의 성공 조건

성공적인 프레젠테이션을 위해서는 전반적인 상황과 목적 등을 포괄적으로 아우르는 통찰을 바탕으로 청중을 사로잡을 수 있는 스토리텔링식의 기획을 하고, 이에 맞는 시각자료를 작성하여, 발표기술을 연습한 후 적절한 이미지 연출이 필요하다.

(1) 통찰

프레젠테이션 성공 조건 중 제일 중요한 것은 통찰이다. 통찰이란 프레젠테이션의 전달하려는 목적과 청취하는 대상, 그리고 장소에 대한 물리적 환경 분석을 통해 끌어낼 수 있다. 그저 상부의 지시나 고객의 요구, 혹은 과제 제출을 위해 수동적인 태도로 임하지 않고, 적은 시간에도 큰 효과를 낼 수 있도록 사전 조사와 분석을 통해 프레젠테이션의 전반적인 흐름을 통제하고 조절하여 핵심 메시지가 잘 전달될 수 있도록 한다.

(2) 기획

기획은 프레젠테이션의 첫 단계로 청중의 감동을 이끌어낼 수 있는 감성 프레젠테이션이 되도록 스토리텔링의 형식으로 풀어낼 수 있도록 한다. 스토리텔링 형식이란 충분한 자료수집과 분석, 그리고 프레젠테이션의 전체적인 흐름과 개념, 핵심메시지를 효과적으로 표현될 수 있도록 하는 것이다. 기획은 논리적인 구성을 바탕으로 감성적 요소가 적절히 반영될 수 있도록 한다.

(3) 시각자료 작성

기획단계에서 구성된 콘텐츠는 적절한 프레젠테이션 도구를 활용하여 각 슬라이드의 내용을 구성하고, 효과적으로 전달될 수 있도록 정보디자인의 요소를 고려하여 표현해야 한다. 또한 작성 주체나 메시지의 정체성을 시각적으로 잘 표현하도록 한다.

(4) 발표 기술

발표 기술은 다음 세 가지, 호흡, 발음, 발성으로 구성되는 언어적 요소와 몸짓 언어, 공간

언어 등의 비언어적 요소, 화법 그리고 정보화 기기에 대한 이해와 활용으로 구성된다. 이는 꾸준한 연습을 통해 실력을 연마해야 한다.

(5) 이미지 연출

이미지 연출은 외적인 치장으로만 생각할 수 있는데 이 외에도 발표자의 내면의 이미지와 경력, 업적, 열정이 청중에게 함께 전달될 수 있도록 노력해야 한다. 프레젠테이션의 메시지는 발표자의 이미지와 하나가 될 때 설득력이 강해진다.

2) 프레젠테이션의 효과적인 전달 방법

프레젠테이션 할 때는 발표자가 말하고 있는 내용과 목소리, 제스처 등이 조화를 이루면 청중과의 친밀한 관계를 만들어 낼 수 있다. 미국의 사회심리학자인 앨버트 메라비언 교수가 연구한 커뮤니케이션의 구성요소별 비중을 보면, 우리가 어떤 사람의 이야기를 듣고, 그 사람에 대해 판단할 때는 무의식적으로 목소리, 태도와 표정, 그리고 이야기 하는 내용이 기준으로 작용한다는 것이다. 그에 따르면 전체를 100으로 보았을 때, 목소리가 무려 38%, 표정이 35%, 태도가 20%, 내용이 7%로 목소리와 표정과 태도가 의사소통에서 중요한 비중을 차지한다.

(1) 목소리

매력적인 목소리를 만들기 위해서는 우선 좋은 목소리의 3요소인 호흡, 발성, 발음을 갖추면 누구나 지금보다 훨씬 듣기 좋은 매력적인 음색을 가질 수 있다. 그렇다면 매력적인 목소리를 만들기 위한 방법은 무엇일까? 우선 1단계 건강하고 윤기 있는 목소리를 만들기 위해서 복식호흡을 한다. 복식호흡은 가슴 위로 쉬는 얕은 호흡이 아니라, 공기를 배로 보내며 깊게 쉬는 심호흡이다. 즉, 숨을 들이마셨을 때 배가 부풀어 오르고 내쉬었을 때 배가 쑥 들어가는 호흡이 바로 복식호흡이다.

2단계는 발성법을 통해 힘이 느껴지는 풍성한 목소리를 만드는 것이다. 좋은 목소리를 내기 위해서는 목의 아치를 크고 둥글게 만들어 주는 것이 중요하다. 왜냐하면, 성대에서 나온 소리가 입안의 넓어진 공간 안에 둥글게 공명하면서 더욱 맑고 큰 음성으로 만들어지기 때문이다.

3단계는 발음법을 통해 전달력 있는 목소리를 만드는 것이다. 발음을 잘하기 위해서는 스피치를 하기 전에 조음기관을 충분히 풀어주어야 한다. 그리고 마지막으로 강조법을 활용하여 생동감 넘치는 목소리를 만드는 것이다. 이는 강조하고 싶은 부분에서 톤을 높이는 높임 강조, 내용에 따라 작은 톤으로 낮춰 말해 의미를 증폭시키는 낮춤 강조, 어렵거나 강조할 내용을 천천히 또박또박 속도를 늦춰서 하는 강조, 중요한 단어, 강조하고 싶은 내용 앞에 잠깐의 멈춤을 주는 강조 등의 방법이 있다. 이처럼 프레젠테이션 할 때도 미리 발성에 대해서 연습함으로써 목소리에 관심을 가질 필요가 있다.

(2) 태도와 표정

미국의 사회심리학자 앨버트 메라비언은 시각과 청각이 사람의 이미지를 결정하는 가장 큰 요소라고 주장한다. 특히 시각적인 요소는 이미지를 결정하는 데 55% 이상을 차지하고 그 중에서도 몸짓언어의 사용은 84%를 차지한다.

몸짓언어를 익히기 위해 KISS 단계 훈련법을 알아보면, KISS의 K는 Knowledge of body language의 줄임말로 몸짓언어에 대한 지식이다. 몸짓언어에 대한 지식은 첫째, 하나의 동작으로 이해되는 것이 아니라 복합적인 요인으로 발생된다는 것이고, 둘째, 말과 행동이 일치되어야 한다는 것이며, 셋째는 상황 안에서 몸짓언어를 읽어낼 수 있어야 한다는 것이다.

KISS의 I는 Intimacy의 줄임말로 친밀감을 뜻한다. 이는 감성적으로 소통할 수 있는 동질감(라포)을 형성하여 상대방과의 관계형성을 좀 더 나은 방향으로 만들기 위해 자신의 의도대로 이끌어 갈 수 있어야 한다는 것이다. 다음으로 KISS의 S는 smile(미소), Sight(시야), Space(공간분배)를 의미한다. 발표자의 청중을 향한 시선처리와 공간분배가 중요하다. 프레젠테이션 할 때 신뢰감을 주기위해 상대방의 눈과 이마를 바라보는 것이 좋다. 또한 가능하면 청중을 골고루 바라봐야 한다. 특히 청중 한 명 한 명을 바라보기 힘들기 때문에 크게 세 그룹 정도로 나누어 5~10초 이상 바라보려 노력해야 한다. 마지막 KISS의 S는 Significant part-Hands and Legs를 의미한다. 이는 프레젠테이션 할 때, 손동작을 잘 활용하면 효과적이라는 뜻이다. 다만 뭔가를 가리킬 때 손가락으로 표현하면 부정적인 이미지를 주게 되므로 손바닥을 펼쳐 보이는 것이 좋으며, 카리스마 있는 사람들의 손동작을 벤치마킹하는 것도 좋은 방법이다.

3) 감성 프레젠테이션

스토리가 있는 프레젠테이션은 관심을 일으키고 몰입하게 만들며, 청중에게 전달한 내용을 오래 기억할 수 있게 한다. 즉 프레젠테이션에 이야기가 흐르면 청중의 감성을 좌우하여 성공적인 결과를 이끌어낼 수 있다. 스토리가 있는 프레젠테이션에 대한 청중의 반응 단계는 이야기 속으로 빠져들어 관심이 유발되고 이는 자연스럽게 몰입을 이끌어내며 그 이후에 감동의 느낌과 겹치면서 결국은 행동에 이르게 된다.

딱딱하고 지루한 프레젠테이션을 몰입도 높은 감성 프레젠테이션으로 바꾸려면, 먼저 전체적인 내용분석을 통해 핵심 키워드를 배열한다. 즉 여러 장의 슬라이드를 구조별로 배열하는 것부터 시작하여 도입-전개-결말의 구조로 배열하고 구조의 각 부분에서 핵심 키워드를 도출한다. 이후 핵심 키워드를 정리하여 새로운 의미를 부여하고 프레젠테이션의 성격을 파악하여 이에 부합하는 제목을 완성한다. 그러나 프레젠테이션에 스토리가 담겨 있다고 해서 모두 성공하는 것은 아니다. 청중이 스토리에 몰입할 수 있도록 발표자가 충분히 연습해야 한다. 스토리의 주인공은 발표자이며 발표자만의 개성이 충분히 묻어나는 진심어린 스토리가 있어야 한다.

4) 프레젠테이션 이미지 연출

이미지란 라틴어 IMAGE에서 유래한 말로, 사전적 의미로는 모양, 느낌, 영상, 관념을 뜻한다. 철학이나 심리학에서는 감각기관에 대한 자극작용 없이 마음속에 떠오르는 표상이라고 설명한다. 따라서 이미지는 1차적 느낌만으로도 생성될 수 있기 때문에 대상에 대한 이미지 형성에는 불과 몇 초의 시간 밖에 걸리지 않게 되는 것이다.

우선 좋은 이미지를 만들기 위해 알맞은 헤어스타일 연출도 필요하다. 얼굴형에 따라 어울리는 헤어스타일은 모두 다르다. 따라서 자신의 얼굴형이 어떤지 파악하는 것이 중요하다. 둥근 얼굴형의 사람은 정수리의 머리카락을 위로 띄워서 시선을 위아래로 분산시켜

둥근 얼굴을 보완하고, 긴 얼굴의 경우, 옆머리를 풍성하게 해주어 시선을 양옆으로 분산시켜야 한다. 사람들마다 열려있는 얼굴이 따로 있다. 열려있는 얼굴이란 오른쪽 얼굴과 왼쪽 얼굴 중에서 더 잘생기고 표정이 좋은 쪽을 말하며, 이렇게 조금 더 표정이 좋은 쪽으로 가르마를 넘기는 것이다. 또한 발표자는 반드시 이마를 보여야 한다. 그리고 머리카락에 윤기가 있어야 호감을 불러올 수 있으므로 왁스나 젤 등을 사용하여 머리를 정돈하고 여성의 경우, 단정하게 하나로 묶는 것도 좋고 머리 길이와 얼굴형에 맞게 스타일링 하도록 한다.

다음으로 바디타입을 파악하여 바디라인을 살리는 스타일링을 한다. 키가 커 보이는 배색으로 의상을 결정하고 골격에 맞는 액세서리와 무늬를 결정하도록 한다. 체형, 피부타입, 골격에 따라 알맞게 착용하도록 한다.

4 좋은 프레젠테이션을 위한 팁

1) 좋은 프레젠테이션을 위한 3S

좋은 프레젠테이션을 위해 준비과정에서 관심을 가져야 팁을 몇 가지 소개하고자 한다. 우선 좋은 프레젠테이션에는 3S가 기본이다. 3S는 Story, Say, Screen을 의미한다. 이를 중심으로 간단히 설명하면 다음과 같다.

(1) Story

무엇보다 먼저 Story가 있어야 한다. 이미 앞에서 소개한바와 같이 가장 중요한 것은 프레젠테이션에 스토리, 즉 이야기가 있어야 한다. 발표할 내용을 단순히 요약하고 정리해서 앵무새처럼 말하는 것이 아니라, 발표 주제와 관련하여 내가 구성한 내용을 중심으로 이야기하면서 전개해 나가야 한다.

(2) Say

다음으로 Say는 말하기이다. 충분한 이야기를 중심으로 프레젠테이션 자료를 만들었다면 이제 연습을 해야 한다. 이때 중요한 것은 눈으로만 읽을 것이 아니라 실제 프레젠테이션 하는 것처럼 거울을 보면서 말해야 한다. 거울 속에 비친 모습을 보면서 전체적인 발표 태도와 자신의 이미지뿐만 아니라 말할 때의 표정 등을 살펴볼 수 있다. 만약에 동료가 있다면 동료 앞에서 말하는 연습을 하는 것도 좋다. 거울 앞이든, 혹은 동료와 함께 하든 이렇게 입으로 말함으로써 프레젠테이션 내용을 좀 더 심도 깊게 이해할 수 있다.

(3) Screen

마지막은 Screen이다. 이는 발표할 내용을 미리 말하면서 이를 촬영하여 영상으로 보는 것을 의미한다. 요즘은 간단한 촬영도구나 스마트폰을 활용하여 쉽게 촬영할 수 있기 때문에 프레젠테이션 연습하는 모습을 실제 촬영해서 봄으로써 자신의 발표 모습뿐만 아니라 이야기의 구조와 프레젠테이션 맥락 등을 전체적으로 분석해 볼 수 있다.

2) 프레젠테이션 단계에 따른 팁

프레젠테이션을 잘 하기 위해서는 무엇보다 체계적인 흐름을 갖추고 전개해 나가야 한다. 이를 프레젠테이션 시작 단계, 프레젠테이션 중간 단계, 프레젠테이션 마무리 단계로 구분하여 반드시 각 단계에서 고려해야 할 내용을 제시하면 다음과 같다.

(1) 시작 단계

프레젠테이션을 시작할 때 미처 들을 준비가 되지 않은 청중들이 있을 수 있다. 따라서 프레젠테이션 시작단계에는 간단한 인사와 함께 가벼운 유머나 재치있는 위트, 혹은 발표할 주제와 연관되어 있는 시사적인 내용을 간단히 언급하거나 쉬운 퀴즈를 통하여 본격적인 발표를 위한 워밍업이 필요하다. 이를 아이스브레이킹이라고 한다.

아이스브레이킹은 얼음과 같이 딱딱한 상황에서 서로 편안한 분위기가 될 수 있도록 유도하는 것을 의미하는데 이때 중요한 것은 프레젠테이션 할 내용과 어느 정도 연관성이 있는 것이면 더욱 좋다. 이후 본 발표와 연관 있는 주제도 이야기하고, 전반적인 목표와 개요, 그리고 전체적인 진행 상황을 안내하면서 프레젠테이션을 시작하면 된다.

(2) 중간 단계

프레젠테이션을 본격적으로 시작할 때 무엇보다 중요한 것은 내용 전체를 담을 수 있는 핵심 키워드의 도출과 핵심 키워드 중심의 논리적인 전개가 필요하다. 물론 이는 프레젠테이션 자료를 만들 때 앞 절인 프레젠테이션의 성공 조건에서 충분히 언급했기 때문에 이에 근거하면서 프레젠테이션 자료를 만들어야 할 것이다.

프레젠테이션 할 때는 내용에 대한 명확한 전달, 중요한 내용은 중간 중간 반복하거나 요점 정리, 충분한 배경지식과 적절한 예시, 다양한 방식(그림, 도표, 동영상 등)으로 내용의 제시, 궁극적으로 가져야 할 문제의식 등을 충분히 제시해 주어야 한다. 물론 프레젠테이션 중간 단계에는 이해를 돕기 위한 질문, 청중의 동기를 유발할 수 있는 동기유발 소재, 그리고 청중과의 상호작용이 적절히 이루어져야 한다.

이때 비언어적 의사소통 수단인 목소리, 표정, 제스처 등을 적절히 활용하여 프레젠테이션 내용이 청중에게 더욱 의미있게 느껴질 수 있도록 해야 할 것이다. 예를 들어, 목소리 크기의 강약 조절을 통하여 중요한 내용은 큰 목소리로 하고 덜 중요한 내용은 작은 목소리로 한다든지, 속도의 빠름과 느림을 적절히 조절하여 중요한 내용은 속도를 줄이고 덜 중요한 내용은 빠르게 전개하면 더욱 좋을 것이다. 또한 한 곳에서 허수아비처럼 가만히 서서 프레젠테이션 하는 것이 아니라 자연스러운 제스처를 취하는 것도 필요하다. 예를 들어, 큰 개념을 설명할 때는 큰 동작을 하고 작은 개념을 설명할 때는 작은 동작을 취하는 것이다. 그리고 사각지대가 없도록 강의실 전체를 둘러본다거나 혹은 교단의 좌우를 다니면서 프레젠테이션 하는 것도 좋다.

도복늠 외(2005)의 『인간관계와 커뮤니케이션』에서도 비언어적 소통의 중요성을 강조하고 있다. 프레젠테이션에 소통을 더욱 촉진하는 비언어적(nonverbal) 방법에 대해서 아래의 내용들에 더욱 관심을 가져야 할 것이다.

앞에서도 간단하게 언급한바 있듯이 사실 비언어적 행동은 언어 외에 모든 얼굴, 눈, 손, 제스처 등으로 표현하는 의사소통이다. 이러한 비언어적 행동의 메시지는 너무 강해서 때로는 언어를 능가할 수 있기 때문에 항상 주의를 기울여야 한다.

특히, 우리가 아이컨택(eye contact)이라고 말하는 눈의 접촉이 중요한데, 프레젠테이션 할 때 발표자는 교탁의 컴퓨터 화면이나 파워포인트 스크린을 보기보다는 청중 쪽을 바라봐야 한다. 이때 너무 빤히 눈을 뚫어지게 바라보기 보다는 이마, 입, 머리 등으로 눈길을 주면서 서서히 눈맞춤을 늘려가야 한다. 또한 특정인에게 너무 오랜 시간동안 쳐다보다는 것은 좋지 않다.

다음으로 얼굴 표정인데 우리는 타인의 인상을 결정하는 데 있어서 얼굴 표정을 이용하기 때문에 프레젠테이션 할 때 얼굴 표정은 아주 중요한 정서표현이 된다. 따라서 찌푸린다거나 입꼬리를 내리는 등의 부정적인 얼굴 표정은 발표자에게 있어서는 부적절한 표정이다. 발표자가 부적절하고 부정적인 얼굴 표정을 보인다면 청중 또한 발표자의 발표 내용에 관심을 기울이지 않을 것이다.

발표자의 자세와 위치 또한 중요하다. 자세는 이해와 존경을 교류하는데 사용된다. 성실하게 관심을 표현하는 자세는 청중에게 머리를 약간 앞으로 기울게 하고 상체는 앞으로 향하게 한다. 청중을 대할 때는 관심과 존경심을 갖춘 부드러운 자세로 프레젠테이션 하는 것이 필요하다. 위치 또한 청중과 너무 멀리 떨어져 있기 보다는 한발 가깝게 다가갈 필요가 있다.

말의 속도는 내용의 중요도에 따라서 다르게 할 수 있으며, 또한 청중이 이해하는 정도에 따라서 달리 할 수 있다. 너무 천천히 하면 전체적인 맥락을 이해하는데 어려움이 있으며, 너무 빨리하면 '나는 내용만 빨리 전달하고 마칠겁니다.'라는 의미로 비칠 수 있으므로 관심부족을 느끼게 된다. 따라서 적절한 말의 속도로 진행해야 한다.

목소리의 음조에도 관심을 기울여야 한다. 프레젠테이션 할 때의 음조는 말의 속도와 같이 조절되어야 한다. 발표자의 음조는 청중과 의사소통하고자 하는 것에 따라서 변화되어야 하고 과장되어서는 안 된다. 존경, 개방, 주의집중 한다는 느낌의 음조가 무엇보다 중요하다. 선천적으로 타고난 음조를 바꿀 수는 없지만, 좀 더 온화하고 설득력 있는 잔잔한 음조는 연습을 통해서 충분히 만들어 나갈 수 있을 것이다.

(3) 마무리 단계

프레젠테이션의 마무리 단계는 지금까지 프레젠테이션 한 내용을 종합정리 하는 단계라고 생각하면 된다. 지금까지 잘 진행했다면 마지막이 중요한 만큼 이 단계에서 다시 한번 주변을 환기시키면서 시선 집중시킬 수 있는 스토리를 준비해야 한다. 특히 여운을 남길 수 있는 마무리 메시지를 던지면서 마치는 것이 필요하다.

지금까지 설명한 바와 같이 프레젠테이션 단계에 따라 해당 단계에서 수행해야 할 내용들을 고려하여 프레젠테이션 한다면 충분히 좋은 발표자가 될 것이며 훌륭한 프레젠테이션을 할 수 있을 것이다.

한국산업인력공단에서 발간한 『의사소통능력 교수자용 매뉴얼』에 따르면, 언어에 의한 커뮤니케이션은 여타의 의사소통보다는 정확을 기하기 힘든 경우가 있는 결점이 있다고 말한다. 하지만 대화를 통해 상대방의 반응이나 감정을 살필 수 있고 상대방에게 설득시킬 수 있으므로 유동성이 있다. 원활한 의사소통 방법으로서 언어 커뮤니케이션 능력은 상대방의 이야기를 듣고 의미를 파악하며 적절히 반응하고, 이에 대한 자신의 의사를 목적과 상황에 맞게 설득력을 가지고 표현하기 위한 능력으로써 꼭 필요하다.

프레젠테이션은 언어를 사용한 의사전달이다. 따라서 정확을 기하기 어려운 한계도 있지만 오히려 상대방과 적절한 상호작용을 통하여 이야기하고자 하는 바를 더 잘 표현할 수도 있다. 따라서 프레젠테이션 할 때도 자신이 준비한 발표 내용을 잘 전달하기 위해서는 일방향적인 내용 전달이 아니라 상호작용을 통한 내용의 공유가 이루어지도록 노력해야 할 것이다.

오성환(2015)이 언급한 것처럼, 제 아무리 뛰어난 아이디어를 생각해내더라도 그것을 효과적으로 표현하지 못하면 아무 소용이 없다. 그리고 자신의 능력이 어느 누구보다도 우수하여도 그것을 남들이 알아주지 않는 것은 설득력 있는 표현기법을 개발하지 못한 자신의 책임인 것이다. 즉, 자신의 지식이나 아이디어를 체계적으로 구성하고 기록하거나 흥미로운 스토리로 꾸며서 이야기하는 능력을 겸비해야, 자신이 지닌 재능을 진정한 능력으로 인정받을 수 있는 것이다. 다시 말해서 배터리가 제 아무리 성능이 뛰어 나더라도 플러스와 마이너스 선이 연결되어 있어야 전구에 불이 들어오듯, 커뮤니케이션 능력은 현대인의 필수 능력이라고 할 수 있다.

따라서 올바른 프레젠테이션을 위해서는 의사소통능력을 키우는 것이 필요하며, 의사소통능력은 건강한 말하기와 소통하는 글쓰기 등을 평소에도 꾸준하게 실행함으로써 키워질 수 있다. 또한 프레젠테이션을 준비하는 과정에서 앞서 언급한 프레젠테이션의 성공 조건인 통찰, 기획, 시각자료 작성, 발표 기술, 이미지 연출 등을 연습하다보면 이 모든 것이 어우러져 보다 나은 발표자로 거듭날 수 있는 것이다.

CHAPTER 10

소통하는 글쓰기

1 글을 쓴다는 것은?

1) 글쓰기의 필요성

인간의 의사소통 방식으로 말하기와 글쓰기가 있다. 말하기의 경우, 말은 일회적이어서 보존하기 어렵고. 언어적 요소 이외의 몸짓, 표정, 억양, 음색 등과 같은 비언어적 요소와 언어적 요소가 뜻을 전달하는데 도움을 준다. 글쓰기의 경우, 글은 보존 기간이 길고, 언어적 요소가 전혀 개입되지 않기 때문에 뜻을 전달하는 데 더 많은 제약이 따른다.

근대이전에는 글쓰기를 통해 의사소통을 하였다. 편지를 이용해 소식을 전했다. 그러다 전화의 발명과 보급으로 말하기가 중요시 되었으나, 인터넷을 기반으로 한 21세기 시대 환경의 변화로 다시 글쓰기가 중요시 되었다. 의사소통 매체 환경의 변화에 익숙해진 사람들은 이제 말하는 것보다 문자를 통한 의사소통을 더 편하게 생각한다.

글쓰기는 실용성 측면도 있지만, 자기 자신을 표현하는 방법이다. 의사소통 매체를 사용해 문자언어로 소통을 하기 위해서는 자신이 생각한 것을 타인에게 잘 전달하려면 글쓰기 실력을 키워야 한다.

글쓰기를 잘 하려면 일정한 형식과 내용을 갖춰서 자신의 생각을 올바르게 표현하는 연습을 해야 한다. 글쓰기는 다른 사람과 의사를 소통하는 가장 중요한 방법이며, 통합적 사고력을 길러 주는 동시에 자신의 내면을 성찰하거나 사회공동체의 문제를 해결하는데 꼭 필요하다. 글을 잘쓰는 사람은 글을 어떻게 쓸 것인지 치밀하게 계획한 다음 글쓰기에 들어간다. 다른 일과 마찬가지로 글쓰기는 충분한 준비과정이 필요하다. 무엇을 쓸 것인지, 왜 쓰는지, 누가 읽은 것인지 등에 대한 기본적 사항을 계획해야 한다.

글쓰기는 다양한 지식을 통합하여 전혀 새로운 창조적 발상을 가능하게 도와준다. 창조적 발상은 사물에 대한 정확한 관찰, 풍부한 독서의 경험, 다양한 글쓰기 연습 등을 통해서 점차 확장될 수 있다. 유시민 작가는 글을 잘 쓰고 싶다면, “많이 읽지 않으면 잘 쓸 수 없다. 많이 읽을수록 더 잘 쓸 수 있다.”, “쓰지 않으면 잘 쓸 수 없다. 많이 쓸수록 더 잘 쓰게 된다.”라고 하였다. 독서의 힘이 곧 글쓰기의 힘으로 나타난다는 것이다.

2) 좋은 글을 쓰기 위한 요건

21세기는 자기표현의 시대이다. 다양한 매체를 활용하여 자신의 생각을 표현한다. 페이스북, 블로그, 인스타그램, SNS 등에 자신의 상태를 쓰거나 포스팅하기도 한다. 그렇다면 자기를 표현하기 위해 좋은 글을 쓰려면 어떻게 해야 할까?

글은 크게 형식과 내용으로 이루어진다. 좋은 글은 글의 형식적 틀을 준수하고, 가치 있는 내용으로 구성한 글이라 할 수 있다.

형식적 요건	내용적 요건
• 어법 준수 • 적절한 어휘의 선택 • 내용에 따른 적절한 단락 배분 • 유기적 연결을 통한 형식적 완결성	• 글의 성격에 따른 내용의 충실함 • 필자의 진정성이 느껴지는 진실함

[그림 10-1] 글의 구성 요건

좋은 글을 쓰기 위한 요건이 있다. 먼저 어법에 맞는 올바른 글쓰기 습관을 익혀야 한다. 맞춤법과 띄어쓰기에 유의하고, 적절한 어휘를 선택하여 올바른 문장을 쓰는 것은 좋은 글이 갖추어야 할 필수 조건이다. 언어적 규범을 제대로 지키지 않은 글일 경우 글쓴이의 의도가 제대로 전달되기가 어렵다.

적절한 어휘를 선택하여 자신의 생각을 표현하자. 아무리 좋은 생각을 가지고 있다 하더라도, 그 생각을 적절한 어휘를 통해 문장으로 구체화시키지 못한다면 자신의 의도를 읽는 사람들에게 전달할 수 없다. 때문에 풍부한 어휘구사 능력은 좋은 글을 쓰기 위해서 꼭 필요한 자질이다.

내용의 흐름에 맞추어 단락을 구분하자. 단어가 모여 문장을 이루고, 다시 문장이 모여 하나의 단락을 구성하며, 이 단락들이 유기적으로 결합할 때 비로소 한 편의 글이 완성된다. 하나의 단락에는 하나의 중심생각만을 담아야 한다. 중심생각이 바뀌게 될 경우 단락을 나누어야 한다. 그런데 단락 구분을 제대로 하지 않은 경우가 있다. 내용이 바뀌지 않았는데도 길이가 길다고 함부로 단락을 나누기도 하고, 때론 단락 구분없이 긴 글을 작성하여 독자를 당황스럽게 만들기도 한다. 따라서 내용의 흐름에 따라 적절히 단락을 구분(줄 바꾸기와 들여쓰기)하는 연습을 하는 것이 중요한다.

진정성이 담긴 글을 쓰자. 글에는 진정성이 느껴져야 한다. 필자의 진정성이 글 속에서 묻어날 때 우리는 감동을 받는다. 자신의 지식을 과시하기 위해서 글을 쓰면 독자는 아무런 감동을 느낄 수 없다. 따라서 글을 쓰는 사람에게는 무엇보다도 도덕적 자기 검열이 필요하다. 더불어 지식인으로서 글을 쓸 때에는 사회적 가치에 대한 책임의식도 지녀야 한다.

독자를 염두에 두고 글을 쓰자. 글을 쓸 때는 그 글을 쓰는 동기나 목적을 분명히 해야 한다. 글쓴이의 의도나 목적에 따라 글의 성격과 형식이 결정된다. 글의 성격, 즉 정보 전달을 목적으로 하는 글인지, 자신의 주장을 펼칠 글인지, 특정 사건 혹은 인물의 경과를 보여주기 위한 글인지, 어떤 대상에 대한 인상적인 느낌을 전달하기 위한 글인지 등에 따라 글쓰는 방법이 다르다.

논리적으로 잘 쓴 글은 읽기 쉽고 명확하게 이해할 수 있는 글이어야 하고, 논리적으로 반박하거나 동의할 근거가 있는 글이어야 한다. 이런 글을 쓰기 위한 방법으로 첫째는 텍스트 독해, 둘째는 텍스트 요약, 셋째는 사유와 토론이라고 책에서는 정의하고 있다. 요약은 독해력이 전제가 되어야 하고, 사유와 토론은 지식과 핵심을 파악하는 요약 능력이 바탕이 되지 않으면 제대로 하기 어렵다.

독해력을 키우는 방법은 간단하다. "책을 많이 읽을수록 아는 것이 많아진다. 아는 게 많을수록 스토리를 빠르게 독해할 수 있고 정확하게 요약할 수 있다. 텍스트를 독해하고 요약하는 데 능한 사람은 그렇지 않은 사람보다 같은 시간에 더 많은 책을 읽고 더 많은 지식과 정보를 얻는다. 그러면 글을 잘 쓸 가능성 또한 높아진다. 그래서 많이 읽지 않고는 잘 쓸 수 없다는 것이다. 잘 쓰고 싶다면 독서광이 되어야 한다."

하지만 독서하는 것이 글을 잘 쓰는 것과 동의어는 아니다. 많은 독서로 아는 게 많고 말을 잘할 수 있을지 몰라도 글을 잘 쓸 수는 없다. 많이 써보지 않은 사람은 첫 문장을 쓰는 게 가장 힘들다고 느낄 것이다. 그 이유는 아무런 구상 없이 문장을 시작하려 하기 때문이다. 설계도 없이 집을 지을 수 없듯이 글도 전체를 미리 구상하지 않으면 어떻게 시작해야 하는지 알 수 없다.

"첫 문장은 주장하는 바를 한 문장으로 요약해서 문자로 옮기면 된다. 블로그에 정치, 영화, 축구에 대한 글을 쓸 때도 첫 문장은 이렇게 쓰는 게 좋다. 정말 하고 싶은 말을 단문으로 일단 내지르는 것이다. 그 이유는 일단 내지르고 난 다음에 차분히 설명하면 된다. 첫 문장 쓰기는 어렵지 않다. 써보지 않았기 때문에 어렵다고 생각할 뿐이다."

역시 글을 많이 써보는 것 많이 글을 잘 쓰는 방법이라는 것을 첫 문장을 통해 다시 한번 강조하고 있다. 어떻게 하면 많은 글을 쓸 수 있을까? 나는 블로그를 선택했다. 책 다시 읽기라는 카테고리를 만들어 요약 비슷한 것을 해보려 했지만 아직 요약은 비슷하게도 못 따라가는 것 같고, 감정표현도 서툴다. 그래서 조금 많이 부끄럽다. 아직 조회수는 별로 없지만 누군가 보고 비웃지는 않을 잠깐씩 걱정이 되기도 한다.

하지만 책에서 요약은 여럿이 해야 효과가 있다고 한다. 남에게 평가받는 것이 싫어 혼자 움켜쥐고 있으면 글이 늘지 않기 때문이다. 글은 결국 내면을 표현하고 소통하기 위해 쓰는 것이기 때문에 타인의 공감을 얻지 못하면 의미가 없다고 조언한다.

"글을 남에게 보여주고 지적과 비판과 조언을 듣고 받아 들 일 수 있는 만큼 글을 고치는 것은 나쁠 게 없다. 혹평을 받더라도 두려워하지 말아야 한다. 그렇게 해야 글이 는다."

3) 사고의 중요성

잘못된 생각과 판단은 사회와 사람들을 혼란에 빠뜨리고, 문제를 일으키며 소중한 시간과 정력을 소비시키고 좌절과 고통을 야기한다. 그러므로 올바른 사고란 우리의 삶을 보호해 주고 좋은 결과를 만들어 주는 중요한 활동인 것이다.

사람들의 사고 유형에는 여러 가지가 있다. 최근 들어 비판적 사고, 창의적 사고에 대한 관심이 급격히 높아졌다. 기업에서는 이러한 사고능력을 취업의 중요한 척도의 하나로 사용하기 시작했다. 대학 교육에서도 〈사고와 표현〉과 같은 핵심교양과목이 급증했으며 문제해결중심교육(PBL)이 확산되고 있다.

(1) 창의적 사고

창의적 사고란 남들이 생각하지 못한 걸 묻고, 남들이 생각하지 못한 것을 답해 보는 것이다. 새가 한 마리 날아가는 것을 보고 우리는 과연 어떤 생각을 할까? '새가 날아가네.' 하는 평범한 생각을 넘어서 남이 하지 않는 생각, 새로운 생각을 해 볼 수 있다. '새가 뒤로 날 수 있을까?', '깃털이 없으면 날 수 있을까.'처럼 생각할 수 있다. 이것이 창의적으로 생각하는 첫걸음이다.

주변 세계에 관심을 갖고 자세히 관찰하여야 창의적 생각을 할 수 있다. 항상 자세히 살펴보고 관찰하면 새로운 것을 발견할 수 있다. 또한 새로운 관점으로 바라보고 다양한 경우를 생각해 보는 연습을 꾸준히 한다. 자기가 평소 생활 습관을 어떻게 들이느냐에 따라 창의력이 키워질 수도 있고 그렇지 않을 수도 있다.

다양한 관점으로 보고 새로운 질문을 하는 것은 좋은 태도이다. 이렇게 우리가 어떤 대상을 바라볼 때 한 가지 관점에서 바라볼 게 아니라 여러 관점, 여러 사람의 입장에서 바라보고 스스로 질문을 해 보는 것은 창의적으로 생각하는 가장 좋은 연습 방법이다. 그러다 보면 생각의 폭도 넓어지고 생각지도 못했던 해결 방안을 찾아내기도 한다.

창의적 사고	비판적 사고
• 폭넓은 독서를 통해 생각하는 힘을 기르자. – 나만의 문제의식을 새롭게 창출하고, 나아가 문제해결능력까지도 기를 수 있는 능동적인 독서를 하도록 • 고정관념이나 편견으로 부터 벗어나자. – 나만의 새로운 시선으로 세상을 바라보는 가운데 유연한 사고가 형성	• 자신의 주장(생각)의 정당성을 점검하자. – 공공성이 위배되지 않는가? • 자신의 생각을 뒷받침해 줄 수 있는 타당한 근거를 찾자. – 타당한 근거는 관찰, 실험, 통계조사, 문헌자료 등 • 비판을 위한 비판을 하지 말자. – 지금의 대안이 옳은가? 또 다른 대안은 없는가?

[그림 10-2] 창의적 사고와 비판적 사고의 특징

창의적으로 생각하면 무엇이 좋을까? 창의적인 사람이라고 하면 많은 사람이 빌 게이츠를 떠올릴 거야. 그럼, 조금 더 생각해 보자. 이 사람이 한 일은 어떤 의미가 있을까? 그는 새로운 컴퓨터 운영체제를 개발하여 세계에서 손꼽히는 부자가 되었다. 하지만 엄청난 재산 자체에 의미가 있는 것이 아니다. 무엇보다 그가 새로운 컴퓨터 운영체제를 개발해서 인류에게 편리함과 유익함을 가져다주었다는 것에 큰 의미가 있다. 이렇게 창의적인 사고는 나뿐만 아니라 내 주변 사람들에게 유익한 결과를 가져올 수 있고 결정적인 변화를 일으킬 수도 있다.

(2) 비판적 사고

비판적 사고(Critical Thinking)는 단순히 오류를 찾아내는 일변도의 사고방식이 아니라, 목적의식적이며 반성적 판단 과정으로, 특히 참이라고 주장되는 진술이나 명제에 대해, 그러한 진술의 의미를 파악하고, 제공된 증거와 추론을 검사하고, 사실들에 대해 판정을 내리는 과정을 거치게 된다.

사물을 분석하여 그 의미와 가치를 인정하고, 전체 의미와의 관계를 분명하게 하며, 그 존재의 논리적인 기초를 밝히는 일이다. 현상 혹은 사물의 옳고 그름을 판다하고 밝히거나 잘못된 점을 지적한다. 비평하여 판단하고 시비를 가려서 보여주는 것이다. 비판적이라는 말의 의미는 부정적이라기보다는 판단, 평가, 의미의 규명, 잘못의 지적 등으로 다양하게 사용한다.

우리는 '비판적'이라는 말을 '부정적'이라는 말과 비슷하게 생각하는 경향이 있다. '넌 대체 왜 이렇게 비판적이야!'라는 힐난은 비판을 부정적으로 생각하기 때문에 나온다. 그러나 둘은 엄연히 다르다. 부정적의 반대말을 '긍정적'이지만 비판적의 반대말은 '무비판적' 또는 '맹목적'이다. '비판적'이라는 말은 어떤 주장이나 생각에 대해 여러 가능성을 염두에 두고 분석하는 능동적 사고를 말한다. 사고의 비판 기능이 살아 있어야 우리는 합리적이고 현실적으로 문제를 해결하고 자기 세계를 지켜갈 수 있다. 비판적으로 사고할 줄 모르는 사람은 다른 사람의 생각대로 살아갈 수밖에 없다.

비판적 사고는 '일련의 정보나 주장을 아무 생각 없이 습관적으로 받아들이는 게 아니라 포괄적 맥락에서 그것이 합당한 근거에 기반하고 있는지 검토하고, 필요할 경우 더 나은 견해나 대안을 창조적으로 모색하는 고차적이고 통합적인 사고'로 특징지어진다. 비판적 사고의 중요성은 21세기 사회가 정보의 바다에서 정보를 창출하고 교환하는 지식-정보화 사회라는 점에서 더욱 부각된다.

비판적 사고를 하기 위해서는 늘 회의적인 태도를 가져야 한다. 기존의 권위에 일방적으로 따르지 않고, 공표된 사실이라고 해서 무조건적으로 맹신하지 않으며 남에게 의존하는 타율적인 태도를 버려야만 한다. 자신의 주장이 논리적 타당성을 지니기 위해서는 그것을 뒷받침해 줄 수 있는 객관적인 논거를 충분히 제시하는 것 또한 중요하다.

비판적 사고를 바탕으로 자신의 주장을 피력하는 글을 쓸 때 기본적으로 '내 주장이 과연 정당한 것인가?' '공공성에 위배되지 않은가?'를 점검해야 한다. 글은 자신의 생각을 담아내는 그릇이다. 그래서 개인에게 의미있는 글이기도 하지만 사회적 차원에서도 가치있는 것이어야 한다.

자신의 생각을 뒷받침해 줄 수 있는 타당한 근거를 찾아야 한다. 아무리 좋은 글이라고 하여도 그것을 뒷받침해 줄 만한 타당한 근거를 제시하지 못한다면 그것은 단순한 생각일 뿐이다. 자신의 주장이 설득력 있게 전달되기 위해서는 즉 논리적 타당성을 지니기 위해서는 그것을 뒷받침해 줄 수 있는 객관적인 논거를 충분히 제시하는 것이 중요하다.

비판적으로 사고하는 것은 무엇이나 다 반대하고 의심하는 것이 아니다. '비판'의 사전적 정의는 '사물의 옳고 그름을 가리어 판단함 또는 밝힘'이다. 즉 지금의 상황이 과연 옳은가, 또 다른 방향의 대안은 없는가 점검하는 것이다. 따라서 바람직한 비판이 되기 위해서는 문제점에 대한 단순한 지적에서 그치는 것이 아니라 어떻게 해야 그 문제를 해결해 나갈 수 있는지 대안까지 제시해야 한다.

비판적 사고력 평가는 지식의 측정이 아니라 사고능력 및 잠재력 측정에 있다. 추론 및 문제해결 능력, 의사 결정 능력, 협력적 소통 능력, 통찰력 등을 종합 지표로 만든 것이다.

2 글쓰기의 기초

1) 올바른 글쓰기

자신의 생각과 느낌을 글을 통해 효과적으로 전달하기 위해서는 적절한 단어를 선택하고, 문법에 맞는 표현을 사용하는 것이 중요하다. 올바른 문장을 쓰는 것은 좋은 글이 갖추어야 할 가장 기본적인 조건이다.

(1) 맞춤법과 띄어쓰기

맞춤법을 준수하는 것은 글쓰기의 가장 기본이 된다. 아무리 좋은 내용을 담고 있는 글이라 할지라도 맞춤법의 실수나 띄어쓰기의 오류를 범하게 되면, 그 글은 잘 읽혀지지 않을 뿐만 아니라, 제대로 된 평가를 받기도 어렵다.

가. 한글 맞춤법의 실제

① '되-'와 '돼'

발음이 비슷하기 때문에 표기할 때 혼동하는 경우가 많다, '되-'는 되다의 어간이고, '돼'는 되어의 준말이다.

② '-(으)로서'와 '-(으)로써'

'-(으)로서'는 지위나 신분 또는 자격을 나타내는 데 사용하는 반면, '-(으)로써'는 수단이나 도구를 나타내는 데 사용된다.

③ '부딪치다'와 '부딪히다'

'부딪치다'는 능동형인 '부딛다'를 강조하기 위하여 강세접미사인 '-치'가 결합한 형태로 능동적인 의미로 쓰일 때 사용되고 '부딪히다'는 '부딛다'에 피동접미사인 '-히'가 결합된 형태로 파동의 의미로 쓰일 때 사용된다. 그러므로 능동적인 의미로 쓰일 때는 '부딪치다'를 피동적인 의미로 쓰일 때는 '부딪히다'를 사용해야 한다.

④ '–이에요'와 '–예요'

받침이 있는 체언(명사, 대명사, 수사) 뒤에는 '–이에요'가 받침이 없는 체언 뒤에는 '–예요'를 사용한다.

⑤ '–을'과 '–를'

'–을'은 그 앞에 오는 체언이 모음 혹은 'ㄴ'받침으로 끝나는 경우에 사용하고 이를 제외한 경우에는 '–를'을 사용한다.

⑥ '나무가지'와 '나뭇가지'

'나무'와 '가지'를 합쳐서 말을 말하면 '나무가지'가 된다.

와 '나뭇가지'

⑦ '깨끗이'와 '깨끗히'

'깨끗이'와 '깨끗히'는 혼동되는 경우가 많다. 보통 '–하다'가 붙일 수 있는 말 뒤에는 '–히'가 쓰인다. 하지만 예외로 '깨끗히'가 아니라 '깨끗이'로 사용한다.

⑧ '–던지'와 '–든지'

'–던지'는 과정을 회상하는 의미를 '–든지'는 선택의 의미를 지니고 있는 표현이다.

⑨ '–오'와 '–요'

설명, 의문, 명령, 청유를 의미하는 종결어미는 '–오' 사용한다. '–요'의 경우는 어떤 사물이나 사실을 열거할 때 사용되는 연결어미아 종결어미 뒤에 붙어 쓰이는 보조사로 사용된다. 연결어미 '–요'는 '이다', '아니다'의 어간에 붙어 사용된다. 종결어미 뒤에 붙어 쓰이는 보조사 '–요'는 주로 듣는 이를 높이는 뜻을 드러낼 때 사용된다.

⑩ '–데'와 '–대'

'–데'는 '–더라'의 뜻으로 화자가 직접 과거에 경험했던 것은 나타낼 때 쓰이며, '–대'는 '–다(라고) 해'의 뜻으로 화자가 다른 사람에게 전해들은 이야기를 전달할 때 쓰인다.

나. 띄어쓰기

① 조사의 띄어쓰기

조사는 그 앞말에 붙여 쓰는 것을 원칙으로 한다. 또한 조사가 둘 이상 겹치거나 어미 뒤에 붙는 경우에도 붙여 쓴다.

예) 꽃이　　꽃마저　　꽃으로부터　　꽃입니다.

② 의존명사의 띄어쓰기

의존명사는 독립적으로 사용되지 못하고, 다른 말에 의지하여 쓰이는 명사로서 독립성은 없지만 명사적 기능을 수행하므로 독립적 단어로 취급한다. 그래서 의존명사는 띄어 쓴다.

예) 아는 것이 힘이다.　　나도 할 수 있다.　　그가 떠난 지가 오래다

③ 단위를 나타내는 명사와 수의 띄어쓰기

단위를 나타내는 명사는 띄어 쓴다.

예) 한 개　　차 한 대　　소 한 마리　　옷 한 벌

하지만 순서를 나타내는 경우나 숫자와 함께 쓰이는 경우에는 붙여 쓸 수 있다.

예) 제일과　　육층　　삼학년　　50원

④ 고유명사의 띄어쓰기

고유명사란 인명, 작품명, 지명, 사건명과 같이 특정한 사물의 명칭을 일컫는 말이다. 성명의 경우는 사람의 성과 이름을 붙이고, 이에 덧붙이는 호칭이나 관직명은 띄어 쓴다

예) 이순신
　　충무공 이순신 장군

(2) 적절한 어휘의 선택

글을 쓰다보면 유사한 의미를 지니고 있는 단어를 제대로 구별하지 못하거나, 우리가 자주 사용하는 단어이지만 정확하게 알지 못하여 잘못 사용하는 경우가 종종 있다. 이러한

사소한 실수는 글 전체의 신뢰도를 떨어뜨릴 수도 있기 때문에 적절한 단어의 선택이 매우 중요하다.

(3) 바른 문장 쓰기

문장은 글쓴이의 생각을 드러내는 가장 기본 단위로 일정한 문법 규칙을 토대로 구성된다. 따라서 좋은 문장을 쓰기 위해서는 올바른 맞춤법과 띄어쓰기, 적절한 단어선택 능력 이외에도 이러한 요소들을 한 문장 내에서 문법에 맞게 배열할 수 있는 능력을 갖추어야 한다.

적절한 조사의 선택이 필요하다. 조사는 체언 뒤에 붙어 그 문장성분의 문법적, 의미적 관계를 표시하거나, 글쓴이의 태도나 감정 상태를 드러내 주는 역할을 한다. 그리고 문장 속에서 담당하는 각각의 의미와 기능이 정해져 있기 때문에 이를 올바르게 사용하지 않으면 어색한 문장이 될 수 있다.

문장성분들 간은 호응관계를 가지고 있어야 한다. 하나의 문장은 주어, 목적어, 부사어, 서술어 등 여러 문장성분들로 구성된다. 개별 문장성분들은 독립적으로 존재하는 것이 아니라 다른 문장성분과의 관계를 통해 의미를 만든다. 주어와 서술어는 문장을 구성하는 가장 기본적인 요소이기 때문에 두 요소가 호응 관계를 이루지 못하면 어색한 문장이 되기 쉽다.

2) 글쓰기의 형태와 방법

(1) 설명과 논증

설명과 논증은 독자가 잘 알지 못하는 사실이나 정보를 전달하기 위해 주로 쓰는 기술방식이다. 자신의 주장을 객관적이고 논리적으로 전개하기 위해서는 이 기술방식을 연습하는 것이 중요하다.

① 설명

어떤 대상이나 사실, 정보 등을 누구나 쉽게 이해할 수 있도록 표현하는 글의 기술방식이다. 효과적인 설명을 이해서는 우선 자신이 설명하고자 하는 대상에 대해 잘 알고 있어야 하며, 주관적인 감정을 배제하고 사실적이고 객관적인 태도로 그 대상을 기술해야 한다.

② 논증

객관적으로 타당한 근거를 제시하여 특정 사실이나 의견을 논리적으로 증명하는 기술방식이다. 논증이 설득력을 갖기 위해서는 글쓴이의 주장을 뒷받침할 수 있는 객관적인지와 합리적인 추론관정이 있어야 한다. 일반적으로 논증의 과정은 우선 글쓴이가 논의하고자 하는 쟁점을 다루고 있는 명제를 설정하고, 이에 대한 객관적인 노거를 제시한 뒤 다시 이것을 토대로 논리적으로 추론하는 방식으로 진행된다.

논증하는 기술에는 명제, 논거, 추론이 있다.

(2) 묘사와 서사

'묘사'와 '서사'는 글쓴이의 주관적 감정이나 태도 혹은 생각 등을 드러내는 데에 주된 목적이 있는 창작적 글쓰기에 주로 쓰인다.

① 묘사

대상을 언어로 마치 '그림 그리듯이 표현'하는 서술방식이다. 글쓴이가 대상에 대해 갖게 된 감정이나 정서 등을 있는 그대로 구체화시킴으로써 독자로 하여금 이를 간접적으로 체험하게 하는데 그 목적이 있다.

② 서사

시간의 흐름에 따라 사건이 어떻게 진행되는지 혹은 사물이 어떻게 변화하는지 등을 서술하는 기술이다. '특정 사건이 어떻게 발생하였고, 또 어떻게 전개되었는가?'하는 과정에 대한 서술이기 때문에 '누가, 언제, 어디서, 무엇을, 어떻게'하였는지에 대한 내용이 시간적 경과에 따라 진술되는 이야기 구조이다.

③ 한 편의 글은 어떤 과정을 거쳐 완성되는가?

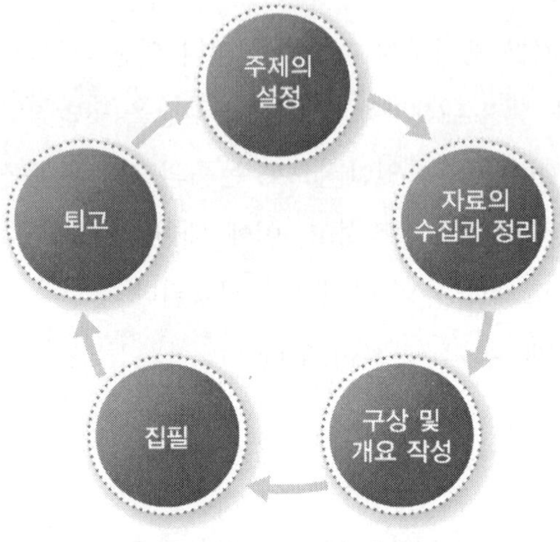

[그림 10-3] 글쓰기 과정

글을 쓸 때는 자신의 의도를 구현하기 위해서는 글쓰기의 절차를 따르는 것이 좋다. 좋은 글을 쓰기 전 먼저 자신이 쓰고자 하는 핵심적인 생각, 즉 주제를 정하는 것이다 명확한 주제를 설정하고 그 주제를 뒷받침 할 수 있는 자료를 수집하고 정리해야 한다. 자료가 준비되면, 주제를 효과적으로 드러내기 위한 글의 전체적인 짜임새를 결정하고 개요를 작성한다. 이렇게 계획을 세우고 비로소 집필을 한다. 집필이 끝난 뒤에는 작성한 글에 문제가 없는지 검토, 수정하는 퇴고 과정을 거친다.

1) 주제의 설정

무엇에 대해 쓸 것인가? 여기서 '무엇'에 해당하는 것이 '주제'이다. 주제란 글의 중심내용, 즉 글쓴이가 전달하고자 하는 핵심적인 생각을 뜻한다. 따라서 좋은 글을 쓸려면 우선 주제를 명확하게 설정해야만 한다. 일반적으로 주제를 설정할 때는 크고 추상적인 생각에서부터 시작하여 그 생각의 범위를 좁히고 구체화하는 과정을 거친다.

주제문은 하나의 완전한 문장으로 진술해야 한다. 진술은 정확하고 구체적이어야 한다. 자신의 관점이나 태도나 주장이 분명히 드러나야 한다. 확실한 근거에 입각해서 증명할 수 있는 것이어야 한다. 일반적인 것이나 자명한 것이어서는 안 된다.

2) 자료의 수집과 정리

자료를 수집하는 방법은 쓰고자 하는 글의 성격에 따라서 달라진다. 이공계열은 실험보고서처럼 관찰과 실험인 것도 있고 사회계열은 설문조사나 현장조사일 수도 있다. 일반적으로 문헌자료, 관찰자료, 실험자료, 조사자료 등으로 구분된다.

(1) 인용

인용은 이미 발표된 저작물을 이용하여 자기주장의 타당성이나 설득력을 높이고자 할 때 사용된다. 인용할 때는 논거로 사용할 충분한 가치가 있는 글을 선택하여야 하며, 원문의 내용이나 형식을 자의적으로 바꾸어서는 안 된다. 또한 인용부호를 쓰거나 문단을 독립시켜 인용한 것임을 표시하고 그 출처를 정확하게 밝힌다. 직접인용과 간접인용으로 분류된다.

(2) 각주

각주는 외각주와 내각주가 있다. 외각주는 본문의 인용 부분 끝에 호를 달고 그 하단에 출처를 밝혀주는 형식이다. 내각주는 본문 속에 밝히는 방법이다. 저자의 이름, 발행연도, 인용 페이지만을 간단하게 표시한다.

(3) 참고문헌

글 마지막 부분에 논제의 목록을 제시한다. 참고문헌을 작성할 때는 단행본, 논문, 신문 및 잡지 등의 항목을 나누어 제시하고, 저자 이름의 가나다 순 혹은 연도별로 배열한다.

3) 구상 및 개요 작성

(1) 구상의 원리

구상은 글의 전체적인 틀짜기이다. 즉 글의 주제를 확정하고, 이를 뒷받침할 수 있는 여러 자료를 수집하여 정리한 뒤에 글의 내용을 어떤 순서로 펼칠 것인가 계획하는 것을 말한다.

구상할 때는 통일성(unity), 긴밀성(coherence), 강조성(emphasis)을 지켜야 한다. 통일성은 글의 내용이 주제에서 벗어나지 않도록 하고, 긴밀성은 주제를 효과적으로 드러내기 위해 자료를 긴밀하게 연결해야 하고, 강조성은 주제를 선명하게 부각시키기 위한 방법이다.

(2) 구상의 방법

① 자연적 구상

사물의 자연적인 질서, 또는 사건이나 사물을 지각하게 된 순서에 따라 글을 전개하는 것이다. 시간적 구성은 어떤 사건이 진행되어 가는 시간적 순서에 따라 글감을 배열하는 방법으로 일기, 기행문, 전기, 역사 기록, 신문 기사 등이 있다. 공간적 구성은 특정 공간을 동적인 관점에서 보아 전개하는 방법으로 지리적여건, 생물의 형태, 기계나 도구의 구조, 기관이나 단체의 조직 등을 설명하는데 사용한다.

② 논리적 구상

사건이나 사물의 인과관계를 중시하여 논리적 질서에 따라 글을 전개하는 방법이다. 객관적인 논증이 중시되는 글에서는 주로 이 방법이 사용된다. 논리적 구상은 '도입-전개-정리'나 '서론-본론-결론', '흥미유발-문제의 원인-문제의 대처방안-전망이나 의의' 형식을 취하기도 한다.

(3) 개요

구상한 내용을 도식화하여 글의 전체 구조를 한 눈에 파악할 수 있도록 정리한 것으로 항목의 배열과 표현 방식에 따라 열거 개요, 화제 개요, 문장 개요, 단락 개요 등으로 나눈다.

개요는 설계도와 같아서 글이 어떤 방향으로 전개될 것인지를 예상할 수 있다. 글의 전체적인 통일성 유지에 도움이 된다. 수집한 자료의 체계적 정리와 유기적 배열이 가능하다. 글 전체 구조의 논리적 타당성을 점검할 수 있다. 글쓰기 과정에서 발생할 수 있는 시행착오를 줄일 수 있다.

4) 집필

글의 주제를 설정하고 그 주제를 뒷받침해 줄 수 있는 다양한 자료를 수집한 뒤 글 전체의 구상을 개요로 도식화하였다면, 본격적으로 글을 쓰는 집필 단계에 들어간다. 한편의 글은 일반적으로 서론, 본론, 결론으로 구성된다.

(1) 서론쓰기

서론은 글의 맨 처음, 도입부이다. 서론에 들어가는 내용으로는 글을 쓰는 동기, 목적, 글을 쓰는 사람의 문제의식 등이 있다. 주의 환기-구체화-목적과 방향제시 순서에 따라 서술된다.

(2) 본론쓰기

본론은 글의 중심 내용을 적는 핵심 부분이다. 서론에서 제시한 화제에 대해서 필자가 말하고자 하는 내용을 구체적으로 서술한다. 본문 작성 시 단락나누기에 유의한다. 관련된 자료를 장황하게 설명하지 않는다. 서론에서 제시한 논의 범위를 벗어나지 않도록 한다. 서론, 결론 내용과 서로 겹치지 않도록 한다.

(3) 결론쓰기

결론은 전체 글을 완성시킴과 동시에 전달하고자 하는 바를 압축하여 제시하는 부분이다. 서론과 본론에서 다룬 내용을 요약 및 정리하여 마무리하는 방식으로 구성하는 것이다. 최대한 간결하면서도 인상적으로 마무리 한다.

5) 퇴고

초고를 완성한 뒤에 보면 글의 내용이 한 쪽으로 치우쳐 균형이 맞지 않거나 주제와는 상관없는 군더더기 내용이 포함되어 있는 경우가 생길 수 있다. 이러한 오류를 수정하기 위해서 퇴고가 필요하다.

퇴고는 글의 주제와 내용, 구성 및 표현에 있어서 문제가 없는지 점검하는 과정으로 글의 완성도를 높여주는 역할을 한다. 글이 전체적으로 통일성을 유지하고 있는가? 글의 흐름은 논리적인가? 글의 주제가 명확하게 전달되고 있는가? 내용적으로 불필요한 부분은 없는가? 비문은 없는가? 정확한 어휘를 사용하고 있는가? 오자와 탈자는 없는가? 맞춤법과 띄어쓰기의 오류는 없는가?를 점검한다.

4 글쓰기의 실제

1) 자기소개서 및 이력서

자기소개서는 자신의 성장과정이나 성격의 장단점, 지원 분야와 관련한 경력사항, 지원 동기 등을 남에게 알리는 글이다. 자기소개서 작성요령은 솔직하면서도 목적에 맞게 쓴다. 지원 분야에 따라 다르게 쓴다. 집중적으로 부각시키고 구체적으로 쓴다. 글쓰기 형식에 신경 써서 쓰도록 하여야 한다.

이력서는 인적 사항, 학력 및 경력 사항, 자격 수상 및 특기 사항 등을 기록하는 공식적인 서류이다. 이력서는 양식이 정해져 있어서 그것에 맞게 내용을 채워 제출한다. 작성 시 중요한 것은 정확성이다.

2) 감상문

감상문은 감상한 후 느낀 점을 자유롭게 쓰는 글이다. 이때 '감상'이란 작품을 이해하고 즐김으로써 마음속에서 일어나는 생각이나 느낌을 말한다. 작품 감상의 과정은 자신이 감상하고자 하는 대상을 선택한 다음 그것을 이해하고 향유하는 감상의 시간을 가지며 '느낌을 받은 지점 찾기'하거나 '느낌의 이유 찾기'를 생각한다.

감상문 작성 요령은 감상문의 주제를 정한다. 완결성을 갖춘 한 편의 글로 작성한다. 감상의 내용을 구체적으로 서술한다. 소통 가능하도록 표현한다.

3) 비판적 칼럼

칼럼은 특별 기사, 상시 특약 기고 기사, 신문사설 등을 일컬으며, 정해진 기고라는 의미가 있다. 칼럼은 우리 사회에서 발생하는 다양한 문제들에 대해 특정 전문가 또는 칼럼리스트들이 자신의 관점을 제시하거나 의견을 피력하고 논평을 하는 글이다.

비판적 칼럼의 요건은 시사적인 문제이어야 하고, 분명한 입장 제시하고, 입장을 뒷받침하는 근거 제시하고, 설득력이 있어야 한다.

비판적 칼럼 쓰기의 실제 작성하는데 필요한 내용은 쟁점이 갖는 의미를 분명하게 드러나야 한다. 객관적으로 입증이 가능한 자료를 수집한다. 문제에 대한 해결방안을 제시한다. 읽기 편하고 간결한 문장으로 표현한다.

4) 인터넷 글쓰기

인터넷 매체의 특성을 활용한 글쓰기의 요건을 살펴보고, 다양한 인터넷 글쓰기 방식 가운데 실생활에서 빈번하게 사용되는 '이메일 쓰기'와 '인터넷 게시판 글쓰기' 등이 있다.

인터넷 글쓰기의 요건은 집중도를 높일 수 있는 글을 쓰기 위해서는 내용을 먼저 제시하는 두괄식으로 글을 구성하는 것이 효과적이다. 인터넷 글쓰기는 정확도가 높아야 한다. 따라서 글을 쓰고 난 다음에는 반드시 컴퓨터의 맞춤법 검사를 활용하여 오탈자를 교정하고, 필요할 경우 쓴 글을 출력하여 재검토하는 작업이 이루어져야 한다.

'이메일 쓰기'는 내용을 효과적으로 전달하기 위해서는 제목을 붙인다. 자세한 내용을 읽지 않아도 중요한 전달 사항을 판단할 수 있도록 제목을 붙인다. 내용에 따라 형식성을 갖춘 공적 용도의 메일은 회의 소집, 공지사항, 중요한 정보 제공 등을 보낸다. 오해의 여지가 없는 사적 용도의 메일은 가족이나 친구처럼 가까운 사람들 간에 사교적을 목적으로 이메일을 주고받는다.

'인터넷 게시판 글쓰기'는 공공기관 또는 개인의 홈페이지, 블로그, 각종 커뮤니티나 카페 등에서 제공하는 게시판에 글을 쓰는 것이다. 따라서 게시판 글쓰기는 인터넷 글쓰기의 집중도, 정확도, 이해도의 요건을 잘 지켜서 작성하여야 한다.

이오덕 선생님은 "글을 쓰는 사람은 길을 찾아가는 사람이라 한다. 글을 가르치는 사람은 길을 찾도록 도와주는 사람, 길을 보여 주는 사람이다. 온전한 '나'로 서 있기 어려운 이 망망대해에서 스스로를 찾고, 자기 삶을 온전하게 살아갈 수 있는 길, 그것이 바로 글쓰기다"라고 말씀하셨다.

CHAPTER

11 시험 잘 치는 방법

대부분 사람들은 '시험'이라는 단어만으로도 부정적인 생각을 가진다. 시험을 앞두거나 시험을 치룰 때는 불안과 초조함 그리고 두려움이 있을 수 있다. 그 이유는 시험을 잘 보기 위한 부담감 때문일 것이다. 시험 결과에 대한 부담감이 없다면, 또는 시험을 잘 치루고 싶은 마음이 없다면, 불안하고 초조한 마음과 두려움이 없을 것이다. 좋은 시험결과와 합격 등 성취하고 싶은 마음이 있기 때문에 더욱 시험에 대해 두려운 마음을 갖고 있을 것이다.

성인학습자들은 학업의 공백기로 인하여 시험 방법, 유형도 생소할 수 있으므로 시험을 잘 치는 방법에 대한 팁과 시험의 유형이 생소할 수 있기에 몇 가지 팁이 있다.

1 시험계획 세우기

시험에 대한 준비를 새롭게 정립하여 자신에게 적합한 방법을 찾은 후 이루어져야 좋은 결과를 얻을 수 있다.

그렇기 위해서는 반복을 통해 공부한 내용을 나의 것으로 만드는 것이 필요하고 나의 것으로 만들기 위해서는 시험 대비 계획을 세우는 것이 중요하다.

시험을 치기 전 시험을 위한 준비운동으로 시험 2주 전부터 시험을 대비를 하고 계획을 세워하고 간단한 계획부터 작성하여 능률적인 학습계획을 세우고 명확한 목표나 기한을 두어 공부의 리듬이 흐트러지지 않게 하여야 한다.

능률적인 학습과 공부의 리듬을 위해서는 현재 자신의 실력과 상황을 파악하는 것이 중요하다.

계획표를 작성할 때 일간, 일주일, 한 달 일정표를 작성하고 익숙해지면 장기적인 계획을 작성하는 것이 좋은데 주어진 상황과 환경에 따라 시간을 확보하고 부담 없는 계획표를 만들어 습관을 들이도록 한다.

계획을 세울 때 시험공부에 순서를 정하는 것이다.

어려운 과목부터 하거나 내가 좋아하는 과목 또는 쉬운 과목부터 공부하는 다양한 경우가 있는데 하기 싫어서 미루는 과목이나 어려운 과목부터 공부를 하는 것이 효과적이다.

좋아하는 과목이나 쉬운 과목들은 시험 전날 공부를 해도 암기나 이해력이 빠르지만 어려운 과목은 시간이 많이 걸리므로 짧은 시간동안 공부한다고 해서 깊이 들어오지 않기 때문에 평소에 어려워하거나 거리를 두었던 과목의 부분을 미리 준비한다면 좋은 성적을 얻을 수 있을 것이다.

스스로의 전략을 세울 때 개인마다 학습스타일이 있는데 백색소음이나 노래를 들으며 공부하는 타입과 아주 조용한 도서관에서 공부하는 타입, 토론을 하며 상대방과 질문과 답변의 방식으로 공부하는 학습자가 있다.

시험 공부 계획표를 세울 때 어떤 방식으로 공부 하는가 이외에도 스터디가 필요한 과목이 있는지 살펴보고 스터디 그룹을 이용한다면 자극 뿐 만 아니라 긍정적인 효과를 나타낼 수도 있기 때문이다. 그러나 그룹원이 불성실한 참여태도를 보인다면 오히려 시간을 낭비할 수 있어 주의하여야 한다. 이러한 부분을 방지하기 위해서 각자 공부한 뒤 예상문제를 만들어 스터디를 하거나 이해가 되지 않는 부분들을 체크하여 서로 설명해 주는 방법 등으로 활용방법이 다양하다.

카페에서 스터디 형식으로 공부하는 것이 더 잘 된다고 하는 학습자는 내가 시험 공부한 것을 가르쳐 주는 것으로 가르쳐줄 때에 나 자신은 또 다른 반복학습을 하게 되는 것이다.

시험 전략을 세운 다음엔 어떤 과목으로 어느 부분을 공부할 것인지에 대해 미리 정돈하여 스케줄러를 작성하여야 한다.

성인학습자는 학업의 공백기로 인해 시험을 보는 것과 공부하는 전략이나 스케줄러를 작성하는 것이 쉽지 않다고 생각한다. 하지만 개인적인 시간과 공부할 시간을 나누는 것과 시간을 세분화하여 작성하는 것이 효율적으로 공부를 할 수 있으며 오늘 해야 할 분량을 보다 쉽게 알 수 있다.

스케줄러를 작성할 때는 자신의 공부시간을 얼마나 확보 할 수 있는지 고민하여야 하는데 선약이나 직장의 출장 등을 고려 후 시험 준비 기간 동안 시기별로 학습내용이 달라져야 한다.

예를 들어 20대 학생들이 "교수님, 저 오늘 밤을 세서 공부를 했는데 시험을 못 쳤어요"라고 애기를 하는데 밤을 새우는 것보다는 반복학습을 하는 것이 중요하다.

인간의 기억력은 감각기억, 단기기억, 장기기억으로 나눠진다.

감각기억은 짧은 순간에 공부한 것들을 기억해 내지만 많은 양을 오랫동안 기억하기는 어렵다. 시험전날에 공부하는 것은 감각기억으로 좀 전에 외웠던 것으로 시험을 칠 수는 있지만 재시험을 본다면 처음 치뤘던 시험보다 생각이 덜 날 수도 있다.

그것은 단기, 장기 기억에 들어가 있지 않고 짧은 시간에 외워서 적는 감각기억에 속해 있기 때문이다. 적어도 여러분들이 일주일 전 2~3일 전, 시험 전 날에 최소한 3번을 복습한 다음 시험을 치게 되면 헷갈리지 않고 작성할 수 있을 것이다.

모든 시험은 시간과의 싸움이다. 힘들여 쌓은 지식을 시간이 모자라 실력을 제대로 발휘하지 못한다면 만족스러운 결과를 얻을 수가 없기 때문이다.

문제의 유형에 따라 '답안작성 연습' 시간을 계획표에 기입하여 자신의 답안을 작성할 때 소요되는 시간을 확인 후 목표시간을 설정하고 목표시간 달성을 위해 필요한 내용들을 정비하여야 한다.

계획표를 작성과정은 실제로 계획을 짜보고 습관화하는 것이 바람직한데 계획표를 짜는 순서로는 아래와 같다.

시험을 당일에 공지하고 실시하는 경우는 극히 드물고 최소 1주~2주 사이에 기출문제, 날짜, 장소, 문제 유형 등 공지하는 경우가 많다.

① 목표를 이루기 위해 자신에게 필요한 학습이 무엇인지 확인한다.

• 가장 중요한 부분으로 자신에게 필요한 학습의 순서를 정한다.

② 명확한 목표를 설정

• 과목별로 구체적인 어느 부분을 공부할 것인지 정돈한다.

③ 시험 준비 기간 동안 시기별로 계획표를 작성한다.

• 시험 준비 기간을 크게 초기, 중기, 후기로 나뉘어 공부하고 D-DAY를 설정하여 구체적으로 작성한다.

④ 전체적인 계획표를 확인 후 부족하거나 세부적이지 않은 부분은 수정한다.

• 작성한 계획표를 실행 가능성을 확인 후 무리되거나 부족한 부분을 파악 한 뒤 부족한 부분을 채워 수정 후 완성시킨다.

DAILY PLAN D-888

88 88 88

SUBJECT	TO DO	V

★	10	20	30	40	50	60
05						
06						
07						
08						
09						
10						
11						
12						
13						
14						
15						
16						
17						
18						
19						
20						
21						
22						
23						
24						
01						
02						
03						
04						

MEMO

2 시험을 위한 준비

시험을 위한 계획을 완벽히 세웠다면 시험을 위한 준비가 필요하다.

시험에 대비하여 어떠한 유형으로 출제되는지가 가장 중요한데 오픈 북, 필기, 토론 등 문제 유형의 파악이 중요하고 시험의 유형에 따라 그에 맞는 공부법을 습득하여야 한다.

문제의 유형으로는 주관식, 객관식, 단답형, OX퀴즈 등이 있다.

시험이 오픈 테스트라고 했을 때 전공 서적에서만 나오는 것이 아니라 노트 필기, 유인물, 참고자료, 과제 등에서 출제 될 수 있으니 수업 중에 활용한 것들은 모두 참고하고 익히는 것이 좋다.

간혹 시험기간에 다다르게 되면 시험공부로 수업에 결석하는 학생들이 있는데 그동안 배운 부분을 시험범위에 관련하여 전체적인 흐름 파악, 요약 및 중요한 부분을 짚어주는 경우가 있는데 그 부분이 문제 출제 될 가능성이 상당히 높다.

수업시간에 '이 부분에서 시험문제에 나올 가능성이 높아요.', '체크해두세요.' 이렇게 말씀하실 수 도 있는데 이때 형광펜이나 포스트잇으로 정리하여 자신의 것으로 만들어야 하고 사정이 생겨 수업에 출석하지 못하여 유인물, 참고자료를 받지 못하였다면 같은 수업을 듣는 친구들에게 빌리거나 복사하는 등 참고자료를 미리 준비하여야 한다.

객관식 전략은 정답을 사지선다형, 오지선다형 문항 속에서 확인하고 선택하여 인지하는 능력이 주된 형식이다. 주관식과는 달리 문제 속에 답이 반드시 존재하므로 '소거법'을 사용하여 헷갈리는 문항을 하나씩 배제하여 정답을 찾도록 한다.

객관식 문제는 함정문제가 많아 절반을 고른 뒤 고민하게 된다면 주저하지 않고 다음 문제로 넘어 가야 한다. 확실하게 점수를 받을 수 있는 문제부터 챙기고 모든 문제를 다 푼 다음 남은 시간을 활용하여 다시 해결하도록 한다.

16. 다음 정책이 반포된 배경으로 옳지 않은 것은? (3점)

① 결작의 부담이 소작 농민에게 전가되었다.
② 군역의 부담을 이기지 못하여 유망하는 농민이 많아졌다.
③ 군영과 감영, 병영에서 독자적으로 군포를 징수하였다.
④ 이웃과 친족의 역 부담을 대신해야 하는 경우가 많았다.
⑤ 공명첩을 매입하여 양반이 되는 농민이 늘어났다.

정오를 판단하는 ○, ×와 관계와 관계끼리 연관 짓는 문제들도 있다.

반복학습으로 다음날 시험 볼 것을 전날 정리를 하고 시험을 칠 때는 정답이 아니라 정답의 근거를 찾아가는 것이 전략이다.

1. 재무관리에서는 위험이란 미래가격의 변동을 의미하지 않는다. (   )
2. 포트폴리오는 2개 이상의 자산의 조합을 의미한다. (   )

주관식은 문제 파악을 하는 것이 중요하며 문항에 키워드를 괄호해서 묶은 다음 키워드 중심으로 해답을 찾아 작성한다.

문제의 지시 사항을 명확히 파악하고 문제가 요구한 사항을 중심으로 서술해야 하며 난이도나 점수의 배점 등을 고려해서 해답지에 충분한 공간 확보 후 작성하는 것이 좋다.

예를 들면 문제 옆에 1번 문제는 (5점), 2번 문제는 (15점)으로 표시되어있을 때 1번 문제에 많은 시간을 투자하기 보다는 2번 문제를 좀 더 정확하고 명확하게 작성하는 방법을 택하고 한 문제에 너무 많은 시간이 소요되지 않도록 주의한다.

문제 전체 내용의 흐름을 파악하거나 자신의 견해를 명확히 하는 것이 필요하고 출제의도를 명확히 파악하여 서론, 본론, 결론으로 나뉘어 답을 작성하되 첫 단락에 핵심문제와 개념을 제시하고 답안의 전개를 충분히 설명해야 한다.

평가하고자 하는 바에 따라 지시사항이 다르므로 지시어를 명확히 파악하는 것이 중요한데 비교하라, 논하라, 대조하라, 예를 들어 제시하라, 설명하라, 평가하라, 관계를 밝혀라와 같은 문제들이 출제 될 수 있다.

답을 작성할 경우 요지가 불분명하게 들어날 때도 있는데 중요한 부분에 색깔 펜으로 줄을 근거나, 괄호로 표시하는 등 전략을 세울 수 있다.

1. 한국사회의 학교교육의 문제점과 평생교육의 필요성을 논하라. (10점)
2. 평생교육기관 경영에 마케팅 도입의 필요성을 논하라. (20점)
3. 효과적인 교수법이란 무엇이며, 교수법의 종류에 대해 기술하시오. (15점)

오픈 북은 그동안 배운 자료와 정리해놓은 자료들을 관련된 정보를 빨리 찾아 재조직하고 연결하여 답안을 작성하는 것이다.

시간이 짧게 정해질 수 있어 공부한 부분에 형광펜이나 색 볼펜으로 표시하고 필기, 보충자료 등 공부한 내용을 정리하여 포스트잇이나 여백을 활용하여 기록해 두는 것이 좋다.

암기하지 않아도 시험을 칠 수 있어서 편히 볼 수 있는 마음을 가지고 있는 경우도 있는데 오픈 북은 시험 문제가 책에 없는 경우가 많기 때문에 더 많은 공부를 요하는 방식이다.

테이크 홈이란 같은 시간에 강의실에 모여서 시험을 치는 것이 아닌 각자의 집이나 도서관 등에서 답안을 작성하여 제출하는 방식이다.

구술시험은 개별적으로 이루어지거나 그룹으로 진행될 수 있다.

진행되는 방식으로는 연설, 토론, 인터뷰, 프레젠테이션 등이 있고 한번 말한 내용은 수정이 불가능하고 번복하기가 어렵기 때문에 많은 준비가 필요하다.

OMR카드 시험방법은 시험지와 카드 기입을 할 때 실수로 순서나 번호를 다르게 칠하는 경우를 방지하기 위해서 연필이나 볼펜 등으로 미리 표시하고 컴퓨터용 사인펜으로 마킹하는 것이 좋다.

동료평가 방법은 같은 조별에 조원끼리 서로의 성과를 평가하는 방식이다.

개인의 노력, 팀 내에서 주어진 역할 수행, 최종결과, 팀원 간의 교류, 의사소통 등의 능력을 평가받는 것이다.

3 시험기간 컨디션 관리

시험기간 컨디션 관리를 하여야 한다.

건강 문제로는 지나친 긴장으로 소화 장애, 시력문제로 인한 피로누적, 코 관련 문제로 집중력 저하, 수면/식사 문제 등이 있는데 의도적으로 학습계획 안에 포함하여 스트레칭이나 조깅, 산책으로 컨디션 및 체력을 조절한다.

장시간에 걸쳐 시험을 치르게 되면 두뇌가 소비하는 산소의 양은 상당한데 이 때 뇌에 산소가 충분히 전달되지 않으면 졸음이 오고 집중력도 떨어지기 때문이다.

피그말리온이라는 심리학에서 '자기 마음을 다스려라' 라는 것이 있는데 시험을 잘 볼 수 있다고 자신의 노력을 믿을 것이고 불안한 마음을 긍정적으로 생각하는 방법으로 마음을 다스리는 것이 좋다.

집중에 방해할 수 있는 음주 및 기타 약품을 과용하지 않고 수면에 방해 될 정도로 공부하지 않으며 TV를 장시간 시청하지 않도록 한다.

일반적으로 두뇌는 50분이 지나면 두뇌도 피로를 느끼며 집중상태를 유지하기 어렵다.

물론 개인차가 있을 수 있지만 이 차이는 훈련을 통해 어느 정도 조정이 가능하다. 처음에는 20분을 집중할 수 있지만 서서히 시간을 늘려가며 시간만 끌기보다 집중해서 짧게 몰두하는 것이 효과적이다.

뇌가 지쳤다고 느끼는 순간 졸음이 오거나 두통, 멍해지는 경우가 생기는 데 이런 신호가 느껴진다면 휴식시간을 가지는 것이 좋다. 한계를 느끼면서 공부를 하게 된다면 효과는 미비하기 때문이다.

뇌가 필요한 휴식시간은 5분~10분이다. 이 시간동안은 멍하게 있지 말고 장소를 옮기거나 스트레칭을 하는 등 몸을 움직이며 수분 보충도 체력을 회복하는 것에 있어서 긍정적인 효과를 나타내고 적당한 카페인은 뇌에 좋은 자극을 주기에 티타임을 가지는 것 또한 좋다.

이러한 것들을 반복하게 되면 집중하는 시간이 길어지게 된다.

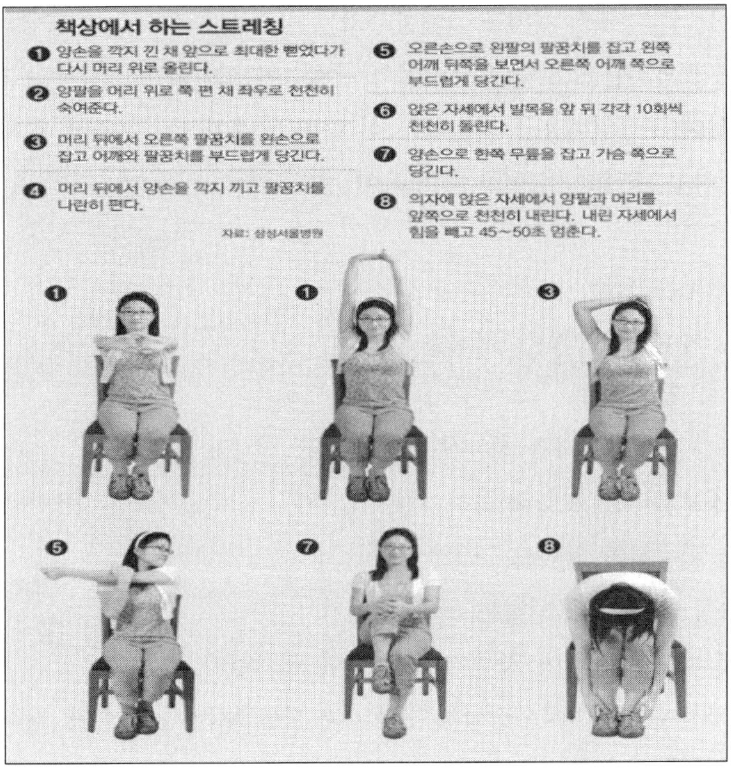

❹ 기억력 활용

시험을 보는 동안 정보를 기억하기 위해 시간을 낭비해서는 안 되며, 단순히 기억하는 것 보다는 지식활용에 더 많은 노력을 기울여야 한다.

시험 문제는 예상처럼 출제되지 않을뿐더러 예상하지 못한 방식으로 출제되는 경우도 있으므로 사실과 정보를 빨리 떠올려 자신감을 가지고 답을 작성하여야 한다.

수업 중 배부된 유인물, 노트 필기 등과 같은 자료를 모은 뒤 핵심을 파악 후 강의 주제와 자신의 이해도를 반영하여 시험노트를 정리하여야 한다.

노트필기는 수업내용을 받아 적기 바빠 수업내용을 이해하지 못하고 지나가게 된다면 어리석은 행동이나 다름이 없다.

한 카메라 회사의 '기록은 기억을 지배한다'라는 광고 문구가 있는데 사람의 기억은 매우 불안정 하므로 효과적인 노트필기는 수업의 전체적인 흐름과 핵심내용을 파악하기 좋고 시간이 지난 뒤에도 수업내용을 되살려 시험 준비와 개인적인 목적에 맞게 만들어 학습 내용을 재구성하고 내면화 하는데 큰 도움이 된다.

노트정리법으로는

① 노트필기 제목을 요약하는 목록을 만들기

② SWOT분석 활용하기

③ 사건 · 과정 · 발달 경과를 한눈에 볼 수 있는 연대표 만들기

④ 복잡한 정보를 격자표로 정리하기

⑤ 마인드맵 활용하여 개념도 그리기

⑥ 서열 · 과정 · 관계를 표시하는 도표 그리기

⑦ 포스트잇 메모 활용하여 자주 다니는 곳에 붙여놓기

가 있는데 자신에게 잘 맞는 방법을 선택하여 시험 보는 동안 쉽게 기억해 작성할 수 있도록 연습하여야 한다.

5 자투리 시간 활용법

이동시간, 기다리는 시간의 자투리 시간을 활용하여야 한다.

통학을 하거나 출근 시간 중 차내에서 책을 읽거나 노트에 줄을 긋는 등 공부하는 사람들을 종종 볼 수 있다.

나에게 주어진 시간이 몇 분밖에 되지 않을 때 발군의 집중력이 생기기 때문이다. 이런 훈련을 지속적으로 하다보면 학습동기를 유지할 수 있고 머리 한쪽에 남은 공부에 대한

관심을 심어놓을 수 있다.

이러한 자투리 시간을 활용하는 것은 뇌에도 무리 되지 않는 적절한 훈련법이다.

약속뿐만 아니라 버스를 기다리거나 신호 대기시간 등 활용할 수 있는데 단어장을 가방 속에 넣고 다니며 틈틈이 꺼내 외우고 어제 외운 단어를 떠올리며 암기하도록 한다.

6 시험장소 내 주의사항

시험지를 받고 인쇄의 문제로 문제가 부족하거나 시험지의 인쇄상태를 명확하게 살펴본 뒤 시험지 상단에 지시문을 빨리 읽고 예상대로 질문이 배열되어 있는 지 확인하여야 한다.

본인의 시험 전략과 공부한 것들이 각 문항에서 할애할 시간들을 염두하고 어떤 문항에서 많은 시간을 투자하여 높은 점수를 받을 수 있는 지 확인할 필요가 있으며 자신이 가장 많이 공부한 문항 순으로 답을 작성해 나간다.

시험지에 나온 순서대로 답할 필요는 없으며 시험 전 암기한 세부 사항을 잊기 전에 자신 있는 문제에 표시하거나 시간이 지난 뒤에도 헷갈리지 않도록 단어들을 표시하는 방법이 있다.

비교적 답변은 간단하게 정리하여놓고 세부적으로 풀어 작성하며 도표와 표를 이용해 답안 작성 시간을 절약하고 설명이 길거나 어려운 문제에 더 많은 시간을 투자한다.

시간에 쫓겨 빨리 작성하는 것도 중요하지만 글씨체를 반듯하게 작성하여 출제자가 읽기 쉽게 작성하고 단지 배운 내용이라 하여 정보를 이유 없이 작성하거나 나열하지 않는 것이 좋다.

시험 당일 필요한 필기도구(펜, 여분의 연필, 지우개, 형광펜, 수정펜 등), 특수도구(계산기, 컴퍼스, 각도기 등), 오픈 북에 필요한 교재, 사전(허용된 경우), 시험 시간 관리를 위한 손목시계 또는 탁상시계와 같은 준비물을 미리 확인하여 챙기도록 한다.

7 시험 전략 및 사례

1) 정리정돈 취약형

사례

시험장소와 시간, 정보를 메모지에 적어놓고 잃어버렸고 대강 기억하고 있는 장소로 확인 차 그곳으로 향합니다. 버스가 늦게 도착하고 모두 시험장에 앉아있고 혼자 늦는 경우가 생겨버렸습니다. 서둘러 자리에 앉았는데 펜을 챙겨오지 않았고 원래 시험쳐야 할 곳이 아닌 다른 시험 장소에 가버렸습니다.

정리정돈 취약형을 위한 체크리스트

- 시험 전날 밤 시험 정보 확인할 것
- 만약을 대비하여 평소보다 일찍 시험장으로 출발할 것
- 체크리스트를 작성해 필수 사항 챙길 것
- 정확한 시험 장소에 늦지 않게 도착할 것

2) 긴장형

사례

유달리 긴장을 많이 하는 학생입니다. 시험 당일은 거의 주체가 불가능할 정도인데 시험 전 화장실에 달려가 구토까지 할 정도입니다. 자리에 앉아 시험지를 보지만 아무것도 눈에 들어오지 않고 이해가 되지 않습니다. 나머지 문제를 읽어봐도 마찬가지였습니다. 강의 내용하고 전혀 다르게 느껴졌고 계속 된 긴장으로 어쩔 수 없이 자리에서 일어나 나가버리게 됩니다.

긴장형을 위한 체크리스트

- 시험 전 오랜 기간부터 어떤 것 때문에 긴장을 하는지 확인하고 불안해하지 않을 것
- 시험당일 자리에 앉자마자 중요부분을 되새기며 긴장된 에너지를 긍정적으로 바꿀 것
- 자신만의 긴장 해소법 활용할 것

3) 완벽주의형

사례

오랫동안 시험을 준비해 왔고 전공에 대해 꿰뚫고 있습니다. 시험지를 넘기다 공부한 부분이 나오면 웃음을 감출 수가 없었고 완벽한 답을 작성할 수 있을 것이라 자신합니다. 5문제나 남았으나 시간이 20분도 안 남았다는 사실을 알게 됩니다.

완벽주의형을 위한 체크리스트

- 시간을 미리 파악하고 계획대로 활용할 것
- 한 가지 질문에 완벽히 답하는 것보다 배점이 더 높은 문제에 집중하며 모든 문제에 제대로 답해야 높은 점수를 받을 수 있는 것을 명심할 것
- 답안을 쓰는 시간을 정해 놓고 시관 관리 기술을 향상시킬 것

4) 천하태평형

사례

시험과 시험에 관련된 모든 것들은 신경 쓰지 않으려합니다. 첫 문항에서 답을 작성하는 데만 엄청난 시간이 걸리고 해답을 생각하는 데는 더 오랜 시간이 걸립니다. 한참 후 머릿속에는 시험과 상관없는 생각을 하고 답은 절반도 작성하지 못한채 시험이 종료됩니다.

천하태평형을 위한 체크리스트

- 시험의 중요성에 대해 집중할 것
- 시험에 좋지 않은 결과를 받은 뒤 상황을 생각할 것
- 급하지 않은 일이라면 시험이 끝나고 난 뒤 할 것

8 시험 공포에서 벗어나기

시험을 앞두고 누구든 어느 정도 긴장하기 마련이다. 그러나 유독 긴장감이 심하다면 노력한 만큼 실력을 발휘하기 어렵다.

다음은 학습동기를 측정하는 MSLQ 문항 중 일부인데 질문에 답하며 자신이 시험에 대해 얼마만큼의 불안을 느끼는지 체크하여 긴장도를 확인할 수 있다.

연번	문항	전혀 그렇지 않다	그렇지 않다	보통이다	그렇다	매우 그렇다
1	시험을 칠 때면, 나는 다른 동료들보다 잘못하고 있다는 생각을 한다.	①	②	③	④	⑤
2	시험을 칠 때면, 나는 풀지 못했던 이전의 문항들을 생각한다.	①	②	③	④	⑤
3	시험을 칠 때면, 나는 실패했을 때의 결과를 생각한다.	①	②	③	④	⑤
4	시험을 칠 때면, 나는 불안하고 당혹스러워진다.	①	②	③	④	⑤
5	시험을 칠 때면, 나는 심장이 뛰는 것을 느낀다.	①	②	③	④	⑤

나의 점수는 ____________ 점

대체로 대학생들이 느끼는 시험 불안감 점수는 3.6점 정도이다. 이 점수보다 높다면 다른 학생들에 비해 시험에 대한 불안감이 높은 것으로 보여진다.

긴장감과 불안감은 심리적 요인으로 속하지만, 몸의 컨디션이 좋지 않다면 공부와 시험에 집중하기가 더 어렵고 또 뇌의 활동이 활발하지 않다면 부정적인 생각을 평소보다 더 많이 해 더욱 불안해진다. 그러므로 시험 전날은 밤을 새거나 무리하지 않도록 하며 시험기간과 준비기간에도 잘 먹고 충분히 휴식하여 컨디션 조절을 하여야 한다.

시험 상황에 익숙해 질 수 있도록 미리 시험 볼 장소에 가보거나 강의실에 앉아 공부하는 것이 좋다.

무엇보다 끊임없이 첫째, 나는 할 수 있다. 둘째, 나는 최선을 다해 준비하였다. 셋째, 잘 마무리될 것이다. 넷째, 나는 다른 친구들보다 열심히 하였다 등과 같은 긍정적인 다짐을 하는 것이 필요하다.

시험에 대한 불안감이 높은 사람은 시험을 볼 때도 문제에 집중하기 어렵고 공부한 것이 기억나지 않는다면 당황하여 문제풀이의 흐름을 놓칠 수 있다.

그것을 방지하기 위해 스스로에게 긍정적인 에너지를 심어준다. 예를 들어 한 번에 하나씩 생각을 한다거나 잘 풀어나갈 수 있다는 생각을 하는 것이다.

스스로에게 힘이 되는 말로 위안을 하며 문제를 풀어나가고 그마저도 버겁다면 심호흡을 하거나 시각적으로 반복을 해보는 것도 좋습니다.

시험이 시작하고 자신이 페이스를 잃거나 주변 분위기에 흔들리지 않으려면 맨 앞자리에 앉는 것 또한 효과적인 방법이 될 수 있다. 시험 전 지나치게 긴장한다면 초콜릿과 같은 카페인 성분이 있는 간식을 먹는 것이 두뇌회전과 에너지 공급에 도움이 된다.

9 시험이 끝난 뒤

시험이 끝난 뒤에 친구들과 모여 영화를 보거나 카페를 가는 등 휴식을 취할 수 있지만 그 전에 꼭 해야 할 일이 있다.

시험 기간 중에는 지나간 시험에 대해 '왜 내용을 빼놓고 썼지?', '아는 문제였는데…', '헷갈리지만 않았어도…'와 같은 생각을 하지 않는 것이 좋다. 후회를 해보아도 돌이킬 수 없고 남아 있는 과목들에 대해 방해만 되며 시험 기간 중에는 아직 남아있는 시험 과목만 생각하여야 한다.

시험이 모두 끝난 다음에는 시험 준비기간, 공부과정, 결과에 대해 살펴보는 시간이 필요하다.

특히 중간고사가 끝난 뒤라면 무엇이 문제였는지 파악하여 기말고사 때 같은 실수를 하지 않도록 하여야 한다. 기대했던 결과를 얻지 못하였고 문제점을 파악하기 힘들다면 출제자의 피드백을 확인하거나 채점 기준에 대해서 파악한 후 다음 시험을 준비한다면 준비과정에 매우 큰 도움이 될 것이다. 자신의 시험 준비와 계획이 만족할 수준인지, 얼마만큼 실행에 옮겼는지 되돌아 보아야 한다.

시험 후 하지 말아야 할 행동은 예를 들어 '제가 어제 응급실을 다녀오느라 공부를 못했습니다.', '집에 일이 있어서 공부할 여유가 없습니다.'와 같은 공부를 하지 못한 이유를 설명하면서 양해를 부탁하는 것이 주된 내용으로 채점자에게 변명을 늘어놓지 않는 것이다.

이러한 변명은 성적에 도움이 되지 않을 뿐 만 아니라 자신에 대한 이미지만 나빠질 수도 있기 때문이다. 공부는 시험기간에 임박하여 하는 것이 아니라 평소에 꾸준히 해왔더라면 시험기간에 불가피한 상황이 있더라도 시험을 치는 것에 대해서는 별 다른 어려움이 없을 것이다.

예를 들어 자신이 맨 뒤에 앉아 맨 앞의 앉은 학생보다 시험지를 1~2분 늦게 받아 시험시간이 부족하였다는 불평을 하지 않는 것이 좋다.

이와 같이 시험이 끝난 후에도 변명이나 점수를 받기 위해 부적절한 항의 등은 하지 않고 다음 시험을 더 잘 치기 위해 어떤 노력과 전략이 필요한지에 대해 초점을 맞추고 대비하여야 한다.

CHAPTER

12 스터디그룹과 동아리 활동

1 대학과 친구

1) 좋은 친구 사귀기

사회생활의 경험이 있는 성인학습자들은 인간관계의 중요성에 대해서 충분히 공감할 것이다. 사회에서와 마찬가지로 대학에서도 인간관계는 반드시 필요하다. 대학은 동료들과 함께 해야 할 일들이 많이 있기 때문이다. 따라서 대학에서 친구사귀기는 대학공부만큼이나 중요하다고 볼 수 있다.

우리나라를 대표하는 인물로 존경받는 퇴계 이황(李滉, 1501~1570)도 인맥네트워크의 중요성을 강조하면서 특히 학문이 깊고 똑똑한 제자가 있으면 아들, 손자, 다른 제자들에게 소개해 주고 함께 공부하게 했다고 한다. 뜻을 같이하는 친구끼리 더불어 공부하면 능률이 오른다며 이를 적극 권했던 것이다. 학문하는 사람은 좋은 벗을 얻어야 서로 도움을 주며 더욱 학문에 매진할 수 있다고 여긴 퇴계는 벗을 맺는 일을 대단히 중요하게 여겼기 때문이다.

이처럼 친구를 만나는 일은 중요한데, 좋은 친구를 사귀기 위해서는 네 가지 덕이 필요하다(이윤주 외, 2011). 첫 번째는 자신과 친구에 대해서 늘 성실해야 한다. 성실하게 다양한 활동을 함께 한다는 것은 친구와의 관계를 더욱 돈독하게 만들 수 있는 지름길이기 때문이다. 두 번째는 적에 대해서는 용기를 가져야 한다. 나쁜 행동이나 내 편이 아닌 사람에게도 용기를 내어서 진실을 말할 수 있어야 한다. 세 번째는 패자에 대해서도 관용을 베풀어야 한다. 진정한 리더는 강자에게 강하고 약자에게는 한없이 너그럽다는 말이 있다. 당연히 약자 혹은 패자에게도 너그럽게 관용을 베풀어야 할 것이다. 마지막으로 그 밖의 모든 경우에 대해서도 예의를 지켜야 한다. 기본적인 예의를 갖추며 사람을 대해야 할 것이다. 특히 질투와 자만은 친구를 잃게 만들 수 있으므로 항상 경계해야 한다.

앞에서도 강조한 바와 같이, 대학에서는 공부도 중요하지만 그에 못지않게 인간관계도 중요하다. 대학에는 사회생활에서만큼이나 다양한 유형의 학생들이 존재하며 특히 같은 대학, 혹은 같은 학과에 대한 소속감이 남다르기 때문에 이때 구축된 인맥은 강한 유대관계를 지닐 수도 있다. 또한 대학에서는 다른 때보다 자신의 의지에 따라 인간관계를 확대할 수 있는 폭이 상당히 넓다. 그러나 중요한 것은 어떤 자세로 인간관계를 맺느냐 하는 것이다.

대학생들은 학과뿐만 아니라 학내·외 동아리로 외연을 확대하며, 사회인도 포함된 커뮤니티 모임에도 당당한 일원으로 참여할 기회가 주어진다. 특히 성인학습자들은 대학생임과 동시에 직장인이 많기 때문에 그 역할과 폭이 더욱 넓다. 하지만 다양한 역할을 해야 하는 만큼 시간의 제약도 무시 못 한다. 정재윤 외(2008)의 말처럼 단순히 인맥의 숫자에 집착하는 것은 좋지 않다. 수많은 모임에 참석하여 얼굴 내미는 것을 인맥관리라고 생각하는 것은 안 된다. 그것은 잠깐 스쳐가는 바람일 뿐이다. 이왕하려거든 제대로 해야 한다. 단순히 출석체크 수준에 머물 것이 아니라 적극적이고 솔선수범하는 자세로 강한 인상을 남기도록 노력해야 한다. 건성이 아니라 근성(根性)이 필요하다.

2) 친구를 최우선으로 생각하기

칼 뉴포터(2005)의 『성공하는 사람들의 대학생활 백서』에는 대학생들을 위한 올바른 대학생활에 대한 다양한 정보를 제공하고 있다. 이중 대학에서 친구의 중요성에 대해서 언급한 부분을 발췌하면 다음과 같다.

대학에서 친구들은 자기 자신에게 안전망과 같은 존재이다. 엄청나게 운이 나쁜 하루를 보냈을 때, 열심히 준비한 시험을 망쳤을 때, 이성 친구에게 바람을 맞았을 때, 도서관 계단을 올라가다 발을 헛디뎌 넘어졌을 때, 친구들은 언제나 기분을 어루만져준다. 친구들은 웃음과 열정을 찾게 해주고, 불행의 늪에서 빠져나와 일상생활로 복귀할 수 있도록 도와준다. 친구와 함께 나눈 수많은 웃음과 슬픔은 앞으로 여러분의 삶에서 가장 소중한 이야기가 될 것이다.

친구도 중요하지만 대학에서는 공부 또한 중요하다. 하지만 공부와 우정 사이에서 균형을 이루는 것은 그렇게 어렵지 않다. 일주일에 한번씩은 친구와 함께 식사해라. 또한 매주 요일과 시간을 정해 식사 외에도 함께 하는 시간을 만들 수도 있다. 식사를 통한 친목도모가 잘 진행되지 않더라도, 이런 저런 일들로 자주 소식을 주고 받도록 하는 것도 중요하다. 시간이 없을 때는 이메일을 보내거나, SNS 메시지 등도 좋다. 시간이 있을 때는 친구들이 있는 곳을 찾아가 잠깐이라도 얼굴을 보자.

친구가 여러분을 필요로 할 때, 정말 바쁘지 않다면 즐거운 마음으로 친구와 함께하자. 그러나 아무리 생각해도 정말 시간이 없다고 판단되는 경우라면 안 가는 것이 좋다. 대신 며칠 후에 반드시 친구와 만날 약속을 한다. 그러나 정말 소중한 친구가 도움을 요청한다면, 모든 일을 포기하고 뛰어가는 것도 필요하다.

친구를 최우선 순위에 둔다는 것은 여러분의 의무를 희생하면서까지 친구를 챙겨라는 것이 아니라, 언제나 마음속으로 친구들을 생각하라는 것이다. 친구들은 대학생활에서 가장 귀중한 자산이다. 우정도 불씨 없이는 피어오르지 않는다. 야망과 목표가 있다고 해서 친구들을 인생의 변두리로 밀어내는 일이 없도록 해야 한다.

아래처럼 대학에서는 친구, 동료, 선배 및 후배와 함께 할 수 있는 일이 상당히 많고, 또 함께 해야 한다. 집단지성이라는 말도 있지 않은가?

대학에서 친구, 동료, 선배, 후배와 함께 할 수 있는 일

- 수업시간의 조별 활동
- 조별 과제 준비
- 정기적인 스터디 모임
- 동아리 활동
- 그 외 취미활동 등

2 학과 행사에 함께하기

칼 뉴포터(2005)의 『성공하는 사람들의 대학생활 백서』에서는 대학생들은 학과 생활에 초점을 두어야 하며 이런 의미에서 학과 행사를 외면해서는 안 된다고 강조한다. 이 부분을 발췌하면 다음과 같다.

대학의 학과는 작은 회사와 같다. 서열상 맨 꼭대기에는 교수가 있고, 그 밑에는 수명의 연구원과 조교, 행정직원들이 두 개의 목표를 향해 열심히 일하고 있다. 그 목표 중의 하나는 교수자가 최신 지식을 연구하고 수업에 임할 수 있도록 환경을 갖추는 것이고, 다른 하나는 학생들을 잘 훈련시켜 이들이 세상 밖으로 나가 학교의 명예를 드높이도록 만드는 것이다. 학생들은 두 번째 목표에 가장 큰 영향을 받을 것이다.

학과에서는 학생들이 전공을 공부하고, 졸업 후에도 성공적인 경력을 계속 쌓도록 도움을 준다. 이런 이유 때문에 학생들의 입학이 결정되면 학과에서는 다양한 공지사항과 행사 일정 등을 알려준다. 공지사항에는 수강과목 선택하기, 학부생의 논문쓰기, 졸업 후 취업이나 대학원 진학하기 등의 알찬 정보가 포함된다.

또 전공분야의 명사들이 여는 초청강연, 교수자들의 세미나 일정 등을 공지해줄 뿐 아니라, 개강파티 등 모임일정도 알려준다. 그럼에도 불구하고 몰아치는 수업, 과제 및 발표, 동아리 활동, 건전한 사교활동 등으로 바빠지게 되면 이런 행사들은 쉽게 잊혀지기 마련이다. 특히 성인학습자들은 현재 직장이 있기도 하고 다양한 사회생활을 하기 때문에 더욱 바쁘다. 그러나 전공학과의 행사를 외면하면 안 된다.

학생들은 학과에 속한 일원으로서 전공학과의 일에 참여할 필요가 있다. 행사에 참여하여 교수자들에게 얼굴이 알려지는 것은 중요한 일이기 때문이다. 졸업 즈음에는 전공학과 교수자와의 인맥 관계가 필요할 수도 있기 때문에 일찍부터 교수자들에게 자신의 존재를 알릴 필요가 있다. 여러분들이 전공과목을 좋아하고 적극적으로 참여한다는 것을 보여주고 교수자들이 즐거운 마음으로 학생들을 돕도록 하자. 그렇다고 모든 행사에 의무적으로 일일이 다 참석해야 한다는 것은 아니다. 학과에는 행사가 많기 때문에 자신에게 꼭 필요한 행사와 학과에서 중요하게 생각하는 행사에는 반드시 참석하여 교수자와 인사도 하고, 선배 및 후배, 그리고 동료들과도 수업시간 강의실에서와는 다른 모습을 볼 수 있도록 해야 한다.

이처럼 학과 행사에 함께 함으로써 많은 친구, 동료, 선배 및 후배와의 관계가 더욱 돈독해 질 수 있다. 물론 교수와의 친밀한 관계도 유지할 수 있다. 이에 더하여 마음 맞는 학우들과 스터디 모임을 결성한다거나 동아리 활동을 함께 하는 것에 이르기까지 행동반경을 넓힐 수 있는 것이다.

3 스터디 그룹과 동아리 활동

1) 스터디 그룹의 모든 것

한국방송통신대학교(2015)에서 발간한 『스터디모임 활동 매뉴얼』을 토대로 스터디 그룹에 대해서 정리해 보면 다음과 같다.

(1) 스터디 그룹의 의미와 필요성

스터디 그룹은 구성원들 상호간에 학습을 함께 위해 형성된 그룹이다. 스터디 그룹은 유사한 흥미, 관심사, 공통의 가치, 믿음을 공유하는 사람들의 모임으로 학습의욕, 아이디어, 정보공유의 의지를 지닌다. 서로 학습의 어려움을 해결하고 도움을 주고받기 위하여 자발적으로 구성된 모임이다. 또한 구성원들이 협력적으로 상호작용하면서 학습에 새로운 가치를 부여한다. 스터디 그룹은 학습자 중심의 자율적이고 자유로운 형식의 학습 공동체이다.

스터디 그룹은 소속 학생들 간의 상호교류를 촉진하고, 소속감을 부여하며, 건전한 학습문화 정착을 통하여 교육공동체를 형성하고 운영한다는 의미에서 필요하다. 특히 성인학습자들은 그동안 학습의 공백을 자연스럽게 해소하여 좀 더 빨리 대학문화에 익숙해지기 위해서라도 스터디 그룹이 반드시 필요하다고 할 수 있다.

(2) 스터디 그룹 운영하기

① 스터디 그룹의 구성요소

- **목표설정** : 스터디 그룹의 학습자들은 공통관심사가 있으며 성공적인 활동을 위해서는 무엇보다도 공통 주제를 찾아내어 목표를 설정하는 것이 중요하다.
- **성과** : 스터디 활동이 활발함에도 가시적인 성과가 없다면 모임이 유지되기 어렵다. 따라서 단순한 동호회 수준의 모임이 되지 않기 위해서는 스터디 그룹 전체의 성과도 중요하다.
- **활동 공간** : 대학 내 강의실, 스터디룸, 카페 등에서 면대면 만남이 가능한 공간은 물론, 인터넷 카페, 이메일, SNS 등 오프라인 활동이 힘든 학우들도 함께 할 수 있는 온라인 공간도 스터디 그룹의 활동 공간이 된다.
- **조직** : 특정한 목적을 지닌 모임이므로 자체 규범에 따라 운영하되, 구성원들이 효과적으로 활동하기 위한 역할분담이 필요하다. 특히, 스터디 그룹을 이끄는 팀장과, 모임 유지에 힘쓰는 임원 등 리더의 역할이 중요하다. 물론, 그룹의 구성원들은 학습부, 총무부, 홍보부, 재무부 등 다양한 부서에서 역할 분담하여 거기에 맞는 활동을 수행해야 한다.

② 스터디 그룹의 주요 논의사항

- **지향점** : 스터디 그룹이 성취하고자 하는 점이 무엇인지 결정한다.
- **기본원칙** : 스터디 활동을 위해 기본적으로 필요한 준수사항을 결정한다.
- **구성원 역할** : 누가, 무엇을 할 것인지에 대해서 구성원이 함께 모여 결정한다.
- **자원** : 지속적인 그룹 활동에 필요한 자원 확보와 관리 방법에 대해서 결정한다.
- **활동** : 모임의 기본 활동에 대한 향후 구체적인 일정을 미리 결정한다.
- **응집력 확보방안** : 스터디 그룹의 구성원들 간의 친밀감을 높일 수 있는 방안을 논의한다.

③ 스터디 그룹 성공 전략

- **필요성 인식** : 스터디 그룹의 목적을 모든 구성원에게 공지하여 뜻을 함께 나누는

것이 중요하다. 목적에 대한 공유 없이 수동적으로 가입하거나 시험기간 중 정보획득과 같은 수단을 중시하다보면 장기적으로는 성공적인 활동이 이루어질 수 없다.

- **활동에 대한 계획 수립** : 구성원들이 모임의 필요성에 적극적으로 동의하면 스터디 방법을 어떤 식으로 할 것인지, 장소는 어디에서 할 것인지 등의 계획을 함께 세우고 구성원들의 협의를 통해 결정해야 한다. 이때 다른 스터디 그룹의 스터디 방법 등을 벤치마킹하여 참고하는 것도 좋다. 아래와 같이 구체적으로 학습활동의 계획을 세우는 것이 좋다.
  - 학습목표 수립 : 연간, 월간 등의 학습목표 선정 후 학습성과와 성취도달점을 구체적으로 명시한다.
  - 학습일정 계획 수립 : 오프라인 모임의 횟수와 빈도 등 학습일정을 적절한 시기를 고려하여 구체적인 일정을 미리 결정한다.
  - 학습자료의 준비 : 학습목표에 의해 구성원들은 역할분담에 의거 해당 과목에 대해서 미리 예습하고 관련 자료를 준비하는 등의 자세가 필요하다.
  - 블랜디드 러닝(Blended Learning) : 학습활동을 효율적으로 하기 위해 오프라인 활동과 온라인 활동을 적절하게 배분한다.
- **친목도모 및 이벤트** : 스터디 활동이 시작되면 단순하게 학습활동만 하는 것보다는 친목 문화활동, 봉사활동, 스터디 모임 간의 경진대회 등 친목도모를 위한 각종 이벤트를 개최하여 활력을 얻는 것도 필요하다.
- **평가와 보상** : 스터디 그룹에서 자체적으로 팀의 리더와 팀원 등의 활동에 대해서 적절한 보상을 실시한다면 스터디 그룹의 활성화에 큰 도움이 된다.

④ 스터디 그룹 활동 점검하기

- 처음 계획한 학습목표 및 스케줄 대로 학습활동이 이루어지고 있는가?
- 스터디 활동에 대하여 구성원들의 불만은 없는가? 스터디 활동에 구성원들이 흥미를 느끼고 있는가?
- 팀원들 간의 관계가 친밀하게 유지되고 있는가? 이를 저해하는 요인이 발생하고 있지는 않은가?

⑤ 스터디 그룹 구성원들의 자가 진단 체크

- **스터디 그룹 활동에 대한 관심도** : 나는 지금 스터디 활동을 좋아해서 참여하고 있는가? 아니면 어쩔 수 없이 참여하고 있는가?
- **스터디 그룹 활동에 대한 이해도** : 나는 스터디 활동의 목적과 방향에 대해 정확한 이해를 하고 참여하는 것인가?
- **스터디 그룹 활동에 대한 인지도** : 나는 다른 팀원들과의 스터디 활동을 통해서 긍정적인 결과를 얻을 수 있다고 생각하는가?
- **스터디 그룹 활동에 대한 적극성** : 나는 스터디 그룹의 모든 활동에 적극적으로 임하고 있는가?
- **스터디 그룹 구성원들과의 관계** : 나는 스터디 그룹 활동에 참여하고 있는 구성원들을 신뢰하고 지속적인 관계를 유지할 수 있도록 노력하고 있는가?

⑥ 스터디 그룹의 종합적인 성공 요인

- **목표의 정확성** : 스터디 그룹을 지속적으로 유지하고 발전시키기 위해서는 모임의 이유가 명확해야 한다.
- **구성원의 다양성 인정 및 배려** : 스터디 그룹 구성원들은 서로 다른 환경과 서로 다른 생각을 가진 다양한 분야의 사람들과 함께해야 함을 인정하고 서로의 다양성을 존중하여 협력적인 분위기를 만들어야 한다.
- **스터디 그룹의 온라인 공간 확보** : 스터디 그룹 구성원들만의 온라인 공간을 만들어 운영하는 것은 구성원의 친밀감을 높이는 데 도움이 될 수 있다.
- **구성원의 친밀성 확보** : 스터디 그룹이 학습에도 필요하지만 일부분 사교적인 모임의 성격도 있으므로 친밀할수록 모임의 효과는 더욱 크다. 따라서 스터디 그룹 구성원 간의 친밀감을 높여 줄 수 있는 방안도 항상 검토해야 한다. 구성원들의 소속감을 증진시키고 활동의 리듬을 유지하기 위한 이벤트, 간담회, MT 등의 모임을 갖도록 해야 한다. 예를 들어, 야외 스터디 모임, 학습활동 후 간담회, 교외 역사 문화유적지 탐방, 문화체험활동, 선후배와의 만남, 봉사활동, 영화/연극 관람, 나들이 행사, 등산 등의 다양한 친목활동이 가능하다.

⑦ 스터디 그룹 구성원의 역할과 자세

- 팀장의 역할과 자세
  - 스터디 그룹의 방향제시 : 목표가 흐트러지지 않도록 해야 한다.
  - 학습 분위기 조성 : 구성원들이 학습에 전념할 수 있도록 편한 학습분위기를 조성하여 각 참여자들이 편하게 자신의 생각을 표현하고 학습하도록 도와준다.
  - 포용적인 자세 : 팀장은 성실하고 포용력이 있어야 하며 또한 솔선수범하여 시간을 지키고 과제를 하며, 구성원의 잘못을 덮을 수 있어야 한다.
  - 긍정적인 자세 : 팀장은 매사에 긍정적으로 여유 있는 자세를 가져야 한다. 낙관적인 행동이 구성원들에게 영향을 미쳐 스터디 그룹의 전체 분위기가 긍정적으로 흐르게 된다.
  - 탐구적 자세 : 팀장은 다른 구성원보다 한발 앞서 고민하고 연구하는 자세를 가져야 한다. 팀장이 스터디 모임의 전반적인 학습내용을 충실히 이해하지 못하고 있다면 다른 구성원들에게 스터디 모임 취지 의미를 자신있게 말할 수 없다.
  - 문제점 해결 촉진 : 팀장은 스터디 그룹에 대해 스스로 평가하고 문제점을 발견하여 그 문제를 해결하는 촉진자의 역할을 해주어야 한다.
- 다른 구성원의 역할과 자세
  - 스터디 그룹의 규칙 및 구성원 간에 동의한 기본사항에 대해서 준수한다.
  - 스터디 그룹의 친밀한 학습분위기 조성을 위해서 열심히 참석한다.
  - 팀 구성원 간의 긴밀한 유대관계 확보를 위해서 서로 배려한다.
  - 스스로 스터디 그룹 활동 모니터링을 통해 목표를 유지하려고 노력한다.
  - 스터디 활동 외 친목도모 등을 위한 각종 행사에 적극적으로 참여하며 재능기부한다.

스터디 그룹 활동을 시작하고 어느 정도 시간이 지난 후에는 스터디 모임 활동을 지속적으로 하기 위해 구성원 모두의 노력이 필요하다. 또한 주기적으로 임원 회의를 통해 스터디 그룹 활동 중에 생길 수 있는 문제점에 대해서 논의하고 대책방안을 세우고, 좋았던 경험에 대해서는 함께 공유할 수 있는 시간을 갖는 것이 매우 중요하다.

2) 동아리 활동의 모든 것

모상현 외(2012)가 한국청소년정책연구원에서 발간한 『청소년수련시설 청소년 동아리 활성화를 위한 운영 모델 및 매뉴얼 개발 연구 : 청소년 동아리활동 운영 매뉴얼』을 토대로 동아리 활동에 대해서 정리해 보면 다음과 같다.

(1) 동아리 활동의 의미와 필요성

동아리란 '패를 이룬 무리'라는 사전적 의미를 가지는 우리말로 1980년대부터 대학가를 중심으로 기존의 서클(circle)활동에 대한 순수한 우리말의 형태로 사용하기 시작하여 일반화된 용어이다. 그동안 대학생들은 취미, 오락, 스포츠, 문화창조, 사상학습, 실용지식, 기술습득, 정치이해 관계 등 개인적인 관심과 사회적인 관심에 이르기까지 폭넓은 영역에서 다양한 동아리를 운영하고 있다.

동아리 활동은 스스로의 문제 및 사회적, 문화적으로 공통된 관심사와 동일한 흥미, 취미, 소질, 적성, 특기 등을 지닌 구성원이 모여서 자발적인 참여로 운영하고 자신들의 능력을 표출해 내는 집단 활동이다. 동아리 활동은 개인 활동이 아닌 공동체적인 활동을 통해 자신들의 활동을 스스로 결정하고 실천함으로써 민주주의적인 경험과 기술을 배우고, 민주시민의 역량을 강화시킬 수 있는 활동으로 볼 수 있다. 이러한 동아리 활동은 자신은 물론 주변의 다양한 환경들을 변화시킴으로써 자신들의 활동을 안정적으로 할 수 있는 기반을 만들어 나가기 위한 실천을 할 수 있는 자치활동이며, 다양한 연대의 방법과 기술들을 통해 자신들의 영향력을 향상시킴으로써 자신들의 권리를 스스로 지켜나가는 활동이다. 또한 동아리 활동은 리더십을 함양하고, 배려와 나눔을 실천할 줄 아는 사회인으로 성장할 수 있도록 하기도 하며, 특기를 계발하고, 각자의 개성을 발휘할 수 있는 기회를 부여하는 등 다양한 가치들을 경험하고 배울 수 있는 중요한 체험활동이라 할 수 있다.

동아리 활동은 개인의 문화적, 사회적 욕구를 동호인들끼리 좀 더 효율적으로 충족시키고자 자기발전을 이루려는 자발적 소집단이다. 따라서 동아리는 노동조합이나 정당 이익단체와 같은 대규모 집단과는 구별되고, 이익보다는 친밀한 인간관계를 유지할 수 있는 점이 특징이며, 동아리 활동을 함으로써 인간은 사회와 조직에 적극적으로 참여하게 되고 경우에 따라서는 학습효과를 높이기도 한다.

(2) 동아리 활동하기

① 동아리 운영 방향

동아리 활동은 흥미, 취미, 소질, 적성 특기가 비슷한 구성원들이 함께 모여 자발적으로 참여하고, 자신들의 활동에 필요한 기술적 능력들을 향상시킬 수 있도록 하며, 자기주도적인 학습 활동을 포함한 다양한 기능향상을 위한 활동들이 활발히 이루어질 수 있도록 운영되어야 한다. 동아리구성을 하는데 있어 구성원들이 자발적으로 조직하고 운영할 수 있고, 동아리구성의 자율성을 최대한 보장할 수 있도록 동아리구성에 있어 불필요한 제약이 되고 있는 조건들을 최대한 제거해야 한다.

그리고 구성원들이 동아리 활동을 통하여 다른 사람들과 원만한 인간관계를 형성하고 원활한 의사소통의 방식들을 배움으로써 더불어 살아가는 공동체 사회를 이루는 방법들을 배울 수 있도록 해야 할 것이다. 이렇게 되면 동아리 활동을 통해 자신의 권리뿐만 아니라 타인 특히 사회적 약자의 인권을 보살피고 더불어 살아가는 방식을 배우며, 이를 통하여 스스로의 권익을 신장시킬 수 있을 것이다.

또한 동아리 활동은 구성원들이 가진 특기와 소질을 더욱 계발하고, 그들의 잠재 능력을 개발 · 신장하며, 자아실현의 기회를 가짐으로써 자신의 진로방향을 탐색하고 심화시켜 다양한 진로선택의 기회를 가질 수 있도록 하는 것도 중요하다. 그리고 동아리들의 영향력을 강화시키기 위해 동아리간의 연대가 자유롭게 이루어질 수 있도록 함께 모이고, 공동의 활동들을 도모할 수 있는 방향으로 나아가야 할 것이다.

② 동아리 활동 운영 지침

- 동아리 구성원들 간에 수평적이고 개방적인 관계를 유지하면서 구성원 모두가 주인의식을 가지고 운영하며 자율성이 최대한 신장되도록 한다.
- 동아리운영에 있어 민주적인 절차와 의사결정 및 재정의 투명성을 유지하면서 구성원들의 진정한 참여가 이루어질 수 있도록 한다.
- 학교 및 지역 사회의 여건을 고려한 다양한 방식으로 운영될 수 있도록 하되 동아리 활동에 제약이 되는 조건들이 있다면 이를 최소화시켜 자율성이 침해되지 않게 운영될 수 있도록 한다.

- 동아리 활동 활성화를 위하여 다양한 인적 자원, 물적 자원을 적극 활용할 수 있도록 하되, 가능하면 지역의 활용 가능한 자원들에 대하여 정확한 정보를 적극적으로 제공할 수 있도록 한다.
- 동아리 활동을 활성화시키기 위해 활동보고회, 콘서트, 전시회, 발표회, 봉사활동과 연계하는 방안 등 다양한 동아리 활동의 장을 적극적으로 추진한다.
- 지역사회의 시설과 인력을 적극 활용할 수 있도록 정보를 제공하고, 지원할 수 있는 다양한 방식들을 동아리들과 함께 고민할 수 있는 토론의 장들을 적극적으로 추진한다.
- 동아리 실태조사를 정기적으로 실시하여 동아리 활동 활성화를 위해 필요한 것들이 무엇인지 지속적으로 모니터하고, 필요한 지원들이 이루어질 수 있도록 추진한다.
- 특히 성인학습자들은 다양한 경험과 경력이 있기 때문에 좀 더 폭 넓은 동아리 활동이 가능하도록 성인으로서 솔선수범하는 모습을 보일 수 있도록 노력한다.

③ 동아리 활동 활성화 전략

동아리 활동을 활성화하기 위해서는 첫째, 동아리 활동에 필요한 안정적인 공간의 확보가 무엇보다 중요하다. 동아리 활동을 위해 상시적으로 출입이 가능해야 언제든지 와서 모임을 가질 수 있고, 내 방처럼 꾸미면서 내 공간이라는 주인의식을 가질 수 있기 때문이다. 이러한 공간 있으면 공동체 의식 함양과 친밀한 인간관계, 그리고 다양하고 폭 넓은 활동이 더욱 활발할 수 있다.

두 번째로는 동아리 활동을 위한 지원이 필요하다. 여기서의 지원은 활동공간뿐만이 아니라 활동에 필요한 정보제공, 재정적 지원을 포함한 제반 여건에 관한 지원을 포괄하며, 다양한 지원이 이루어져야 동아리 활동이 활성화되고, 이를 통해 동아리 구성원 모두가 자신의 역량을 개발할 수 있을 것이다.

셋째, 동아리 활동이 적절하게 이루어질 수 있도록 하기 위한 지속적인 피드백이 이루어져야 한다. 구성원들이 자발적으로 동아리를 구성했더라도 흥미가 떨어진 구성원들의 탈퇴나 잦은 멤버교체로 동아리 활동이 중단되거나 동아리가 해체되는 일들이 발생할 수 있기 때문에 이를 최소화하기 위해서는 누군가 중심이 되어 지속적인 피드백을 할 필요가 있다. 서로 수평적인 관계에서 구성원들이 중심이 되어 활동할 수 있도록 교수자, 혹은 학생회 등의 구성원들이 최대한 지지자의 입장으로 동아리 구성원들과 끊임없는 대화로 운영 상황을 파악하고 의견 하나하나에 귀 기울여야 한다. 이때 권위적인 모습은 피해야 할 것이다.

넷째, 비슷한 동아리 또는 다양한 동아리들이 연대할 수 있는 교류활동이 활성화 되어야 한다. 동아리 간 교류가 활발해지면 동아리 활동에 대한 결과물 또한 다양하게 도출될 수 있을 뿐만 아니라 거시적인 안목에서 동아리 활동을 활성화시킬 수 있는 기반과 힘을 스스로 키울 수 있을 것이다.

④ 동아리 운영 시 고려할 점

대학생들이 즐겨보는 인터넷 정보지 『대학내일』(https://univ20.com/)의 '조상님이 알려주는 동아리 고르는 법 8가지'에는 대학생들이 동아리는 선택할 때 관심을 가져야 할 부분에 대해서 정리하고 있다. 이 부분을 고려하여 동아리를 운영한다면 양질의 동아리를 거듭날 수 있을 것이다.

- **동아리 분위기** : 분위기가 너무 강압적이지 않은가?, 너무 자유분방하지 않은가?, 구성원들에게 맞는 분위기인가? 이 점을 고려하여 '나는 누구? 여긴 어디?'라는 분위기가 되지 않도록 함께 잘 만들어가야 한다.
- **구성원 인원수** : 인원수가 너무 적으면 한 사람이 많은 역할을 해야 하기 때문에 역할분담에 대한 부담이 있다. 반면에 인원수가 너무 많으면 소속감을 가지기 어렵고, 특히 사람이 많으면 일일이 챙기기도 어렵기 때문에 무리가 갈리게 되어 부적응자가 속출할 수 있다. 따라서 적정 규모의 인원이 필요하다.
- **동아리 일정** : 동아리의 목적에 맞는 활동을 하려면 많은 시간이 필요하다. 잘못하면 자유시간 및 휴일을 통째로 동아리 활동 때문에 날아갈 수도 있기 때문에 적절한 일정 조정이 중요하다. 특히 성인학습자들은 직장생활과 학업을 병행하기 때문에 더욱더 일정 조정에 주의를 기울여야 한다. 너무 빡빡하고 잦은 모임 일정도 부담스럽고, 너무 느슨하고 가끔 모이는 모임도 동아리 자체가 와해될 수 있기 때문에 일정 조절에 특히 관심을 가져야 한다.
- **단순한 친목을 넘어서** : 동아리 활동의 주목적이 친목도모이긴 하지만, 체계적인 활동보다는 너무 친목 위주로 한 동아리라면, 어느 순간 성취감이 없이 흐지부지하게

끝날 가능성도 있다. 동아리 활동을 통한 친목도모와 인간관계도 중요하지만, 동아리 활동에서 자신을 성찰하고 자아도 실현할 수 있으면 더욱 중요할 것이다.

- **목적의 부합** : 동아리의 스펙트럼은 굉장히 넓다. 예술, 체육, 음악 등등의 동아리 활동을 통하여 새로운 취미를 찾아 도전해 볼 수도 있고, 자신의 경력에 도움 될 수 있는 동아리가 있다. 동아리 활동을 통하여 취미를 더욱 풍요롭게 해 줄 수 있다면 대학생활에 활력을 더할 수 있을 것이다.
- **동아리의 성과** : 동아리의 성과는 한 학기, 혹은 1년에 한번씩 공연이나 전시회 등의 활동을 지속해서 하는 것이 중요하다. 동아리만 만들어 놓고 정기적인 활동을 하지 않는다면 이는 유령 동아리로 남아 있거나 쉽게 사라질 수도 있다. 따라서 동아리의 정기적인 활동을 통하여 실력도 늘고, 경력에 도움이 되는 결과물도 만들면서 성취감과 열정을 얻을 수 있어야 할 것이다.

이처럼 동아리 운영할 때는 동아리의 분위기, 적정 인원수, 모임 일정, 친목도모, 목적, 동아리 성과 등의 측면을 충분히 고려하여 보다 많은 구성원들이 편안하고 자연스럽게 동아리 활동에 참여할 수 있도록 유도해야 할 것이다. 이러한 점을 고려하여 운영한다면 보다 많은 구성원들이 선택하여 인기있는 동아리로 거듭날 수 있을 것이다. 또한 어떤 동아리 활동에 참여할지 동아리 선택할 때 고려할 점도 상기의 항목들을 신중하게 체크할 필요가 있다.

3) 평생학습동아리

성인학습자들은 대학에서 공부도 하면서 동시에 사회에서 직장인으로서 지역사회 발전에 크게 기여하고 있다. 이러한 성인학습자들이 대학내에서 동아리 활동을 하면서 대학생활에도 적응하면 좋을 것이며, 이와 동시에 지역사회에서는 평생학습동아리를 운영하면서 지역민과 지역사회에도 긍정적인 역할을 할 수 있으면 더욱 좋을 것이다.

울산광역시평생교육진흥원(2014)에서 말하는 평생학습동아리에 대해서 간략하게 정리하면 다음과 같다. 성인학습자들이 이를 통하여 평생학습동아리를 이해하고 평생학습동아리를 대학 밖에서도 실천하기를 바란다.

평생학습동아리는 영어로 lifelong learning circle이라 한다. 앞서 설명한 바와 같이 동아리란 순수 우리말로 영어 단어인 Circle의 뜻인 동그란 원을 형상화시켜 1980년대 후반 서울대학교 한 학생단체가 사용한 것이 유래가 되었다. 이 용어의 의미는 자발성 민주성 역동성이라는 인간의 행동양식을 실감나게 표현한 완전성과 최적성의 이미지를 함축한다.

그러므로 평생학습동아리란 용어는 본능적인 인간의 집단 활동과 학습의 성장요구가 하모니를 이룬 개념이다. 즉, 인간이 활동하는 최적의 조건을 형성하는 소집단과 인간의 학습행위를 유기적으로 연계시킨 매력적인 개념이다. 그러므로 인간이 전 생애 동안 학습하는 가장 이상적인 조건과 모형을 함축하며, 인간의 학습활동을 위한 최적의 단위이자 학습을 위한 최고의 형식이라 할 수 있다. 그러므로 평생학습동아리는 평생학습자로서 배움을 함께 즐기는 사람들의 정기적인 모임과 활동을 말한다.

평생학습동아리의 목적은 평생학습의 목적과 연계하여 생각할 수 있다. 평생교육의 목적은 인간에게 필요한 지식, 기능, 능력을 습득하고 활용할 수 있게 하여, 그 결과로 ①자기향상과 자아실현, ②고용가능성 증대, ③시민성 함양과 사회발전 및 통합 등 이룩하는데 있다. 평생학습동아리는 개인 혼자보다는 유사한 관심을 가지고 있는 사람이 소집단 학습조직체를 형성하고 의미 있는 학습활동을 전개할 수 있다.

평생학습동아리를 전개하기 위해서는 아래와 같은 단계가 있다. 첫째, 평생학습동아리 준비와 형성단계이다. 평생학습시대에 일반시민과 직장인이 평생학습자로서 자신을 새롭게 인식하고 평생학습동아리 활동에 관심이 끌리어 평생학습동아리 형성에 선도적으로 관여하는 것을 말한다.

둘째, 평생학습동아리 비전과 계획 수립단계이다. 평생학습동아리에 가입한 일반시민과 직장인이 각자의 관심과 요구가 학습동아리에 쏠리면서 동료학습자와 함께 평생학습동아리 활동을 계획하는 것을 말한다.

셋째, 평생학습동아리 학습활동과 실천단계이다. 학습동아리의 어엿한 일원이 된 일반시민과 직장인이 자신들이 계획한 다양한 학습동아리 활동에 능동적이고 적극적으로 참여하면서 의미 있고 가치 있는 학습경험에 몰입하고 빠져드는 것을 말한다.

넷째, 평생학습동아리 활동 성찰과 확산단계이다. 일반시민과 직장인이 학습동아리 활동의 과정과 성취한 결과에 대해 개인적 · 집단적으로 성찰하여, 독자적으로 혹은 다른 학습동아리와 연합하여 지역사회 및 직장 내에서 다른 사람들에게 발표하거나 전시함으로써 학습동아리 활동이 지역사회와 직장 내에서 들끓는 평생학습문화로 확산하는 것을 말한다.

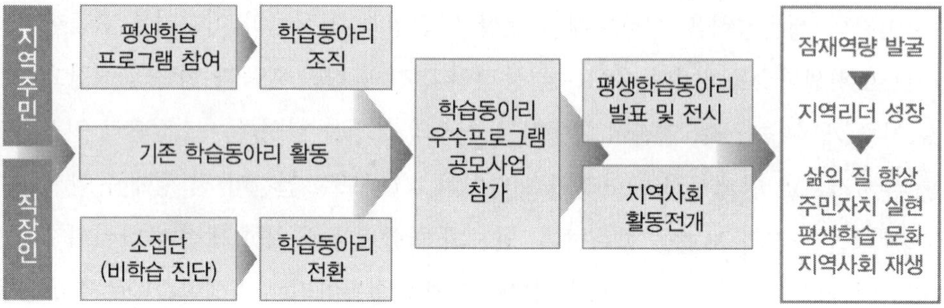

[그림 12-1] 평생학습동아리 전개 맥락

출처: 울산광역시평생교육진흥원(2014)의 자료

일련의 과정 속에서 평생학습동아리 활동의 성과는 개인의 자아실현에 크게 기여할 뿐만 아니라 직접적으로 개인의 역량개발과 생활문화의 질 향상에도 큰 보탬이 되고, 지역의 새로운 리더로 성장하는 계기가 된다. 나아가 지역사회와 직장 내에서 학습동아리 성과를 발표하고 공유함으로서 자율적인 평생학습문화를 확산시키고 지역과 직장의 혁신과 재생에도 기여한다.

특히, 평생학습동아리 형성은 학습주제가 무엇인가에 따라 크게 영향을 받으므로 내가 관심을 가지고 있는 학습주제에 대해 체크리스트를 검토할 필요가 있다. 물론, 대학생활하면서 스터디 그룹이나 동아리 활동 한 주제를 지역사회로 확산해도 좋을 것이다.

- 관심을 가지고 있는 학습주제는 다른 사람과 공유할 가치가 있는가?
- 관심을 가지고 있는 학습주제는 다른 사람과 함께 할 때 더욱 효과적인가?
- 관심을 가지고 있는 학습주제는 학습 활동을 할 때 즐거움이 있는가?
- 관심을 가지고 있는 학습주제는 지역 사회에 얼마나 많은 기여를 하는가?

학습주제 선정 후 본격적으로 학습동아리를 홍보하여 참여자를 모집한다. 학습동아리의 주요목적은 많은 사람들에게 학습동아리를 알림으로써, 보다 많은 사람들이 학습동아리에 관심을 갖고 적극적으로 참여하도록 하는 것이다.

〈예시〉 동아리 PAP(팝)이란?
평생교육의 꽃이라 할 수 있는 프로그램을 알아가고, 평생교육 프로그램을 조사하고 연구하는 동아리이며 프로그램을 내 인생의 직업적 자산으로 만들어 나가며 평생교육사, 청소년지도사에게 필요한 자질과 역량을 키워주는 멋진 동아리입니다.

-People and Program-

[그림 12-2] 평생학습동아리 소개 사례

출처: 울산광역시평생교육진흥원(2014)의 자료

평생학습동아리의 주제를 결정하고, 충분한 홍보로 대상자를 모집했다면, 이제 평생학습동아리를 결성하여 출범시키면 된다. 학습동아리를 공식적으로 출범시키는 과정은 중요하며 구성원들이 참여한 가운데 평생학습동아리를 공식화하는 일정한 형태를 통해 모든 구성원을 하나의 학습공동체로 묶어줄 수 있다는 점에서 의미를 발견 할 수 있다.

실제 운영할 때에 평생학습동아리 운영 계획은 평생학습동아리를 운영하는 기본이 되는 규칙으로 평생학습동아리 운영의 방향을 결정하는 것이다. 구체적인 운영계획의 사례를 보면 다음의 내용들을 고려하면 된다.

〈표 12-1〉 평생학습동아리 운영계획 설정시 고려사항

고려사항 영역	세부 내용
운영계획	• 목적 : 평생학습동아리의 목적 • 운영개요 : 참여대상 자격 및 회원 수, 동아리 유형, 운영기간 • 조직구성 : 참여대상자의 역할 • 운영방법 : 운영시간, 학습방법 등
동아리 학칙	• 명칭 : 평생학습동아리 모임의 명칭 • 목적 : 평생학습동아리의 목적 • 회원규정 : 회원의 의무 • 조직구성 : 조직선출방식 및 의무사항 규정
학칙결정시 고려사항	• 참여자들은 자신의 정직한 견해를 표현하고 반성한다. • 모든 관점이 존중되어야 한다. • 생각에 대한 불일치와 갈등이 유용할 수 있으나, 혹평, 비난, 또는 인식공격은 바람직하지 않다. • 모든 사람으로부터 듣는 것이 중요하다. 모임에서 말을 많이 하는 경향이 있는 사람은 다른 사람이 말할 기회를 가질 수 있도록 특별한 노력을 기울여야 한다. • 리더의 역할은 중립을 지키고 기본 규칙에 따라서 대화를 진행시키는 것이다.

고려사항 영역	세부 내용
일정수립 구성요소	• 일정 : 평생학습동아리의 테마별 학습일정 • 학습내용 : 구성원들과 함께 수립한 평생학습테마 내용 • 담당자 : 학습내용을 준비할 담당자 • 장소 : 평생학습동아리의 학습장소

출처: 울산광역시평생교육진흥원(2014)의 자료 재구성

이처럼 평생학습동아리 운영 시 〈표 12-1〉의 내용을 고려하여 세부적인 운영사항을 점검하는 것이 필요하다. 물론, 지금까지 살펴본 스터디 그룹과 동아리 활동에서 운영의 모든 것을 고려한다면 평생학습동아리 운영 역시 그 범주에서 충분히 운영 가능 할 것으로 기대한다. 앞으로 성인학습자들은 대학에서 스터디 그룹과 다양한 동아리 활동에 적극적으로 참여하고 운영의 노하우를 습득하여 자신이 재직하고 있는 직장이나 지역사회에서 평생학습동아리를 기획하고 운영하여, 대학에서 배운 많은 것들을 사회로 환원할 수 있어야 할 것이다.

CHAPTER 13

나만의 학습법 찾기

1 최고의 공부법이란?

1) 21세기에 가장 중요한 4C

제4차 산업혁명시대는 변화에 적응하는게 가장 중요하다. 세상이 계속 변하고 앞으로도 안정적인 게 별로 없다. 정해진 틀 안에서 잘하는 것은 가치를 인정받기 힘들다. 문제를 더 잘 인식하고, 창의적으로 자기만의 솔루션을 내 놓으려면 전문가보다는 다방면에 대한 통합과 융합적인 이해력이 필요하다. 또 앞으로는 혼자 해결할 수 없는 문제가 점점 많아진다. 협력, 소통 능력이 지금보다 훨씬 중요해진다. 이런 사람은 다양한 영역에서 여러 가지 일을 잘 할 수 있다.

[그림 13-1] 제1-4차 산업혁명

제2차 산업혁명이 근대 학교제도를 탄생시켰던 것과 같이 새로운 시대의 도래를 의미있는 제4차 산업혁명 또한 필연적으로 학교 교육을 변화시키게 될 것이다.

초연결성(Hyper connectivity)	초지능성(Hyper intelligence)
컴퓨팅과 통신의 대상이 사람과 사람을 넘어 사람 · 사물 · 공간으로 퍼져가는 네트워킹의 수평적 관점에 주목하는 개념	초연결성을 지닌 인터넷과 모바일 플랫폼을 기반으로 CPS(Cyber Physical System: 사이버물리복합시스템)와 인공지능을 기축으로 하는 사회 시스템 간의 상호작용이 한층 심화되는 네트워킹의 수직적 확장에 비중을 두는 개념

[그림 13-2] 제4차 산업혁명의 두 가지 방향성

소통(communication) 능력, 협력(collaboration) 능력, 비판적 사고와 문제 해결 능력(critical thinking and problem solving), 창의성과 혁신(creativity and innovation) 능력이 필요하다.

제4차 산업혁명시대 미래교육은 두가지 방향성을 가지고 있다. 초연결성과 초지능성으로 확대되어 간다. 과학 기술과 정보 기술의 발달로 죽은 지식을 가르치는 것이 아니라 학생이 주도적으로 배우는 교육이 되어야 한다.

이제, 학교공부만 잘해서는 세상이 필요로 하는 인재가 될 수 없다. 지식의 습득도 중요하지만 지식의 활용을 통하여 창의적인 아이디어를 창출할 수 있는 능력이 더 중요하다. 즉, 미래 핵심역량 인재개발은 생각하는 힘인 사고력에서 시작된다.

미래교육은 가르치는 교육에서 배우는 교육으로 변화하고 있다. 학생들을 가르치는 것이 아니라 그들의 잠재력을 풀어내는 것이다. 유연한 사고와 새로운 방식으로 문제를 해결하는 '미래 융합 인재'를 키워내는 것이다.

이제 교육은 단순한 지식을 전달하는 것이 아니라 융합사고력 교육을 통해 인지적인 능력을 키우기 위해 상상력과 창의력을 길러야 한다. 덜 가르치고, 더 많이 배워야 한다. '뭘 알고 있느냐'에서 습득한 지식으로 '무엇을 할 것인가'로 탐색하는 능력을 키우는 것이다.

학교 교실은 교사의 가르침에서 학생의 직접 체험활동을 하고 배움중심의 교육을 위해 휴식공간과 토론 학습의 공간이 필요하며, 실생활과 관련된 학생중심의 교육이여야 한다.

인공지능기술이란 인간의 목적 지향적 사고 과정을 본떠 만든 것으로 지능적 기계, 특히 컴퓨터가 인간처럼 행동하게 만드는 과학과 공학의 기술이다. 한국전자통신연구원에서는 인공지능이 빅데이터 기반의 인공지능('15)에서 인간의 능력을 증강시키는 기술('18)로 진화하며 스스로 사고 판단, 예측 스스로 학습 진화, 두뇌를 모사하는 인지컴퓨팅 등 인공지능 기술('25)로 발전할 것으로 전망한다.

[그림 13-3] 제4차 산업혁명시대 인공지능 발달

인공지능 기술은 공통 매커니즘, 기계학습으로 학습이 될 것이다. 기계학습은 인공지능이 인간과 가장 유사한 방식으로 결정할 수 있도록 하는 가장 발달된 인공지능 기술이다. 기계학습은 이전의 규칙 기반 프로그램 기법처럼 기계에게 매 상황별로 명시적인 행동을 하도록 프로그램밍하는 게 아니라 이전의 수많은 경험으로부터 다양한 경우를 학습한 뒤, 처음 직면하는 상황에서도 주어진 목표에 도달할 확률이 가장 높은 의사결정을 하게 하는 방법이다.

인공지능 기술과 관련된 음성 인식, 이미지 인식 등의 기술을 살펴보면 인공지능이 단순히 인간의 인지 능력을 대신하는 것으로 오해하기 쉽다. 그러나 인공지능은 의사결정, 예측, 계획을 가능하게 지원하는 것으로 다양한 분야에서 응용될 수 있다. 인공지능 기술이 교육 분야에 적용될 수 있는 가능성을 '개인 맞춤형 학습'과 '게임 기반 학습'을 통해 확인 할 수 있다.

개인 맞춤형 학습 (Adaptive and Personalized Learning)	게임 기반 학습 (Game based Learning)
온라인 학습 과정에서 생기는 각종 데이터를 분석하여, 수치화된 사용자 정보를 기반으로 학습자에게 적합한 방법으로 교육 콘텐츠를 제공하는 학습	게임을 이용한 학습 방법으로, 사용자의 선호, 흥미, 몰입도 등에 기반하여 학습을 설계하는 방식

[그림 13-4] 인공지능 기술 적용 교육 분야

또한 학교 교육에 변화를 가져 올 핵심기술은 가상현실과 증강현실이다. 기술 발달에 따른 학교 교육의 변화가 예상되고 있다. 제2차 산업혁명으로 시작된 보편교육이 한계를 드러내면서 개인 맞춤형 학습에 대한 요구가 생겨났으나 여러 기술 등의 문제로 수용되지 못했다.

가상현실 (Virtual Reality: VR)	증강현실 (Augmented Reality: AR)
컴퓨터 등을 사용하여 실제와 유사하지만 실제가 아닌 환경이나 상황 등을 만들어 내는 기술을 말함. 가상의 환경을 통해 실제와 유사한 공간적, 시간적 체험을 하게 함으로써 사용자에게 현실과 상상의 경계를 자유롭게 드나들게 함	실제 환경에 가상 정보를 합성하여 현실 세계의 뷰(view)를 변화시키는 가상현실 기술의 한 분야임. 실세계의 물체와 디지털 세계의 물체가 공존하여 실시간 상호작용이 가능하도록 하는 기술을 포함함

[그림 13-5] 학교 교육에 변화를 가져 올 핵심 기술

최근 인공지능 기술과 데이터 분석 기술 등을 활용하는 적응적 학습기술 그리고 온라인 학습환경의 발전은 개별 학습자의 학습 활동 데이터를 수집하고 분석하여 학습자 수준에 따른 개별적인 학습 경로를 설계하고 제공하는 개인 맞춤형 학습이 가능하게 되었다. 맞춤형 학습은 개별 학습자가 각기 다른 목표 지점을 향해 나아가는 개념이기 때문에 개인별로 적합한 학습 목표를 설정하고 이를 달성하기 위한 교수학습 과정이다. 따라서 전통적인 교실 수업 패러다임을 넘어 학습자 중심학습의 실현이 가능하다.

교실 안팎으로 다양한 수업이 가능하다. 교실 학습과 온라인 학습을 병행하는 혼합학습, 교실 밖 실세계 문제의 공동 해결하고자 하는 협력 학습, 교실 학습과 교실 밖 현장 학습을 연계 한 크로스오버러닝 등이 있다.

혼합학습 (blended learning)	협력학습 (collaborative learning))	크로스오버러닝 (crossover learning)
교실 학습과 온라인 학습 병행	교실 밖 실세계 문제의 공동 해결	교실 학습과 교실 밖 현장학습 연계
• 물리적으로 한 공간에 모여 면대면 상호작용을 할 때 최대 효과를 얻을 수 있는 활동들에 수업 시간을 할애하고, 그 밖의 활동이나 내용에 대해서는 개별적으로 온라인 학습을 하게 됨 • 플립러닝(flipped learning)이 대표적임 – 교사가 미리 준비해 놓은 수업 영상과 자료를 통해 학생이 미리 학습하고, 수업 시간에 교사가 해당 교과 내용을 전달하기보다는 학생들과 상호작용을 하거나 심화된 학습 활동을 하는 데 시간을 할애 함	• 정보기술을 활용하여 학문 중심 학습(academic learning)의 결과를 실생활에 적용해 볼 기회를 확대해 나감 – 학습자에게 실생활 연계를 위해 주어지는 과제는 개인의 학습 활동을 넘어 소집단 활동 및 교실 안팎의 적극적 교류를 통해 해결 가능한 경우가 많음 – 정보기술을 활용하여 교실, 학교, 국가를 넘어 학습자와 학습자, 학습자와 교사, 학습자와 전문가 간의 협력학습을 수행함	• 기술의 발달은 교실에서의 학습과 비형식적인 환경에서의 학습을 하나의 연속선상에 올려놓고 있음 • 이렇게 형식적, 비형식적 학습을 연계하는 개념이 크로스오버러닝임 – 교실 학습은 일상적인 삶에서의 경험(예를 들어, 박물관이나 동아리 활동과 같은 비형식적 환경에서의 학습)을 통해 풍부해지고, 비형식적인 환경에서의 학습은 교실에서 논의된 질문들에 의해 깊어질 수 있음

[그림 13-6] 교실 안팎으로 진행할 수 있는 다양한 수업모델

미래에는 집단지성시대가 도래된다. 집단지성시대가 요구하는 교육은 세상이 복잡해져서 1명이 아니라 다양한 재능을 가진 사람이 함께 어울려서 배려, 신뢰, 믿음을 가진 사람들이 집단지성을 이루고 살아야 한다. 하지만 집단에는 갈등이 존재한다. 집단지성이 공존하기 위해서는 함께 일을 하기 위해서는 관계교육을 해야 한다. 합의를 할 때 충돌하고 갈등을 조율하는데 인성이 필요한 것이다.

(자기조율) 인성이란 자신의 내면을 바르고 건전하게 가꾸고
(관계조율) 타인과 더불어 살아가고
(공익조율) 공동체 및 자연과 더불어 살아가는 것이다.
그래서 인성이 실력인 시대다.

2) 열린 공부법

전 세계적 움직임은 딱딱한 교실, 종이 교과서와 주입식 교육에 익숙해져 있는 우리 교육은 멈추려하고, 개방형 온라인 강좌, 오픈코스웨어, 거꾸로 수업, 체험형 놀이 교육, 디지털 기술과 체험형 프로그램으로 교육의 패러다임을 송두리째 바꿔가고 있다.

미래사회를 살아갈 아이들에게 새로운 형식의 배움터, 창조력을 발휘할 수 있는 열린 장이 필요하다. 세계 각국에서 운영되고 있는 어린이박물관 또한 미래교육이 나아갈 길에 대한 영감을 주었다. 미래교육의 방향은 크게 두 가지다. IT 기술이 융합한 교육 프로그램과 체험형 놀이 교육이다.

인터넷을 통해서라면 교사나 학생이 연결되어 서로 가르치고 배울 수 있다. 어디에 살든 세계의 최신 정보를 인터넷을 통해 얻을 수 있는 데다, 교실을 개방하여 학부모나 지역 사람들과도 커뮤니케이션하면서 수업을 진행할 수도 있다. 전 세계와 연결되며 문자나 음성, 영상, 데이터를 통해 지식을 얻고 생각하고 창작하고 표현하는 수단을 배울 수 있다. 논리력과 사고력을 키울 수 있으며 창조력과 표현력, 그리고 커뮤니케이션 능력을 향상시킬 수 있다.

세계 유명 대학의 강의를 인터넷으로 무상으로 공개하는 개방형 온라인 강좌가 활발히 열리고 있다. 통신의 발달로 언제 어디서든 인터넷으로 강의를 들을 수 있게 되면서 미국 초등학교에서는 '거꾸로 수업'이 확산되고 있으며 전 세계 국가들이 아이들에게 1인 1PC를 제공할 수 있는 환경을 만들기 위해 구체적인 계획안을 마련하고 힘껏 추진하고 있다. 또한 컴퓨터 프로그램 언어인 코딩 교육도 강조되고 있다. 우리나라도 2018년부터 중학교 코딩 교육이 학교 정규 과목으로 지정된다. 게임을 즐기는 아이에서 게임을 만드는 아이 즉, 콘텐츠를 창조해낼 수 있는 아이로 기르기 위해서는 그 사회의 근간이 되는 기술에 대해 잘 이해해야 하기 때문이다.

학생들은 놀면서 만들고, 만들며 표현한다. 커뮤니케이션 능력, 협동력, 창조력이 중요해지는 미래사회에서 자신의 능력을 발휘하기 위해서는 만들어내고 표현하는 것에 능숙해야 한다. 특히 자신의 생각을 자유롭게 드러내고 열정적으로 발표하는 것에 아직 서툰 우리나라 학생들은 박물관 이야기와 새로운 배움터를 만들기 위한 실천적 노력이 필요하다.

즐겁게 떠들면서 놀며 하는 공부이다. 푹신한 소파에 앉아 느긋하게 책을 보고, 운동기구로 운동을 하며 땀을 흘리며 놀듯이 공부한다. 생각과 상상을 해야 창의성이 나온다. 창의성이란 무엇인가를 스스로 만드는 능력이다. 논리적 판단력을 높여라. 타당하고 충분한 근거를 사용할 줄 아는 능력을 키운다.

창의적인 학습을 위해 먼저 자신의 현재 공부법을 검사해 본다. 공부하는 요령, 습관, 태도에 대해 능률적이고 효과적인지 알아본다.

2 나쁜 공부습관을 고치는 학습전략

1) 자기주도 학습전략, '셀프 다이어리'

학습자 스스로 자신에게 가장 맞는 학습방법을 발견하고 스스로에게 적용함으로써 성적향상을 증진시키는 학습전략이다. 스스로 공부의 주체가 되어 목표를 설정하고, 목표에 따라 공부를 하면서 자신의 태도를 평가하는 것이 중요하다. 이 과정을 통해 스스로 공부하는 습관의 밑거름을 만들 수 있고, 자신의 학습습관 및 시간관리를 객관적으로 분석해보는 기회로 삼을 수 있다.

■ 셀프 다이어리를 기록하는 데 있어서 주의할 점은

- 계획을 세울 때의 실행정도는 양적인 측면뿐만 아니라 질적인 측면까지 모두 고려해야 한다.
- 오늘 공부할 학습목표를 구체적으로 세운다.
- 목표를 이루기 위해 해야 할 학습계획을 시간에 따라 정리한다.
- 오늘 공부한 학습내용을 자신의 방법대로 반복하여 외운다.
- 모르는 내용을 다른 사람에게 물어보거나 자료를 찾는다.
- 먼저 세웠던 학습목표를 생각하면서 자기 스스로 평가한다.

2) 동기조절

동기란 인간의 행동을 일으키는 근본적인 힘이다. 단순히 행동을 일으키는 것뿐만 아니라 어떤 행동을 지속적으로 할 수 있도록 이끌며, 때로는 많은 노력이 필요하더라도 끝까지 포기하지 않게 만드는 힘이 된다. 여기에는 〈나는 할 수 있어〉라는 자신감 향상 프로그램, 그리고 왜 공부를 하는지, 공부가 왜 중요한지 스스로 인식할 수 있도록 내재적 가치를 이끌어주는 〈내가 공부하는 이유〉, 마지막으로 자기가 학습에 어떻게 접근하고 참여하는지를 결정할 수 있도록 도움을 주는 〈내가 되고 싶은 사람〉으로 구성되어 있다.

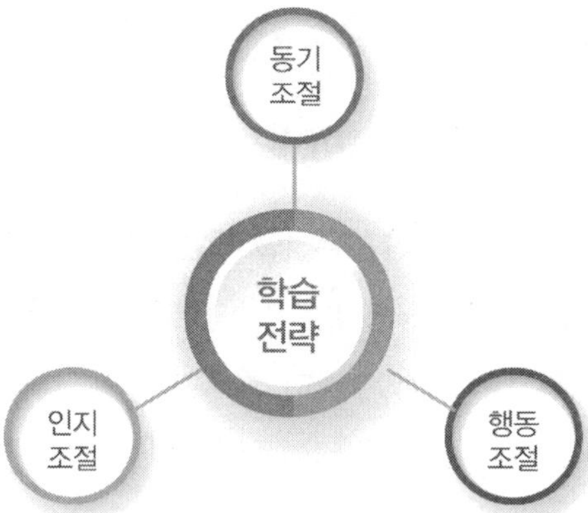

[그림 13-7] 학습전략

■ 프로그램1. <나는 할 수 있어>

이 프로그램은 자신의 능력에 대해 긍정적인 기대를 갖도록 도움을 준다. 이러한 자기효능감은 학업성위에 직접적으로 영향을 줄 뿐만 아니라 목표의식을 강화시켜 간접적으로도 영향을 끼친다. 따라서 자신감 향상 프로그램을 통해 자신의 능력에 대한 긍정적 마인드를 갖도록 한다. 실패하거나 자신이 없어 하는 부분을 할 수 있다는 신념으로 바꿔 도전해보면, 스스로 문제를 해결할 수 있는 능력을 갖게 된다.

■ 프로그램2. <내가 공부하는 이유>

이 프로그램은 왜 공부를 하는지, 공부가 왜 중요한지 스스로 인식하는데 도움이 된다. 어떤 과제를 수행함과 동시에 얻을 수 있는 즐거움, 즉 내재적 가치를 이끌어내는 것이다. 학습방법이나 목표 등을 자기 스스로 결정을 할 수 있다고 느끼게 하고, 나아가, 계획한 일을 잘 할 수 있다는 희망을 주며, 이 희망에 흥미를 더하게 해 줌으로써 자기주도 학습에 긍정적인 영향을 미치도록 매개체 역할을 하게 된다.

■ 프로그램3. <내가 되고 싶은 사람>

이 프로그램은 목표지향성 향상 프로그램이다. 학습활동에 대해 설정한 목표가 실제 학습에는 어떤 영향을 미치는지 이해하고 목표 설정의 중요성을 깨달아 보다 명확하고 구체적인 목표를 설정하게 해 준다. 자기가 학습에 어떻게 접근하고 참여하는지를 결정할 수 있도록 돕고, 구체적이고 현실적인 목표를 수립하고 자신의 목표를 위해 준비하게 된다.

동기조절과 관련된 프로그램에는 〈모델링 하기〉, 〈자신감 높이기〉, 〈목표 정하기〉, 〈시험불안 감소시키기〉 등이 있다.

3) 인지조절

이 프로그램은 인지요인을 향상시키는 데 도움을 준다. 인지요인이란 자료를 기억하고 이해하는데 필요한 실제적인 전략을 어떻게 사용하느냐를 말하는 것이다. 즉, 정보를 처리하고 통제, 조절하는 부분에 해당한다. 그래서 인지조절에 따른 학습에 투입한 시간만큼 효과가 나타난다.

■ 프로그램1. <예습하기>

효과적인 예습은 이해력을 높일 수 있을 뿐만 아니라 학습의 흥미와 동기를 높인다. 소제목, 중요한 단어, 질문내용 등을 기록한다.

■ 프로그램2. <복습하기>

복습은 배운 내용을 다시 확인함으로써 기억하는데 도움을 준다. 이전에 배웠던 내용과 관계를 지어봄으로써 학습내용에 대한 이해도를 높일 수 있다. 소제목, 중요한 단어 등을 기록한다.

■ 프로그램3. <학습장 정리>

학습장을 정리하는 일은 학습내용을 조직화하는 데 가장 효율적이다. 수업내용이나 학습할 내용을 중심으로 적는데, 문장은 간단하고 내용은 정확해야 한다.

인지조절과 관련된 프로그램에는 〈기억관리연습〉, 〈인지전략 평가기록장〉, 〈정보 탐색하기〉 등이 있다.

4) 행동조절

이 프로그램은 자신의 학습을 성공적으로 이끌기 위해 가장 적합한 학습환경을 스스로 선택하고 구조화하는데 도움을 주기 위한 것이다. 시간과 공부조절, 노력조절, 학습행동조절 부분으로 나뉘어져 〈우선순위 정하기〉, 〈시간계획 세우기〉, 〈나의 공부환경 점검하기〉 등으로 구성된다.

■ 프로그램1. <우선순위 정하기>

우선순위 정하기는 비중이 크고 중요한 일을 하기에 앞서 일상적이고 하찮은 일에 빠지기 쉬운 우리의 모습을 깨닫는 데 도움이 된다. 따라서 자신이 해야 할 일을 인식하고 목표설정과 관련하여 이것을 얼마나 달성할 수 있는지를 파악해야 한다. 이렇게 스스로 자신이 무엇을 해야 할지 결정함으로써 시간과 공부량을 조절할 수 있게 된다. 학습시간을 계획하고 관리하는 학습자들의 인지과정에 초점을 맞추면서 효율적인 학습시간 관리를 중요한 학습전략으로 간주하고 있다.

■ 프로그램2. <시간계획 세우기>

목표 설정에 대한 중 장기적 안목을 세우는 것으로, 구체적 활동으로는 〈일일계획 세우기〉, 〈주간계획 세우기〉, 〈나의 인생목표 세우기〉가 있다. 그리하여 시간 관리의 중요성을 체감하고 자신의 상황을 고려하여 현실감 있는 계획을 세워나갈 수 있도록 도와준다.

■ 프로그램3. <나의 공부환경 점검하기>

최고의 환경에서 공부를 한다면 그만큼 공부의 능률과 성취도 높아질 것이다. 이 프로그램은 자신의 학습을 성공적으로 이끄는데 방해가 되는 원인이 무엇인지를 파악해보고 이에 대해 분석한 뒤 자기 스스로 개선점을 찾도록 설계되어 있다. 혼자 해결할 수 있는 방해요인일 경우 스스로 해소하기 위해 노력하고 최선책을 찾아 적극적으로 문제해결을 할 수 있도록 한다.

행동조절에 도움을 줄 수 있는 훈련에는 〈집중력 훈련하기〉, 〈단계별 주의집중 향상시키기〉, 〈컴퓨터 중독에서 탈피하기〉 등이 있다.

공부계획의 힘(planning)

플래닝은 스스로 공부 목표를 정하게 만들고 그것을 이룰 전략을 세우고 낭비 없이 시간을 관리하게 만든다. 결국 자신의 통제하에 조직하고 효과적으로 관리하도록 만든다.

공부계획의 힘은 학생 자신을 변화시키는 좋은 방법이다. 공부하는 이의 마음을 변화시키고 생활을 변화시키며 작게는 성적을, 크게는 인생 전체를 변화시킬 수 있는 놀라운 원리다. 공부의 선순환을 가능하게 하는 내면의 힘이기도 하다.

플래닝은 '계획 세우는 것'을 뜻하지만, 좀 더 넓고 구체적인 의미가 있다. '목표-전략-시간배치-실행-피드백'으로 이루어지는 '전략적 계획의 전 과정'이 플래닝인 것이다. 전략적 학습계획, 즉 플래닝은 목표 설정이 우선이다. 그리고 가장 효과적으로 이룰 수 있도록 전략을 세우고 난 뒤 그 전략을 시간 속에 '장기-중기-단기' 순으로 배치하는 것이다.

스케줄관리는 플래닝이 아니다. 단순히 해야 할 일을 나열하고 했는지 체크하면서 허덕이는 스케줄링과는 완전 다른 시스템이다. 플래닝은 축구의 작전타임과 같다. 결과적으로 효율적인 학습이 된다. 그리고 자신에게 맞는 계획과 실행력이 중요하다.

3 학습력을 키우는 '구조화 학습법'

지식과 정보를 구조화하는 능력을 구조화 지능이라고 한다. 구조화 지능은 누구나 타고 나지만 일정 시기가 지나면서 개인차가 발생한다. 각자의 성향과 기질, 환경과 교육적 상황 등 내적 외적요소들에 의해 발달의 차이가 생긴다. 구조화 지능은 격차를 좁히는 공부력이다. 참공부력을 키우는 구조화 학습법이다. 참공부력이란? 지식을 '좋은 지식의 구조'로 정리 정돈하여 기억하고 활용할 수 있는 능력이다.

구조화 학습법은 어떻게 참공부력을 끼울까?

구조화는 단순한 '암기'가 아니라 학생이 '인식의 주체'로서 직접 주어진 지식과 정보를 자신에게 의미있는 자료로 체계화하고 내재화하는 과정이다. 핵심 중에 핵심을 스스로 파악하고, 학습 초점을 가지고 능동적으로 공부한다. 떠먹여 주는 공부가 아니라, '직접 생각하는 힘'을 기른다. 새로운 시대를 준비하는 최고의 공부 지침서가 된다.

■ 7단계로 익히는 구조화 학습

① 훑어보기

버스를 타고 지나가듯이 전체 훑어보기/너와 나의 연결고리 찾기(새로운 지식망을 만듬). 자신이 갖고 있는 정보의 그물망과 새롭게 읽을 자료의 연결 지점이 무엇인지 실마리를 찾는 과정이다.

② 끊어읽기

나누고 쪼개기(분석), 묶기(종합)가 모두 포함된 끊어 읽기(빗금치며 읽기=표시하며 읽기). 구조화 능력을 키우기 위해서는 눈으로 무작정 읽기보다 중요하다 싶은 부분은 표시해 가면서 끊어 읽는다. '의미 단위'로 끊어 읽는 것이다. 끊어 읽기는 내용을 이해하고 기억하는 데 좋은 읽기 방법이다.

③ 핵심어 설명어 찾기 : 글의 키워드 찾기

핵심어와 설명어를 찾으려면 글에서 자주 반복되는 어휘에 주목한다. 핵심어는 글 전체를 대표하거나 글에서 설명하고자 하는 대상을 가리키는 어휘, 또는 하위 개념들을 포함하는 주제어를 말한다. 무엇에 관한 글인가 하는 것이 바로 핵심어이다.

④ 분류 기준 세우기(단순/혼합/논리적 분류)

단순분류는 내 맘대로 분류하는 것이다. 예를 들어 좋아하는 것과 싫어하는 것 등으로 묶는다. 혼합분류는 누구나 똑같이 분류할 수 있는 객관성을 지닌 분류이다. 눈에 보이는 공통점을 기초로 사물들을 연결한다. '같은 색, 같은 모양'등으로 묶는다. 논리적분류는 생각한 대로 분류한다. 눈에 보이지는 않지만 사물이나 사건 등의 공통된 특성을 찾아내거나, 논리적인 순서와 기준으로 분류하는 방법이다. 예를 들면 발단-전개-위기-절정-결말로 분류한다.

⑤ 도해로 나타내기

마인드맵은 마음속에 지도를 그리듯이 줄거리를 이해하며 정리하는 방법이다. 핵심 단어를 중심으로 거미줄처럼 사고가 파생되고 확장되어 가는 과정을 확인하고, 자신이 알고 있는 것을 동시에 검토하고 고려할 수 있는 일종의 시각화된 브레인스토밍 방법이다.

구조화한 내용을 바탕으로 방사형으로 펼친 마인드맵은 이해를 위해 이미지와 표로 시각화한다. 이러한 작업을 할 경우에 도해 사고력이 필요하다.

도해 사고력이란 지식과 정보를 효과적으로 기억하고 이해하고 전달하기 위해 이미지와 표 등 시각적인 언어로 나타내는 능력을 말한다.

⑥ 설명하기 : 최고의 학습효율, 서로 질문하고 설명하기

유대인의 하브루타에서 '설명하기'를 잘 하고 있다. 하브루타는 짝을 지어 질문하고 대화하고 토론하고 논쟁하는 것으로, 쉽게 말해 함께 이야기를 나누는 것이다. 자신이 읽은 책에 대해 자신이 이해한 것과 자신의 생각을 이야기하고, 상대방의 생각과 질문을 들으면서 새로운 내용을 알아간다. 동료에게서 배우기도 하고 가르치기도 하는 방법이다.

⑦ 글쓰기 : '다시쓰기'와 '다시 생각하기'를 반복

자신의 생각을 더욱 의식적으로 파악해야 하므로 설명하기보다 더 높은 수준의 '구조화 능력'과 '추론 능력', 그리고 '의지력'을 키우는 데 가장 효과적인 과정이다. 명료한 글을 쓰려면 '쓰기와 다시 쓰기'를 반복해야 한다.

4 자기만의 공부법을 터득하라

1) 시간관리

자신에게 가장 알맞은 공부 시간표를 만들어 공부하는 것이 제일 좋은 방법이다. 공부를 시작하기 전에 꼭 공부 시간표를 만들어 보고, 만들어진 공부 시간표에 따라 공부를 하도록 하는 습관이 좋다. 계획대로 하나하나 실천한다면, 자신이 해냈다는 것에 대해 자신감도 얻을 것이다. 규칙적으로 운동하는 시간을 마련해도 좋다. 몸을 튼튼하게 만들 뿐만 아니라 머리에 산소를 공급할 것이다.

2) 정신 집중

공부할 때 다른 생각을 하거나 싫어하는 것을 억지로 할때 정신 집중을 할 수 없고 실수를 한다. 정신 집중을 하기 위해서는 무엇보다 마음 가짐이 중요하다. 기쁜 마음으로 공부하면 정신집중도 잘되고, 기억력도 좋아진다.

■정신 집중을 잘하는 방법

- 시각적 방해 요인 제거 – 공부와 관계없는 것 치우기
- 청각적 방해 요인 제거 – 음악 듣지 않기/전화 받지 않기
- 물리적 방해 요인 제거 – 조명, 인체공학 의자사용, 필기도구

• 심리적 방해 요인 제거 - 나는 할 수 있다. 자신감 /성취감/긍정성 높이기
• 긴장감/피로감 줄이기

■정신 집중을 돕는 5가지 방법

• 긍정적인 태도를 가져라. 공부가 짜증나는 것이라고 생각하기보다는 모르는 것을 배우는 기회라고 생각한다.
• 한 곳에 주의를 집중하라.
• 주변의 소음을 무시하라.
• 모든 것을 갖추어라.
• 의지력에 의존하지 마라.

3) 기억력

공부할 때 중요한 내용을 아주 열심히 외웠다고 하더라도 기억하지 못한다면 의미가 없다. 그래서 기억력을 높여 주는 방법도 훈련되어야 한다. 이 방법이 얼마나 과학적인지, 모든 사람이 배울 수 있는가?, 배우고 난 후에 즉시 활용할 수 있는가? 하는 것이 중요하다.

기억력을 높이는 방법은 외우기 전에 이해하라. 기본적인 내용을 이해한 후 그 내용을 자신이 이해한 말로 바꾸어서 설명해 본다. 그리고 공부한 내용을 분석해 보고 요약해 보아야 한다.

서로 같은 것끼리 묶어라. 서로 같거나 비슷하면 함께 묶으면 더 쉽고 재미있게 기억할 수 있을 것이다.

공부한 후에는 심한 운동을 하지 마라. 공부한 후에 축구나 농구 등 몸을 많이 움직이는 운동을 하면, 공부한 내용들이 잘 기억되지 않는다고 한다. 그러므로 운동을 하고 난 다음에 공부를 하는 것이 더욱 바람직한 방법이다.

여러 번 읽고 써보라. 공부를 할 때 2시간씩 계속 공부하는 것보다는 40분 공부하고 10분 휴식하는 방법으로 공부하는 것이 좋다. 이렇게 하면 두뇌의 활동성과 기억력이 무척 높아진다. 눈으로만 공부하지 말고 직접 연습장 등에 쓰면서, 말하면서, 공부하면 그 효과가

높아진다.

이미 알고 있는 내용과 관련시켜라. 지금 공부하는 내용이 이미 알고 있는 내용과 관련이 있는가를 생각해 보아야 한다.

다양한 감각을 활용하라. 쓰고, 중얼거리면서 외우고, 듣고, 보고 하면서 가능한 자신만의 멀티미디어 경험을 만드는 것이 필요하다.

스트레스를 줄이고 건강을 유지하라. 스트레스는 정신 집중 시간을 짧게 하고, 외운 정보를 기억하는데 방해가 되며, 뇌신경들의 미세한 기억 작용들을 감소시킨다. 정신적 스트레스는 불안을 만든다. 건강한 몸과 신선한 공기 등은 정신 건강에 도움을 주어 기억력을 높여 준다.

마음 먹어라. 결심하라. 무엇이든 열심히 하고자 하는 마음은 좋은 결과를 얻기 위해 필요한 노력을 만들어 준다. 그러므로 정신을 집중하고, 공부를 잘하겠다고 굳게 결심을 한다.

편식하지 말고 운동하라. 숨이 찰 때까지 운동하라. 운동을 하면 두뇌에 산소가 많이 공급되기 때문에 정신 집중뿐만 아니라 기억력을 높이는 데 큰 도움이 된다. 또한 음식을 골고루 먹으면 두뇌에 충분한 영양을 공급하므로 기억력을 향상시키는데 효과적이다.

4) 읽기와 쓰기

책을 읽고 이해하는 것은 공부를 잘 하는 기술이다. 읽기 기술은 글을 읽으면서 중요한 내용에 밑줄 긋기, 읽은 내용을 자신이 이해한 내용으로 말해 보기, 읽은 내용을 기초로 도표를 만들거나 그림으로 나타내 보기, 글을 읽는 중간에 읽은 내용을 이해하고 있는지 점검하는 과정이 포함된다. 글을 잘 읽어야 이해력이 높아진다.

한 문단에서 첫 문장과 마지막 문장을 꼭 읽어라. 첫 문단은 글의 시작이라 글쓰는 목적이 있고, 마지막 문단은 전체 내용을 요약한다. 꾸준한 독서로 독해력을 향상시켜라. 어휘력이 낮으면 공부를 하고도 튼튼한 실력을 쌓을 수 없다.

좀 더 구체적인 읽기에 대해 알아보자. 머리말을 먼저 읽는다. 머리말에는 지은이가 글을 쓴 동기, 독자들이 꼭 알아 주었으면 하는 내용, 책이 처음부터 끝까지 어떻게 구성되었는지에 대한 내용이 담겨있다.

책의 내용을 가볍게 훑어본다. 어떤 책을 읽기 전에 그 책의 내용이 어떤 것인가 먼저 알아야 한다. 문단의 첫 문장들을 읽어본다. 제목들을 살펴본다. 그림, 도표, 지도 등을 간단하게 훑어본다. 질문 내용이나 답을 구하는 문제 등이 있는지 살펴본다.

꼼꼼하게 읽는다. 책 속에 담겨 있는 내용이 무엇을 말하는가를 생각해 가면서 읽는다. 책을 읽을 때는 소리내지 말고 꼼꼼하게 읽는다. 제목을 의문문으로 바꾸어 질문해 보기, 질문에 대한 답이 있는지 찾으면서 읽기, 책을 읽을 때 모르는 단어가 있으면 밑줄을 쳐서 표시해 둔다. 이해하기 어려운 문장이나 공식 등은 표시해 둔다.

읽은 내용을 깊이 생각한다. 책을 읽고 질문에 대한 답을 찾았으면 깊이 생각해 본다. 내가 찾아낸 답이 무엇인지, 읽은 내용이 무엇인지, '이해하면서 읽기'에서 이해가 가지 않았던 부분, 즉 밑줄로 표시한 것을 다시 찾는다. 이해하지 못한 것이 단어라면 책을 참고하거나 교사에게 질문하여 그 단어의 뜻뿐만 아니라 동의어, 반의어, 비슷한 말 등을 알아본다. 이해하지 못한 것이 문장면 문장을 주어나 동사로 구분해 본다. 문장의 뜻을 파악한 후 비슷한 문장, 같은 문장 등을 알아본다.

선생님처럼 문제를 만든다. 직접 선생님이 되어 시험 문제를 만들어 보라. 공부한 내용에 대해 완전히 이해했으면, 내용과 관계있는 질문을 스스로 만든다. 그 질문에 천천히 생각하면서 대답해 본다. 학생들에게 무엇이 중요하다고 말할 것인지, 내가 시험 문제를 낸다면 어떤 문제를 어렵게 낼 것인지 생각해 본다.

복습하기. 항상 공부한 내용을 전체적으로 복습해야 한다. 공부한 것은 어떤 내용이며 무엇이 특히 중요한지, 내가 이해하지 못한 것은 어떤 내용이며 무엇이 특히 어려웠는지 등을 검토한다. 이런 과정을 통해 중요하다고 생각되는 내용은 꼭 알아 두어야 한다.

5) 독해력

사고력과 이해력의 향상은 공부력이 핵심 기술이다. 이해력은 글을 읽고 이해하는 능력이다. 글을 읽은 후 그 내용 가운데 중요한 것이 무엇이며, 기억해야 할 것이 무엇인지를 아는 능력이다. '사고'라는 말은 '생각한다'라는 말과 같은 의미이다. '문제를 생각해 보라'에서 생각은 바로 문제를 해결하기 위해 '추리'하여 답을 찾는 것을 뜻한다. 바로 공부를 한다는 것은 생각을 하는 것이다.

중심 내용 찾기. 책을 읽고 중심 내용이 무엇이며, 중심 문장은 무엇인지 훈련이 필요하다.

글 전체 내용 요약하기. 중심 내용이란 전체 내용을 간단하게 요약한 부분이다. 글을 읽고 그 내용을 간단하게 요약하는 것은 사고력과 이해력을 증진시키는 더욱 빠른 지름길이다.

6) 노트 필기법

중요한 내용을 간단하게 요약해서 기록한다. 중요한 것만 적어야 하고 완전한 긴 문장보다는 간단하고 짧은 문장으로 적는다. 중요한 내용을 표시하여 적는다. 표시를 하거나 색칠을 한다. 이는 효과적으로 공부를 하기 위해 좋은 방법이다. 수업중에 모르는 내용이 있으면 선생님께 질문을 하고, 다른 학생의 질문도 경청한다. 그리고 노트에 필기 한다. 수업 후 빠진 부분이 있는지 점검하고 보충자료를 참고해서 기록한다.

PART 03

성인학습자를 위한 효과적인 학습가이드

자기개발

Chapter 14 ▸ 비판적 독서와 토론
Chapter 15 ▸ 적극적 수업 참여 기술
Chapter 16 ▸ 의사소통
Chapter 17 ▸ 자기주도적 학습법
Chapter 18 ▸ 창의력 훈련

CHAPTER 14

비판적 독서와 토론

1 비판적 사고란?

비판적 사고(critical thinking)는 현대의 정보화 사회에 능동적으로 대처하는 능력을 키워주며, 어떠한 문제에 직면했을 때 타당하고 충분한 근거를 토대로 문제를 해결하는 데 도움을 준다.

'사고력'의 증진에 있어서 가장 요구되는 것이 정보에 접근하는 '비판적' 태도임을 말해준다. 비판적 사고는 대상과 사태에 관해 다양한 맥락에서 다각도로 검토하면서 옳고 그름, 참과 거짓을 논하는 능동적 사고로서, 비판적 사고를 활용할 때 기존 정보 및 지식은 새롭고 가치있는 정보로 재구성, 생산될 수 있기 때문이다.

사고	비판적 사고			
	분석적 사고	추론적 사고	종합적 사고	대안적 사고
	분석	논증	변증	
9요소	문제, 개념, 정보	결론, 전제, 함축	목적, 관점, 맥락	
9기준	분명함, 정확성, 명료성	적절성, 중요성, 논리성	다각성, 심층성, 충분함	

[그림 14-1] 비판적 사고 분류

개인이 어떤 사안에 직면하여 사고, 결정, 실행을 하는 과정에서 보다 합리적이고 적절한 이유와 근거를 통해 사유하고 타당한 준거에 의해 그 사안을 검토하며 타인의 의견 및 다양한 대안들을 지속적으로 상호비교하고 수렴한다면 아마도 이런 과정을 통한 결정은 단순히 오류를 줄일 뿐만 아니라 질적으로 좋은 특성을 가질 것이다. 우리는 그 이유를 반대의 경우에 비추어 추측할 수 있다. 반대로 만약 개인이 여러 사안에 대하여 합리적인 이유와 적절한 준거 없이 단지 즉흥적이고 개인적인 느낌에 의해서만 결정한다면 이러한 결정은 많은 경우 오류를 수반하고 질적으로도 좋지 못한 결과를 낳을 것이다.

비판적 사고는 어떤 대상에 대한 분석 및 이해와 해석, 판단을 내리기 위한 과정에서 무엇을 믿고 무엇을 할 것인지에 대한 반성적인 사고로 이해된다. 또한 비판적 사고의 대상은 언어적, 사유적인 것 까지 포괄하며 무엇을 생각해야 하는가와 무엇을 어떻게 해야 하는가에 대한 기준이 필요한 사고이다.

비판적 사고의 특성은 첫째, 문제해결 과정에서 작용하는 사고이다. 둘째, 문제에 대해 옳고 그름을 주장하는 과정에서 발생하는 사고(정당성, 타당성)이다. 셋째, 상대방을 설득하면서 상대방의 주장이나 의견에 관심을 기울이지 않는 것은 비판적 사고의 태도가 아니다. 넷째, 개인이나 집단이 가지고 있는 편견, 혹은 진술이나 대화 속에 숨겨진 의도 등을 파악하는 과정에서 생기는 사고(비평, 판단)이다.

한마디로 비판적 사고능력이란 문제 해결 과정으로서 주장을 뒷받침하는 근거의 합당성을 가지고 있어야 하며, 편견이나 그릇된 정보를 판별할 수 있는 능력을 말하는 것으로 현대사회를 살아가는데 꼭 필요한 사고 능력이다.

비판적 사고의 여러 하위 기능 요소들을 신장시키기 위해서는 학생들이 스스로 사고할 수 있도록 교사가 도와 줘야 한다. 이를 위한 방법 중 하나가 바로 독서토론이다. 비판적인 이해 · 토론 활동은 내용을 있는 그대로 받아들이는 것이 아니다. 학생(독자)은 표면적인 내용 뒤에 숨겨져 있는 의도나 가치 등에 대하여 스스로 의문을 가지고 문제를 해결하도록 노력해야 한다. 따라서 독자는 사실과 의견 구분하기, 타당하고 충분한 근거(이유, 증거)를 들어 의견을 주장하고 평가하기, 한 문제를 다양한 관점(가치)에서 조망하기, 어떤 진술에 숨겨진 의미나 가정을 확인하기, 문제의 본질에 적합한 평가의 준거 사용하기 등의 비판적 하위 기능 요소들을 체계적으로 터득해야 한다.

(1) 사실과 의견을 구분하여 발표하고 토론하기

- 사실 진술과 의견 진술 구분하기
- 사실과 의견으로 구별되는 이유나 근거 제시하기

(2) 타당하고 충분한 근거(이유, 증거)를 들어 의견을 주장하고 토론하기

- 판단의 기초가 되고 있는 근거가 타당하고 충분한지 확인하기 : 적합성, 신뢰성, 충분성

(3) 다양한 관점에서 문제를 파악하여 발표하고 토론하기

- 다양한 관점에서 특정한 문제 사태를 조명해 보고, 해결책을 모색하기

(4) 주장이나 진술에 개재된 편견을 탐지하여 토론하기

- 편견의 의미 이해하기
- 편견의 이유를 따져 보기

(5) 숨겨진 의미와 가정을 확인하여 발표하고 토론하기

- 어떤 진술에 대해 생략된 가정이나 결론을 추론하기
- 숨겨진 의미나 의도를 정확히 파악하기

비판적으로 읽지 않으면 독자 자신의 생각이 반영되지 않아 깊이 있는 토론이 이루어지지 않고 사고력 신장도 어렵다. 학생들이 책을 비판적으로 읽고 토론에 적극적으로 참여할 때 사고력은 신장된다.

첫째, 사실과 의견을 구분하여 발표하고 토론하기이다. 이는 비판적 사고 능력의 하위기능 연구에서 공통적으로 다루었던 요소로 비판적 사고에 있어 중요하면서도 기본적인 것이다.

둘째, 타당하고 충분한 근거를 들어 의견을 주장하고 토론하기이다. 이 요소는 비판적

사고의 핵심으로 학생들에게 말하기 능력의 신장은 물론 보편성과 타당성을 얻기 위한 근거의 중요성을 제시한다.

셋째, 다양한 관점에서 문제를 파악하여 발표하고 토론하기이다. 문제의 해결은 한 가지 방법만 있는 것이 아니다. 집단의 의견을 통한 다양한 관점 제시는 문제의 합리적 해결을 가져온다.

넷째, 주장이나 진술에 개재된 편견을 탐지하여 토론하기이다. 이 요소는 토론의 중요성을 뒷받침해 주는 요소의 하나로 문장에서 편견을 찾고 그 이유를 제시하는 것보다 토론을 통해 편견의 유무를 지적하고 그 이유를 상호 확인하는 것이 훨씬 더 효과적이다는 것을 알려준다.

다섯째, 숨겨진 의미와 가정을 확인하여 발표하고 토론하기이다. 토론자들은 의미를 숨기거나 가정을 염두 해 두면서 토론을 자신에게 유리한 방향으로 이끈다. 이 때 숨겨진 의미와 가정을 예리하게 찾아내는 능력이 필수적이다. 비판적 사고는 단지 사고력을 형성하고 글쓰기 능력을 향상하는 데 그 유용성이 그치지 않는다. 이를 훈련하는 과정은 학생들로 하여금 특정한 성격을 형성하도록 돕기 때문이다. 비판적 사고는 사태에 대해 자기중심적으로 사고하게 함으로써 보다 주체적이고 자기주도적인 인간형을 양성하는 데 기여한다. 뿐만 아니라 이 속에서 주체들은 공동체의 공동의 가치에 대해 토론하고 고민하게 됨에 따라 궁극적으로 바르고 건강한 시민으로 성장할 수 있는 계기를 얻게 된다.

이를 적극적으로 활용할 수 있는 부분이 곧 국어 및 글쓰기 교육이다. 비판적 사고는 다양한 텍스트를 통해 글읽기 연습이 가능하고, 또한 정보를 생산하게 되는 글쓰기 교육에서 효과적으로 적용, 활용될 수 있다. 비판적 사고는 읽기와 쓰기 중심으로 이루어지는 글쓰기교육에서 활용될 때 더욱 큰 의미를 발휘할 수 있다. 읽기 자료를 통해 비판적 사고를 훈련했을 경우 글쓰기는 더욱 성찰적이고 깊이 있는 논의 구조로 이루어질 수 있다. 글쓰기는 비판적 사고를 적용함으로써 정보화 사회에서 유용한 설득적이고 타당한 글을 가능하게 할 것이라는 점이다.

2 비판적 사고와 읽기

비판적 읽기를 위해서는 비판적 사고로 생성된 능동적 질문이 필수적이다. 능동적인 질문 생성을 통해 독자는 텍스트에 대한 깊은 이해와 판단을 할 수 있다. 비판적 읽기의 핵심은 비판적인 질문을 얼마나 잘 구성하는가에 있다. 비판적 읽기 과정의 요소로 용어, 개념, 주장, 근거, 글의 구조, 글쓴이의 의도, 함축, 맥락, 관점, 전제 등을 제시하였다.

비판적 읽기는 독자가 텍스트의 분석 및 이해와 해석, 판단을 위해 텍스트, 저자, 독자, 사회공동체를 둘러싼 맥락들을 고려하며 읽는 과정으로 바라본다. 따라서 '비판적 읽기'란 '읽기'의 종류가 아니라 '읽기'의 과정으로, 텍스트에 국한된 읽기나 사고의 행위를 넘어선 사회문화적 관점을 가진 읽기를 뜻한다.

책을 읽으면서 항상 의심을 해봐야 한다. 자신만의 잣대를 세우고 비판적 사고를 통해서 책을 바라보고 옳고 그름을 따질 수 있는 비판적 책 읽기가 절실히 요구된다. 비판적으로 책을 읽지 못하게 되면 작가의 사상에 끌려다닐 수밖에 없다. 작가의 사상이 옳다고 해도 그것은 자신의 사상이 될 수는 없다. 온전히 자신의 것이 된다는 것은 정보를 가지고 와서 나의 사상과 비교 검토의 과정을 통해서 나만의 기준을 세워 나가는 것이다. 그것이 바로 나만의 철학을 가지고 살아가는 것이다.

노자가 공자의 말이 모두 옳다고만 바라봤다면 결코 도덕경이 완성되지 못했을 것이고 도교가 나오지 못했을 것이다. 아리스토텔레스가 플라톤의 사상이 옳다고만 바라봤다면 결코 철학의 아버지라는 이름을 가지지 못했을 것이다. 수많은 철학자들이 이전 철학자들의 사상이 옳다고만 생각했다면 현재의 철학 사상은 하나도 생겨나지 않았을 것이다.

비판적 사고를 가지고 살아간다는 것은 나만의 철학을 가지고 살아간다는 것이다. 이전에 사상에서 벗어난다는 것을 의미한다. 나만의 시각을 가지고 세상을 바라봄으로써 세상에 대한 이해하고 현상을 파악하면서 문제를 해결할 수 있는 힘을 기를 수 있다. 새로움이라는 것은 비판적 사고에서부터 시작된다. 기존에 있는 것에 대한 불편함을 인식하고 나에게 질문을 하고 답을 찾아내서 불편함을 편함으로 바꾸려는 노력 그것으로부터 창조는 시작된다. 비판적 사고가 없는 사람, 나만의 시선을 가지고 있지 못한 사람은 남들이 만들어 놓은 것을 좇아가는 소비자의 삶을 살아갈 수밖에 없게 된다. 생산자가 되기 위해선 불편함을 느끼는 비판적 사고가 있어야 하고 그것을 해결하는 답을 찾아내려는 노력이 있어야 한다. 그 답을 찾아내는 것이 세상을 바꾸는 삶이고 일등이 아닌 일류, 창조자가 되는 삶이다.

다산 정약용이 즐겨 했다는 '초서 독서법'이다. 책을 읽기만 하는 단계에서 벗어나 비판적 사고를 거친 후 자신의 생각과 지식을 기록하는 초서 독서법은 최고의 학습법이자 책을 쓰는 과정 그 자체다.

다산 정약용도 즐겨 했다는 초서 독서법은 읽은 내용을 이해하고 소화하는 데 그치는 게 아니라 비판적 사고와 변증법적(문답에 의해 진리에 도달하는 방법) 기술을 추가, 손을 이용해 뇌를 자극하고 훈련시켜 세상에 유일한 자신의 생각과 지식을 기록하는 독서법이다. 저자는 초서 독서법이 최고의 학습법이자 집필 훈련법이며 동시에 책을 쓰는 과정 그 자체라고 이야기하면서 5단계로 나누어 초서 독서법을 심층 훈련해볼 수 있도록 정리했다

누구나 따라 할 수 있는 5단계 심층 훈련법, 책을 읽고 글을 쓰고 인생을 바꾼다

초서 독서법은 여러 단계로 구성된 복합적인 하나의 프로젝트다. 읽기라는 행위 속에는 '생각하기, 비판하기, 통합하기, 융합하기, 메타인지하기'가, 쓰기라는 행위 속에는 '요약 정리하기, 인출하기, 정교화하기, 창조하기' 등이 포함된다.

1단계 입지(분석, 메타인지)단계는 미리 보기를 하며 자신의 주관과 의견을 살피고, 자신의 근본을 확립하는 독서 전 준비 단계다.

2단계 해독(독해, 읽기)단계는 실제로 책을 읽고 그 내용을 이해하면서 뜻과 의미를 찾는 단계로, 보통 사람들이 말하는 독서가 이 단계에 해당한다.

3단계 판단(사고, 생각)단계는 읽은 내용을 그대로 수용하는 것이 아니라 능동적으로 비판하고 자세히 살펴 그 의미를 찾아낸다. 나아가 자신의 뜻과 비교해 취할 것은 취하고 버릴 것은 버린다.

4단계 초서(기록, 쓰기)단계는 3단계에서 생각하고 판단한 결과에 따라 선택한 문장과 자신의 견해를 노트에 기록한다.

5단계 의식(창조, 정교화)단계는 지금까지 읽고 생각하고 쓴 모든 것을 통합해 자신만의 새로운 견해, 의식, 지식을 창조하는, 즉 의식을 확장하는 단계다. 이 책은 정교하게 의도된 초서 독서법의 사고 훈련을 단계적으로 돕는다.

단계마다 저자의 예시와 스킬, 노하우를 담아 혼자서 연습하는 데 무리가 없도록 안내한다. 독자는 마치 다산의 조언에 따라 《군주론》을 분석하는 듯한 훈련들로 초서 독서법을

확실히 익힐 수 있을 것이다. 퀀텀 독서법이 수평 독서, 양의 독서라면 초서 독서법은 수직 독서, 질의 독서다. 책을 빨리 읽을 수 있는 퀀텀 독서법으로 이 책이 자신에게 도움이 될지 아닐지를 가려내고, 양의 독서를 뛰어넘고, 초서 독서법으로 그 깊이를 더해 자기 생각을 새롭게 쓸 수 있다면, 그래서 질의 독서까지 실천할 수 있다면, 누구나 강력한 독서력을 익힐 수 있을 것이다. 이왕 독서를 할 것이라면 결국 인생이 바뀌는 독서를 해야 하지 않겠는가!.

안타깝게도 많은 이가 초서를 필사와 오해한다. 책을 읽으며 중요한 내용이나 마음을 울리는 구절을 발췌해 적는 것으로 생각한다. 그러나 초서 독서법은 그렇게 단순한 독서법이 아니다. 읽은 내용을 이해하고 소화하는 데 그치는 게 아니라 비판적 사고와 변증법적 기술을 추가하고, 손을 이용해 뇌를 자극하고 훈련시켜 더 차원 높은 사고 훈련을 도와, 세상에 유일한 자신의 생각과 지식을 기록함으로써 글을 짓는 독서법이다.

초서 독서법은 최고의 학습법이자 최고의 집필 훈련법이며 동시에 책을 쓰는 과정 그 자체다. 읽기만 하는 단계에서 벗어나 읽고 나서 반드시 새로운 무언가를 창조하는 것, 이것이 바로 초서 독서법의 목적이자 근본이다.

3 비판적 사고와 글쓰기

비판적 글쓰기는 말과 행위의 옳고 그름, 참과 거짓에 대하여 올바른 기준으로서 판단하는 것이다. 비판의 표현은 비판 주체가 대상에 대하여 판단하는 과정을 거치게 되면 반드시 표현 단계를 필요로 한다. 이 과정에는 이성적인 논리성과 함께 감성적인 언어표현의 기술이 중요하며 그 표현에는 반드시 정확성이 뒷받침 되어야 한다. 정확하게 표현 되지 않으면 그 비판은 설득에 실패하게 된다.

동일한 내용의 비판이라 하더라도 표현에 따라 비판의 가치는 달라질 수 있을 뿐만 아니라 설득의 효과 또한 차이나게 된다. 그러므로 비판의 표현은 세밀한 부분까지 정확하게 서술 될 수 있도록 노력하여야 한다.

4 비판적 사고와 토론

1) 토론이란 무엇인가?

여러 사람이 모인 집단에서 의견대립이 생기면 상호 신뢰를 바탕으로 한 합리적인 절차를 통해 해결해야 하며, 이때 활용할 수 있는 효과적인 의사소통 방식이 바로 토론이다.

토론은 어떤 논제를 두고 찬성과 반대의 양측으로 나뉘어 자신의 견해가 옳거나 상대방의 의견이 잘못되었음을 주장하고, 논리적으로 입증하는 말하기 방식이다. 토론은 나와 다른 의견과 지적을 참조함으로써 상황에 대한 정확한 판단을 내리고, 독단에서 벗어날 수 있게 해준다는 데 장점이 있다. 상대방에 대한 무조건적인 공격이 아니라 비판적이면서도 합리적인 유연한 태도를 가짐으로써 효율적이고 발전적인 결과를 만들어 낼 수 있게 되는 것이다.

2) 토론의 필요성

(1) 자료조사 및 분석 능력 향상

토론에서는 자신의 주장을 뒷받침하는 확실한 근거를 마련하는 것이 매우 중요하다. 자료를 수집, 분석하고 자료 평가 능력을 기를 수 있다.

(2) 듣기 및 이해력 향상

토론 절차에는 반드시 상대측의 말을 경청하고, 그 내용을 확인해야 하는 과정이 있다. 이때 상대의 주장과 근거를 정확히 파악하고, 때로는 메모해야 한다. 경청 과정을 통해 듣기 능력을 향상시킬 수 있다.

(3) 말하기 능력 향상

토론에서는 정해진 시간 안에 자신의 생각을 체계적으로 정리해서 표현해야 하며, 때에 따라서는 예상치 못한 상대방의 공격에도 당황하지 않고, 침착하게 대응해야 한다. 또한 어법에 맞는 말과 정확한 용어로 표현해야 하기 때문에 토론을 통해 논리적이고 체계적인 말하기 능력을 향상시킬 수 있다. 동시에 상대방의 인격을 존중하면서 예의 있게 말하는 방법도 배우게 된다.

(4) 원만한 갈등해결 능력 배양

토론은 자신의 의견이 언제라도 비판당할 수 있음을 인지시켜주며, 비판에 정색을 하거나 흥분하지 않고 차분하고 조리 있게 대응하는 능력을 길러준다. 이것은 사회에서 필수적으로 요구되는 능력이다. 토론을 통해 물리적 폭력이나 강압적 태도에 빠지지 않고, 갈등을 원만하게 해결하는 방법을 배울 수 있다.

(5) 타인에 대한 공감 능력 향상

토론에서는 찬, 반을 나누기 때문에 때로는 자신의 생각과 반대되는 입장을 맡아 토론에 임하기도 한다. 이 과정에서 타인이 왜 저렇게 사고하고 표현할 수밖에 없는지를 이해하게 된다. 토론을 통해 독선적인 태도를 벗어나 어떤 사안에 대한 깊이 있고 균형 잡힌 안목을 획득할 수 있다.

(6) 협력 정신 배양

토론에 참여하는 팀원들은 공통의 목표와 과제를 해결하기 위해 입장과 의견을 함께하고, 힘을 합쳐서 전략을 짜고 각종 정보를 교환, 분담, 양보하며 토론에 참여한다. 이 과정을 통해 사회에서 꼭 필요한 협력 정신을 배양할 수 있다.

3) 토론의 기본 개념과 절차

(1) 토론의 기본 원칙

토론에서의 주장은 단순히 제시하는 것만으로 충분한 것이 아니다. 그 주장이 왜 옳은지 상대방을 설득할 수 있어야 한다. 그러기 위해서 토론 참가자들은 모두 지켜야 할 일정한 원칙과 의무가 있다.

① 주장에 대한 증명 의무

토론에서는 찬성측이 현재 상황에 대한 문제 제기를 먼저 하는 역할을 담당한다. 그러므로 먼저 발언하도록 되어 있다. 주장을 할 때는 그 내용이 사실이며 합리적이라 해도 모든 사람이 무조건적으로 수용하지는 않는다. 따라서 듣는 사람에게 확신을 줄 수 있어야 한다. 단순히 사실을 나열하거나 증거를 읽는 것만으로는 확신을 끌어낼 수 없으므로 분명하고도 논리적인 관계를 제시할 필요성이 있다.

② 반론의 의무

반론의 의무는 기본적으로 새로운 쟁점에 대해 반대하는 측이 일차적으로 진다. 반대 측에서는 찬성 측이 제시한 주장의 타당성이나 설득력을 분석해 반론해야 한다. 근거를 세워 제시된 상대방의 주장을 반론하지 않는 것은 그 주장이 정당하다고 인정하는 것으로 간주되기 때문이다. 찬성 측 역시 반대 측이 반론하게 되면 그에 대해 다시 반론을 제기할 의무를 지기 때문에 결과적으로 토론에 참여하는 사람들은 모두 반론의 의무를 지닌다고 할 수 있다.

③ 기회 균등의 원칙

토론에서는 정해진 규칙과 절차에 따라 참여자들 모두가 공평하게 발언 할 수 있도록 하고 있다. 누구나 대등한 위치에서 자신의 주장을 펼칠 권리가 있으며, 상대방의 발언권을 존중해야 할 의무가 있는 것이다. 사회자는 이에 따라 참가자 전원이 골고루 발언하고 시간을 공평하게 사용할 수 있도록 발언 시간과 기회를 분배해야 한다.

④ 의사소통 예절

토론은 하나의 논제를 두고 찬반 양측으로 나뉘어 진행되기 때문에 자칫 언쟁으로 바뀌기 쉽다. 따라서 참가자들은 토론 예절을 지키고, 정해진 규칙에서 벗어나지 말아야 한다.

발언을 할 때는 적절한 속도와 명료한 발음, 목소리 크기 등에 유의해 상대방이나 청중에게 정확히 전달될 수 있도록 한다. 그리고 발언 내용은 가능한 짧고 간단하게 하는 것이 좋으며, 말하는 내용의 핵심 요점을 분명히 한다. 발언 시간이나 정해진 발언 순서, 규칙은 정확히 지켜야 한다. 특히 항상 예의 바르고 정중한 표현을 쓰도록 노력해야 하며, 상대방을 무시하거나 인신 공격적 표현을 해서는 절대 안 된다.

(2) 논제 설정

어떤 문제를 해결하고자 할 때 가장 먼저 살펴봐야 할 것이 문제가 되는 대상 자체와 해결 방법이다. 토론에 있어서는 문제 삼고자 하는 대상을 논제라 한다. 쉽게 말해 토론의 의도와 목적, 즉 주제를 말하는 것으로 토론에서 다루어야 할 가장 핵심적인 쟁점을 문장으로 만들어 놓은 것을 말한다. 논제는 토론의 목적과 의도가 잘 드러나도록 '~는 ~이다'와 같은 완전한 문장의 형태로 제시해야 한다. 그리고 토론자들은 논제에 대해 반드시 찬성과 반대로 답을 해야 한다.

(3) 토론의 기본 절차

토론의 종류와 목적에 따라 그 형식과 절차는 다양하지만 대부분의 토론에서 반드시 필요한 기본 절차는 아래와 같다.

① 입론

논제에 대한 자기 측의 입장을 담은 주장을 펼치는 과정으로 '입장표명' 또는 '발제'라고도 한다. 토론의 시작에 해당하며, 입론에서 제시한 주장을 바탕으로 토론이 진행되기 때문에 자기 측 입장을 빠짐없이 충분히 포괄할 수 있도록 제시해야 한다.

② 상호질문

반론을 펼치거나 반론에 대해 재반론하기 위한 전 단계로 이전에 발언된 내용을 확인하고 질문하는 과정으로 확인질문이라고도 한다. 질문을 할 때는 범위를 벗어나지 않도록 상대측이 발언한 내용에 대해서만 질문해야 하며, 단순히 발언 내용을 확인하는 식의 형식적 질문은 피해야 한다. 질문 기회를 이용하여 상대방이 내세운 주장의 문제점이나 허점을 찾아 공격하거나 근거의 타당성에 대해 질문함으로써 토론의 주도권을 가져올 수도 있기 때문이다. 질문을 할 때는 상대방에게 지나치게 공격적인 태도를 취하지 말고 예의를 지켜야 하며, 답변하는 측 역시 성실하게 답변할 의무가 있다.

③ 반론

반론은 상대방의 주장에 드러나는 허점이나 오류를 지적하고 밝히는 것이다. 토론은 서로 다른 견해를 바탕으로 대립된 의견을 논의하는 자리이므로 주장에 대한 반론이 반드시 등장하며, 가장 핵심적인 단계라고도 할 수 있다. 주장이나 의견은 과학적 증명이 아닌 이상 항상 허점이 있으며, 늘 반론 가능하다. 토론은 자신과 다른 주장에 대한 반론에서 시작되고, 다시 반론에 대한 재반론을 통해 계속 이어지므로 어느 한쪽이 반론을 그만두게 되면 토론도 끝나게 된다.

반론을 할 때는 상대방의 주장이 논제에서 벗어나지 않았는지 살펴보고, 상대방이 주장하지 않은 내용을 들어 반론해서는 안 된다. 또한 제시한 근거가 타당한지, 논제와 관련성이 있는지 살펴보아야 하며, 특히 설문이나 통계 자료의 경우 조사기간이나 조사대상, 조사인원 등을 정확히 밝혀 타당성을 검토해야 한다.

④ 최종발언

최종발언은 결론에 해당하는 마무리 발언으로 청중을 주 대상으로 하는 것이다. 앞에서 이야기 했던 내용을 간략하게 요약, 정리하고, 논제에 대한 자신의 입장을 다시 한 번 선명하게 부각시켜 청중을 설득하는 단계에 해당한다.

(4) 토론의 유형

토론은 진행방식과 목적, 장소, 참석 인원 등에 따라 다양하게 나눌 수 있다.

① 진행 방식에 따라

- 직파식 토론은 찬성 측과 반대 측 각 2~3명씩으로 구성하여 진행하며, 사회자와 토론자, 청중으로 구성된다. 직파식 토론은 논제를 중심으로 쟁점을 하나씩 밝혀 서로의 논거를 직접 반박하는 방식의 토론이다. 제1찬성자의 주장에 대해 제1반대자가

반론하고, 제2찬성자는 제1반대자의 반론에 대해 재반론하며, 제2반대자는 찬성자의 발언 내용을 다시 반론하는 순으로 각각의 쟁점에 대해 토론한다.

- 반대신문형 토론은 질문을 통해 상대방의 논지를 반박하는 방식의 반대신문을 가하면서 토론을 진행하는 방법이다. 사회자와 찬성 측과 반대 측 각각 2~3명의 토론자, 청중으로 구성된다. 사회자의 지시 아래 청중도 질문할 수 있다. 질문자와 응답자는 일대일 대응이어야 하며, 한 사람이 두 사람에게 질문하거나 답변할 수 없다.
- 문제해결형 토론은 토론자가 각각 2~3명씩이며, 사회자, 토론자, 청중으로 구성된다. 다른 유형과 달리 토론을 통한 경쟁 그 자체보다는 설득에 목적을 둔다. 따라서 협동을 강조한다. 토론의 결과는 문제의 분석과정, 제시한 해결책 등을 통해 평가되는데, 투표를 이용해 결정할 수도 있다.

② 형식에 따라

- 모둠토론은 10명 이내로 구성된 각 모둠별로 토론을 가지는 것이다. 모둠이란 어떤 문제를 처리하기 위해 사람들을 모은 집단을 말한다. 주제의 성격, 참여자의 특성, 토론 장소, 시간 등이 허용하는 범위 내에서 적절한 절차에 따라 시행된다.
- 패널(panel)은 배심토론이라고도 하며, 특정 분야의 전문적인 문제들을 해결하기 위해 많이 사용한다. 사회자, 찬반토론자, 청중으로 구성되며, 특정 주제에 대해 찬성과 반대의 성향을 가진 패널들을 같은 인원으로 구성한다. 청중들도 패널들의 토론이 끝나면 사회자로부터 발언 기회를 얻어 참여할 수 있다.
- 포럼(forum)은 공개토론이다. 사회자와 1인 이상의 발표자, 청중으로 구성된다. 참여자 전원이 참여하는 대규모 공개토론에 해당하기 때문에 산만해지기 쉽다. 따라서 질문과 답변을 조정하고, 발표 내용을 정리, 소개하는 사회자의 역할이 중요하다. 발표자는 청중 대표자들과 자유토론을 하거나 전체 청중들과 자유토론을 할 수 있다.
- 세미나(seminar)은 공동연구토론이라 할 수 있다. 어떤 주제에 공동 관심을 가진 사람들이 소집단을 형성하여 공동으로 연구 발표한 수 토론하는 방식으로 진행된다. 사회자, 발표자, 토론자, 청중으로 구성된다. 토론 주제에 대해서 발표자나 토론자 모두가 전문가이어야 한다. 발표와 토론이 끝난 후 사회자의 지시에 따라 청중들도 참여할 기회를 가진다.

- 심포지엄(symposium)은 단상토론이라고도 한다. 동일한 문제에 대해 서로 다른 입장을 가진 사람들이 토론한다. 사회자, 발표자, 지정토론자, 청중으로 구성된다. 사회자, 발표자, 지정토론자는 모두 주어진 주제에 대한 전문가로 구성된다. 발표와 토론이 끝나면 청중들도 참여하여 질의 응답을 가질 수 있다.

〈Tip 토론의 여러 이름〉

토론은 형식과 절차에 따라 다양한 이름으로 불린다. 포럼, 세미나, 워크숍, 심포지엄, 패널 토론 등 모두 토론을 지칭하는 용어다. 각 용어의 뜻을 알아두면 토론을 좀 더 폭넓게 이해할 수 있다.

디베이트(Debate)

우리말로 토론 혹은 논쟁으로 번역할 수 있다. 찬반토론, 즉 양자 간 논쟁뿐 아니라 선거후보토론 같은 다자 간 논쟁도 디베이트라 한다.

디스커션(Discussion)

우리말로 토의 혹은 토론으로 번역할 수 있다. 보통 토의에서 논쟁을 거쳐 토의로 나가는 게 좋다. 우리말은 토론이 토의를 포함하지만 서양어는 디스커션이 디베이트를 포함한다.

포럼(Forum)

'포럼'이란 라틴어로 '광장'이란 뜻이다. 그리스에는 '아고라'라는 광장이 있었다. 이탈리아에 가면 '포로 로마노(로마의 광장)'가 있다. 이곳은 고대 로마의 중심지로 사람들은 이곳에 모여 물건도 팔고, 논쟁도 했다. 이후 포럼이 토론을 의미하는 단어로 발전했다. 포럼은 여러 가지 상황에서 쓰인다. 예를 들어 영화를 보고 토론하는 것이라면 필름 포 럼, 비디오일 경우에는 비디오 포럼, 강의를 듣고 토론하는 것이라면 '렉처 포럼'이라 부른다.

세미나(Seminar)

세미나는 원래 '묘상(모를 키우는 못자리)'이란 의미다. 독일을 비롯한 유럽에서 세미나 수업방식이라고 하면 교수 지도하에 대학생 공동 연구 훈련이라는 뜻이다. 원래 연구는 교수가 하는 것이다. 대학생도 교수처럼 연구할 수 있도록 훈련시구는 것이 세미나라고 생각하면 된다. 독일 대학생들은 세미나로 학점을 딴다. 그러기 위해 포어레중(Vorlesung)이라는 강의를 듣는다. 포어레중은 교수가 일방적으로 강의를 하는 수업방식인데, 이 강의로는 학점을 딸 수 없다. 포어레중은 앞에서 읽는다는 뜻이다.

심포지엄(Symposium)

심포지엄이란 그리스어로 '잔치', '향연'이라는 뜻이다. 잔치를 하다 보면 말이 많아져 논쟁으로 번지는 경우가 많다. 그래서 심포지엄도 토론의 한 형식으로 발전했다. 오늘날에는 '전문가 학술 연구 발표회'를 심포지엄이라 한다.

콜로키움(Colloquium)

콜로키움은 '함께 말하다'는 의미다. 즉 전문가가 함께 모여 말하는 것으로 우리나라에서는 '집담회'로 번역한다. 독일에서는 박사 과정에 있는 연구생이 지도교수와 동로 연구자 앞에서 자기의 박사학위 준비 소논문 주제를 발표하는 것을 콜로키움이라 한다. 일반적으로 '전문가 연구회의'를 의미한다.

워크숍(Workshop)

조직의 역량 강화를 위해 여는 내부적인 자체 연수 훈련을 의미한다.

패널 토론(Panel Discussion)

패널이란 대표단, 전문가단을 의미한다. 구성원이 많아 모든 사람이 토론에 참여할 수 없을 때 대표자들을 뽑아 공개적으로 토론을 하는 형식이다. 선발된 토론자들은 단상에서 특정 주제에 대해 공개토론을 하고, 청중은 적당한 기회에 질문을 하거나 의견을 말하는 방법으로 토론에 참여할 수 있다. 대표공개토론이라고 번역할 수 있다.

공청회/청문회(Hearing)

공청회와 청문회는 둘 다 '듣기'에 초점이 맞추어져 있다. 공청회는 국회나 행정기관에서 국민적 관심도가 높은 중요한 안건을 처리할 때 신중을 기하기 위해 학자, 경험자 또는 이해 당사자들의 의견을 듣는 공개회의이다. 청문회는 어떤 문제에 대해 내용을 듣고 그에 대해 물어보는 회의를 의미한다. 대표적인 예로 국회청문회가 있다.

원탁회의(Round Table conference)

참가자 모두가 같은 거리와 높이에서 참여하는 회의로 발언의 시간과 횟수와 순서를 고려하는 공정한 토론을 의미한다.

* 포럼과 심포지엄 및 패널토론의 비교

모두 전문가들이 발표하는 토론이지만 청중의 참여도에 있어 서로 다르다. 청중의 참여도가 가장 활발한 형식은 포럼이고 반대로 전문가들 중심의 토론은 심포지엄이다. 그 중간에 패널토론이 있다.

[그림 14-2] 토론의 여러 이름

출처: 강치원(2014). 『토론의 힘』. 느낌이 있는 책.

(5) 토론 기본체력 길러주기

토론은 결국 논리적으로 상대방을 설득해 합의점을 이끌어내는 소통의 과정이다. 토론을 잘하는 사람이라면 상대방이 흔쾌하게 논리적 패배를 인정하게 만들 줄 알아야 한다. 토론을 잘하고서도 사람의 마음을 얻지 못했다면 정말 토론을 잘했다고 할 수 없다. 토론은 말싸움으로 상대방을 무참하게 만드는 것이 아니라 다른 사람들과 관계를 맺는 것임을 알아야 한다. 즉 토론에 이겨도 사람을 놓치면 지는 법이다. 토론은 관계인 것이다.

토론은 말하기보다 경청이 먼저이다. 듣는 방식이 말하는 방식을 결정한다. 듣는 태도의 수준을 보면 아예 무시하기, 듣는 시늉하며 건성으로 듣기, 찰떡같이 말했는데 개떡같이 잘못 알아듣기, 선택적으로 골라 듣기, 비판적으로 듣기, 열린 마음으로 공감하며 듣기, 차이와 관계와 전체 속에서 자신의 말까지 듣기 등이다. 전체를 이해하고, 그 속에서 나온 이야기들이 각각 어떻게 다르고, 서로 어떤 연관이 있는지를 분석하고, 종합하고, 판단할 때만이 가능한 듣기다. 토론의 달인이 되려면 분석력, 종합력, 판단력이 필요한 것이다.

우리의 일상을 보자. 문제는 부모들이 아이들의 사고력을 키워주는 질문보다 단순히 부모의 궁금증을 풀기 위한 질문들을 많이 한다. '학교에서 공부 열심히 하니?', '숙제는 뭐니?' 그런데 질문을 많이 하는 것보다 질문의 내용이 중요하다. 부모의 호기심을 채우는 질문이 아니라 아이의 사고력을 키워주는 질문은 아이를 성장하게 한다. 사실을 인식하도록 '기억나는 것은?', 가치를 판단하도록 '느낀 것은?', 실천의지를 높이도록 '앞으로 할 일은?', 문제를 제기하는 '궁금한 것은?' 등으로 질문을 한다면 토론의 기본 체력을 높일 수 있을 것이다.

일상생활에서 활용할 수 있는 토론의 기술들이 있다. 문답형 토론, 버츄카드 토론, 밥상머리 토론, 독서토론, 체험학습 토론, 가족회의 등이다.

문답형 토론은 학생에게 사고력과 창의력을 키워줄 수 있는 질문을 하는 것 못지않게 학생들로부터 많은 질문을 끌어내는 것이 중요하다. 즉 학생들의 질문엔 질문으로 답하는 것이 최고이다. 왜? 어떻게? 질문은 아이들의 사고력을 향상시키는 데 큰 도움이 된다. 문답형 토론은 스스로 생각하는 힘을 키운다.

버츄카드 토론은 놀이처럼 즐기며 인성을 키운다. 버츄카드는 버츄 프로젝트 인터내셔널에서 개발한 인성교육 도구다. 감사, 배려, 겸손, 사랑, 화합 등 전 세계 모든 문화권에서 소중히 여기는 360여 가지 미덕 가운데 52개 미덕을 선별해 카드에 담은 것이 바로 버츄카드다. 사람간의 관계를 자연스럽게 풀어주고, 서로를 이해할 수 있게 만들어 준다. 버츄카드를 뽑고 자신의 경험을 이야기하기, 버츄카드를 뽑고 자기 성찰해보기, 버츄카드를 이용해 서로의 미덕 칭찬하기 등 다양한 놀이로 관계를 돈독하게 만들어 토론을 즐길 수 있는 중요한 기초가 된다. 서로를 이해하고 존중하는 마음이 없이는 토론이 아닌 말싸움을 하기 쉽기 때문이다.

밥상머리 토론은 다름을 인정하고 같음을 지향한다. 식사시간은 가족들과 대화할 수 있는 좋은 시간이다. 함께 이야기하면서 서로의 일상을 공유하고, 서로의 관심사를 나누면서 가족 간의 유대를 다질 수 있는 기회이다. 대화뿐만 아니라 토론을 즐길 수 있는 시간으로 활용할 수 있다. 가벼운 주제를 설정하여, 옳고 그름만 따지지 말고 다름을 인정하면 좋은 토론이 될 수 있다.

독서토론은 종합적인 사고력을 키운다. 한 사람이 열 권의 책을 읽는 것보다 열 사람이 같은 한 권의 책을 읽고 대화와 토론을 해보는 것이 교육적으로 효과적이다. 즉 제대로 정독하는 것이 독서토론의 기본이 된다. 줄거리와 함께 가치와 의지, 문제제기까지 물어야 생각이 큰다.

체험학습 토론은 종합적인 사고력을 키운다. 보고, 느끼고, 판단하는 힘을 키운다. 춤을 배우는 방법은 많다. 춤을 글만 읽고 배우기는 어렵다. 글로 춤을 이해하고 눈으로 춤 동작을 직접 보고, 몸으로 따라해 보아야 제대로 춤을 배울 수 있다. 학습의 효과는 오감을 동원했을 때 그 효과가 극대화된다. 그래서 직접 찾아보고, 느끼고, 경험하면서 배우면 더 많은 것을 얻을 수 있다. 체험 학습을 하는 동안 질문을 많이 하고, 체험 학습 후 간단하게 토론을 하는 것이 좋다. '오늘 체험학습에서 본 것 중 가장 기억나는 게 뭘까?'(사실), '뭘 느꼈어'(가치), '보고 느낀 걸 어떻게 활용할 수 있을까?'(의지), '체험학습 하면서 궁금한 건 없었니?'(문제제기)와 같이 질문을 하고 답을 들으며 긍정적인 반응을 해서 토론의 재미를 알도록 한다. 토론 후 글쓰기를 하는 것도 좋다.

가족회의는 갈등을 풀고 더불어 사는 방법을 알려준다. 나쁜 말도 기분 좋게 할 수 있는 것이 실력이다. 가족회의는 어떻게 하느냐에 따라 결과가 다르다. 성공적으로 진행하려면 사회자 역할을 하는 부모가 최대한 말을 아껴야 한다. 부모가 말을 많이 하거나 먼저 결론을 내리면 아이들은 입을 다물고 만다. 발언권은 아이에게 먼저 주고, 발언시간을 정해놓고 지켜줘야 공정해진다. 의제를 정할 때도 모두의 의견을 수렴하여 채택하고, 가족 일부의 문제를 가족회의 전체 의제로 채택하는 것도 좋다. 회의 중 감정에 휘둘리지 않으려면 적절한 감정의 거리두기를 유지하는 것이 좋다.

CHAPTER

15 적극적 수업 참여 기술

1 효과적인 수업 참여란?

이제 4차 산업혁명시대 교육시스템 전반이 흔들릴 것이다. 융합적 이해력을 갖기 위해서는 호기심과 경험이 필요하다는 것이다. 특히 이해능력과 소통능력이 꼭 필요하다. 변화에 적응하는 게 가장 중요하다. 세상이 계속 변화고 앞으로는 안정적인 게 별로 없다. 문제를 더 잘 인식하고, 창의적으로 자기만의 솔류션 내놓으려면 통합적 융합적인 이해력이 필요하다. 또 앞으로는 혼자 해결할 수 없는 문제가 점점 많아진다. 협력, 소통 능력이 지금보다 훨씬 중요하다. 이런 사람은 다양한 영역에서 여러 가지 일을 잘 할 수 있다.

효과적인 수업 참여란 질문하고 대화, 토론, 논쟁하는 것이다. 질문과 토론하면서 소통하는 공부이다. 학우들과 함께 의견을 나누고 생각을 교류하고 경청하고 배려하고 협력하는 공부이다. 일방적으로 강의하고 설명하는 것을 듣고, 혼자서 책과 씨름하는 공부는 소통하지 못하는 사람을 만들 뿐이다.

교육의 본질은 생각하는 힘을 키우는 데 있다. 즉 사고력을 키우는 것이다. 지속적으로 공부를 하게 하는 가장 큰 힘은 아이의 자발적인 의지나 지적 호기심처럼 내부에서 나오는 것이다. 자기 주도 학습의 시작은 호기심 있는 질문이다. 자발적으로 사람을 움직이게 하는 것은 호기심과 궁금증이다. 호기심과 궁금증이 많으면 자연히 질문을 많이 하게 된다. 질문을 많이 하는 것은 학습의 주체가 되는 것이다.

② 적극적 경청과 공감

적극적인 수업을 위해서는 소통이 중요하다. 그리고 소통은 경청과 배려가 답이다. 여러 위인들을 보면 엿 볼 수 있다. 어전 회의에서 정책을 결정할 때 모든 신하들의 이야기를 끝까지 듣고 자신의 의견을 말했던 세종, 전투가 있기 전 작전 회의 때 말단 병사의 의견까지 들었던 이순신, 평범한 국민의 말을 끝까지 듣고자 했던 링컨과 드골, 힘 없고 가난한 자들과 실의에 빠져 희망을 잃은 사람들의 말을 끝까지 들어 주었던 교황 프란치스코. 이들은 상대의 이야기를 경청하는 능력이 뛰어났다.

이처럼 다른 사람의 말을 잘 듣는 사람, 즉 경청을 하는 능력이 소통에 있어서도 탁월하다. 그렇기 때문에 적극적인 수업을 참여하는데는 경청하는 능력이 중요한 것이다. 그렇다면 경청을 잘하려면 어떻게 해야 할까? 경청을 잘하기 위해서는 몇 가지 방법이 있다.

1) 서로 생각이 다르다는 것을 인정하라

생각과 라이프스타일은 사람마다 제각각이다. 그래서 먼저 나와 다르다는 것을 우선 인정해야 한다. 그런데 우리는 이 '다르다'는 것을 '틀리다'라는 것과 같은 뜻으로 사용한다. 하지만 엄연히 두 단어에는 차이점이 있다. '다르다'는 것은 서로의 입장이나 의견을 존중하지만 가지고 있는 생각과 라이프스타일에는 차이가 있다는 뜻을 내포하고 있다. 반면 '틀리다'는 말은 둘 중 혹은 여러 중 하나를 제외하고는 무조건 맞지 않는다는 뜻을 내포하고 있다.

나와 상대의 생각이나 라이프스타일이 하나는 맞고 하나는 틀린 것이 아니라 사람에 따라 제각각이다. 그러므로 경청할 때 상대와 나의 차이를 인정하고 상대의 입장에서 생각하고 듣는 것이 중요한 것이다.

소크라테스가 말한 '듣는 사람의 경험에 맞추어 말을 해야 한다'는 것은 반대로 생각해 보면 내가 들을 때도 말하는 사람의 경험에 맞추어 들어야 한다는 것이다. 말하는 사람의 경험에 맞춘다는 것은 바로 상대와 나의 차이를 인정하고 상대의 입장이 되어서 이야기를 들어야 한다는 것이다.

서로의 생각을 진정으로 존중해 줄 때 진짜로 마음과 마음이 통하고 원하는 결과를 얻을 수 있다. 이는 '소통'이라는 것이 결국에는 사람의 마음을 움직여야 하기 때문에 그렇다. 사람의 마음을 움직이기 위해서는 상대의 이야기를 주의 깊게 들어줘야 하고, 여기에는 상대에 대한 진심이 담긴 존중이 들어가 있어야 한다.

'상대에 대한 진심 어린 존중'은 경청할 때 필요하다. 내가 상대의 이야기를 제대로 듣기 위해서는 그 이야기를 주의 깊게 들어야 한다. 주의 깊게 듣기 위해서는 '상대와 내가 생각과 라이프스타일이 다르다'는 것을 인정해야 한다. 바로 이것이 상대에 대한 진심 어린 존중이라 하겠다.

이것이 바탕이 되면 상대의 입장이 되어서 편견과 선입견 없이 그의 이야기를 들을 수 있다. 편견과 선입견 없이 상대의 이야기를 들으면 상대의 이야기를 보다 객관적인 입장에서 들을 수 있게 된다. 이를 통해 좀 더 깊은 대화도 할 수 있다.

2) 편견과 선입견을 버려라

소통을 잘하기 위해서는 상대의 이야기에 귀 기울일 줄 알아야 한다. 상대의 이야기에 귀 기울인다는 것은 남의 이야기를 제대로 듣는다는 것, 즉 경청을 잘한다는 것이다. 상대의 이야기를 객관적으로 듣기 위해서는 상대에 대한 편견과 선입견을 버려야 한다는 것이다.

편견과 선입견은 사전적으로 보면 '편견'은 '공정하지 못하고 한 쪽으로 치우친 생각'이라는 뜻을 가지고 있다. '선입견'은 '어떤 대상에 대하여 이미 마음속에 가지고 있는 고정적인 관점이나 관념'이라는 뜻을 가지고 있다. 즉 '편견'과 '선입견'이라는 것은 내가 상대를 바라볼 때 고정적인 관점으로 한쪽만 바라보고 다른 한쪽은 바라보지 못한다는 것이다.

상대의 이야기를 객관적인 입장에서 듣는다는 것은 그만큼 내가 상대를 존중하고 있다는 표시다. 상대의 이야기를 편견과 선입견이 없이 들을 때 제대로 된 경청이 될 수 있고, 제대로 된 소통이 될 수 있다.

상대의 이야기를 들을 때 가장 중요한 것이 상대의 이야기를 있는 그대로 듣는 것, 즉 상대의 입장이 되어 객관적으로 듣는 것이다. 그런데 우리는 스스로 자신이 객관적인 입장에서 상대의 이야기를 듣는다고 생각한다고 말하지만 현실은 그렇지 않다. 우리는 각자 자신이 만들어 놓은 틀 안에서 상대의 이야기를 듣는다. 그래서 제대로 된 소통이 되지 않는 것이다. 이는 각자의 내면에 각인된 '편견'과 '선입견'이라는 고정관념이 있기 때문이다. 우리가 사람이나 사물을 볼때 고정관념으로 본다면 그 사람이나 사물의 진짜 모습을 볼 수가 없다. 그렇게 되면 당연히 객관적인 입장에서 판단하기는 어려울 것이다.

바로 상대에 대한 존중은 편견과 선입견을 버리는 것이다. 내가 상대를 편견과 선입견 없이 진심으로 존중해줄 때 상대 또한 나를 진심으로 존중해 준다. 이렇게 되면 서로의 이야기를 경청할 수 있고, 그에 따라 소통도 잘 할 수 있는 것이다.

3) 상대의 이야기를 잘 들어라

소통할 때 가장 중요하고 우선으로 해야 하는 것이 상대의 이야기를 들어주는 것이다. 상대의 이야기가 끝나고 자신이 이야기할 때 상대의 이야기를 제대로 들었다면 상대의 이야기의 내용에 맞추어 이야기한다. 하지만 그렇지 않은 경우는 이야기가 다른 쪽으로 빠져버린다. 이것이 바로 경청을 했는지 아닌지의 차이점이다.

상대의 이야기를 들을 때는 경청해야 하고, 경청하기 위해서는 철저하게 상대의 입장에서 보고, 듣고, 생각해야 하는 것이다. 경청을 잘하는 사람들은 상대의 이야기를 철저하게 상대의 입장에서 바라본다. 즉, 상대의 입장에 서서 바라보는 것이다. 또한, 이야기할 때 내가 중심이 아니라 상대가 중심이 될 수 있게끔 해준다. 반면 경청을 못 하는 사람들은 상대의 이야기를 나의 입장에서 바라보고 철저히 내 중심으로 이야기 한다. 이렇게 되면 상대는 나를 어떻게 볼까? 겉으로는 표시내지 않을 수도 있지만 속으로는 분명 불편하게 느낄 것이고, 답답하게 느낄 것이다. 이렇게 되면 다시는 나와 대화하지 않겠다는 생각을 가질 수도 있다.

상대의 이야기를 들을 때 경청하는 것도 중요하지만, 그 이야기 속에서 상대가 정말 하고 싶은 이야기의 핵심을 파악하는 것이 중요하다. 상대 이야기의 핵심을 파악한다면 듣는 사람도 좀 더 집중해서 들을 수 있고, 자신의 입장도 그 핵심 포인트에 맞추어 정리할 수 있다.

상대와 대화할 때 대화의 핵심 포인트를 잡아내려면 1차적으로 상대의 이야기에 경청해야 한다. 상대의 이야기를 제대로 듣는다면 상대 이야기의 흐름을 파악할 수 있다. 2차적으로 상대의 이야기를 내 입장이 아니라 상대의 입장이 되어서 듣고, 생각해야 한다. 내가 상대의 입장이 되어 보면 상대가 정말로 하고 싶은 말의 핵심 포인트가 보인다.

상대의 이야기를 제대로, 관심있게 듣는 것이 경청이다. 내가 상대에 대해 관심을 가지면 자동적으로 상대의 스타일을 알게 될 것이고, 상대의 이야기를 들을 때도 이 스타일을 참고해서 들을 수 있다. 상대와 소통할 때 상대에게 관심을 가지면 더 많은 것을 들을 수 있고, 나도 더 많은 것을 얻어갈 수 있다.

4) 공감하면서 들어라

상대가 하는 이야기의 핵심 포인트를 정확히 파악하기 위해서는 상대의 이야기에 공감해야 한다. 상대의 이야기에 공감한다는 것은 내가 상대에게 관심이 있다는 것을 표현해 주는 것이다. 상대 입장에서 내가 자신에게 관심이 있는 것을 안다면 이야기할 때 좀 더 편하고 상세하게 이야기할 수 있다.

상대의 말에 공감하는 것은 경청의 기본이다. 상대의 이야기에 공감한다는 것은 내가 제대로 들을 수 있는 준비가 되어있다는 것이다. 상대의 이야기를 들을 수 있는 준비가 되어 있으면 경청하기가 쉬워진다. 그만큼 상대의 이야기에 내가 공감해주는 것이 중요한 것이다.

상대의 이야기에 경청한다는 것은 나와 상대가 통하고 있다는 것이다. 나와 상대가 통하는 것은 나와 상대가 서로 공감하고 있다는 것이다. 다시 말해 경청을 잘하는 것은 나와 상대의 공감에서 시작되는 것이다.

5) 메모하면서 들어라

사람이 오감각을 사용해서 기억하는 것에는 한계가 있다. 그래서 인류가 발달시킨 것이 기록하는 능력과 방법이다. 기록해둔 기억은 잊고 있어도 그 기록을 보면 되살려 볼 수 있어 결과적으로 머릿속에서 지워지는 일이 없다. 그래서 중요한 것을 손으로 직접 기록하는 것은 가치있는 일이다.

상대의 이야기를 메모하는 것은 상대의 이야기를 경청하는 것만으로 모든 것을 기억할 수 없기 때문이다. 경청에서 중요한 상대가 하는 이야기의 핵심 포인트를 잡기 위해서라도 메모는 필수적이다.

내가 상대의 이야기를 메모함으로써 상대의 이야기를 상대의 입장에서 볼 때 효율적이다. 귀로 듣는 것은 뇌에서 오래도록 기억되지 않는다. 그래서 상대의 이야기를 잊지 않기 위해서라도 기록을 하는 것이다. 상대의 대화 내용을 상대의 입장에서 바라보는 것도 메모하면 더욱 수월하다. 상대의 입장에서 바라보는 '역지사지' 이것은 소통의 시작이자 경청의 시작이다. 상대의 입장에 서서 보고, 듣고, 느끼려면 상대의 입장이 어떤 것인지 먼저 알아야 한다.

상대의 이야기를 메모하는 것은 상대에게 '내가 당신의 이야기에 관심이 있고, 집중해서 듣고 있다'는 것을 보여주는 것이다. 즉 내가 상대에게 자신의 이야기를 경청하고 있다는 것을 보여주는 것이다.

6) 상대의 이야기를 중간에 끊지 마라

경청하기로 했으면 상대의 이야기를 끝까지 들어라. 상대의 이야기를 처음부터 끝까지 들어준다는 것은 내가 상대에게 관심을 보이고 있다는 것이다.

TV에서 하는 토론프로그램을 보면 나의 이야기가 다 끝나지도 않았는데 상대가 중간에 끼어들어서 자신의 이야기를 하는 장면을 볼 수 있다. 이때 계속 말을 하는 입장이라면 상대가 끼어드는 것이 불쾌할 것이고 '내 이야기에 관심 없다'는 것을 보여주는 것이다.

사람들은 말을 길게 하면 할수록 지루하게 느껴진다. 아무리 상대가 하는 말의 내용이 웃겨도 그러하다. 아무리 상대의 이야기를 경청하고 싶어도 경청할 수 없다. 그래서 중간중간 이야기에 흥을 돋우는 말을 해야 한다.

상대와의 소통이 수월해지기 위해서는 상대의 이야기를 내가 중간에서 끊지 않고 끝까지 들어야 한다. 이는 바꿔 말해 나의 의견을 이야기할 때는 상대의 이야기가 끝난 후에 해야 한다는 것이다.

'경청'을 사전적 의미로 풀어보면, '상대의 말을 듣기만 하는 것이 아니라, 상대가 전달하고자 하는 말의 내용은 물론이며, 그 내면에 깔려 있는 동기나 정서에 귀를 기울여 듣고 이해한 바를 상대에게 피드백하여 말한다'는 의미를 지니고 있다.

7) 나의 견해는 제일 마지막에 말하라

경청은 상대의 이야기를 주의 깊게 들음으로써 상대가 하는 이야기의 진짜 의도를 파악하는 것이다. 상대가 말하는 바의 진짜 의도를 파악하기 위해서는 상대의 이야기를 무슨 일이 있더라도 끝까지 들어 주어야 한다. 상대가 이야기할 때 메모하면서 상대가 이야기하는 바의 핵심 포인트를 파악하며 들어야 한다. 또한 필요하다면 상대에게 질문해서 좀 더 구체적으로 상대가 말하는 바의 핵심 포인트를 파악할 필요도 있다.

내 의견을 마지막에 말하는 것은 상대에 대한 배려이다. 그리고 내 의견은 짧게 말하라.

3 질문이 있는 교실

질문의 힘은 즉, 개념의 힘이다. 진정으로 자기 머리로 생각한다는 것은 무엇보다도 자기 머리로 질문하는 것이다. 그러나 보통 우리는 의문의 수준에 머문다. 의문이 느낌의 수준이라면, 질문은 생각의 수준으로 상승한 의문이다. 따라서 먼저 행해야 할 것은 의문을 질문으로 만드는 것이고 그 질문들을 전개하는 것이다.

질문은 두 개의 수준으로 구성된다. 하나는 '어떻게'라고 묻는 것, 즉 실태가 무엇인지를 묻는 것이다. 다른 하나는 '왜'를 묻는 것, 즉 인과관계를 묻는 것, 즉 제기되는 현상의 원인을 묻는 것이다. 이 두 질문을 주축으로 초기의 소박한 질문을 분해하여 전개하는 브레이크다운법이 핵심이다. 이렇게 함으로써 우리는 새로운 인과관계 유형을 가정하고 그것을 확인하고 다시 가정하는 과정을 거쳐 사태의 다양한 측면을 다룰 수 있게 된다.

질문이 좋아야 생각을 날카롭게 해서 토론이 제대로 이루어질 수 있다. 배움 역시 질문으로 시작된다. 사람은 배우려면 의문을 가져야 한다. 의문을 갖는다는 것은 지혜의 출발이다. 알면 알수록 의문이 생기고 질문이 늘어난다.

질문을 잘하는 사람은 상황에 딱 맞는 질문을 던진다. 우리가 자주 접하게 되는 상황에서 활용할 수 있는 질문 목록을 살펴보자.

- 오프닝을 위한 질문
  '우리가 다룰 이슈가 몇 가지 있는데, 어느 것부터 다룰까요?'
- 분석과 평가를 위한 질문
  '우리가 지금까지 논의한 해결안들을 평가하기 위해 어떤 방법을 사용할까요?'
- 액션을 위한 질문
  '이 상황에서 무엇을 해야 하나요?'
- 메타 질문(토의 과정 혹은 내용에 대한 질문)
  - 토의 방법에 대한 질문 : '지금까지 우리가 토의를 진행해온 방법에 대해 어떻게 생각합니까?'
  - 멤버들 간의 상호작용에 대한 질문 : '우리는 다른 사람들이 말할 때 경청을 잘하고 있습니까?'
  - 토의 내용에 관한 질문 : '지금까지 토의한 내용은 다음과 같습니다. 토의 내용이 맞습니까 아니면 어느 방향으로 가야 합니까?'

세계적인 작가 레프 톨스토이(Leo Nikolayevich Tolstoy)의 작품은 의문문으로 독자에게 다가간다. 〈사람은 무엇으로 사는가〉에는 '사람의 마음에는 무엇이 있는가?' 등 사람이 가져야 할 마음가짐과 살아가면서 추구해야 할 삶의 목적을 질문을 통해 문학적으로 풀어간다. 톨스토이는 미하일을 통해 사람은 사랑으로 살아가야 함을 이야기한다.

다른 저서 〈세 가지 질문〉에서는 '세상에서 가장 중요한 때는 언제인가?', '세상에서 가장 중요한 사람은 누구인가?', '세상에서 가장 중요한 일은 무엇인가?'라는 의문문으로 삶의 진리를 찾도록 돕는다. 세 가지 질문에 대한 답을 이렇게 내놓는다. 가장 중요한 때는 바로 지금이고, 가장 중요한 사람은 지금 옆에 있는 사람이며, 그를 위해 선행을 베푸는 것이 가장 중요한 일이라고 알려준다.

이처럼 톨스토이는 인간의 삶에 필요한 덕목들에 의문문을 던지고 그 답을 찾는 과정을 풀어내며 메시지를 전한다. 의문문으로 인간이 추구하는 삶을 통찰하고 그 해결책을 제시해 나간다. 자기 삶에 던지는 의문문이 얼마나 중요한 것인지를 톨스토이는 깨닫게 한다.

인생의 진보나 성장은 질문을 통해 시작된다. 일상적인 삶도 대부분 질문으로 이루어져 있다. 우리가 하는 일의 대부분은 질문하고 대답하는 것이다. 또한 삶의 질을 높이고 싶다면 습관적 질문을 바꾸어야 한다. 성공한 사람은 더 나은 질문을 하고 그 결과 더 나은 답을 얻는다. 삶을 변화시키고 싶다면 질문을 바꾸라는 의미이다. 질문이 바뀌면 답도 달라지기 때문이다. 어떤 질문을 던지느냐에 따라 그에 따른 결과물도 바꿀 수 있다는 것이다.

질문이 주는 놀라운 힘이 있다.

- 질문을 하면 답이 나온다. 질문을 받으면 대답을 하지 않을 수 없다.
- 질문은 생각을 자극한다. 질문은 질문을 하는 사람과 질문을 받는 사람의 사고를 자극한다.
- 질문을 하면 통제가 된다. 모든 사람은 스스로 상황을 통제하고 있을 때 편안하고 안정감을 느끼기에 통제가 가능하다.
- 질문은 마음을 열게 한다. 사람들은 자신의 사연, 의견, 관점에 대한 질문을 받으면 우쭐해진다. 질문을 하는 것은 상대방과 그의 이야기에 관심을 보여주는 것이므로 과묵한 사람이라도 자신의 생각과 감정을 드러내며 마음을 연다.
- 질문은 귀를 기울이게 한다. 적절하게 질문을 하는 능력을 향상시키면 보다 적절하고 분명한 대답을 듣게 되고, 중요한 일에 집중하기 쉬워진다.
- 질문에 답하면 스스로 설득이 된다. 사람들은 누가 해주는 말보다 자기가 하는 말을 믿는다. 사람들은 자신이 생각해낸 것을 좀 더 쉽게 믿으며, 질문을 요령있게 하면 사람들의 마음을 특정한 방향으로 움직일 수 있다.

질문을 던지고 답을 찾는 과정에서 진짜 지혜가 생긴다. 지혜는 깨달음에서 생기고, 깨달음은 적는 과정에서 생긴다는 것이다.

책 내용을 이해하고 그 안에서 깨달음을 얻고, 사색하며 생각을 버려내고, 삶에 적용할 것들을 발견하여 실천할 수 있는 질문을 체계적으로 던지고 답을 찾도록 한다. 〈5단계 질문 독서법〉을 따라 질문을 던지고 답을 찾다 보면 나도 모르는 사이에 책 내용을 꿰뚫을 수 있다. 결국, 나도 모르는 사이에 생각의 변화를 경험하게 되고 깨달음을 얻게 되는 것이다.

생각을 넓혀주는 독서법인 질문 독서법 5단계를 소개한다.

1단계는 '준비 읽기'다. 책의 본문을 읽기 전에 어떤 내용인지 미리 살펴보는 과정이다.

책 속 여행을 떠나기 전에 미리 정보를 탐색하며 여행을 효과적으로 할 수 있도록 준비하는 것이다. 어디로 가야 할지, 무엇을 보고 느껴야 할지 미리 살펴보고 떠난 여행은 다르다. 그렇게 1단계에서는 책을 미리 탐색해보며 준비한다. 책 속 여행 준비가 끝나면 바로 2단계로 넘어간다.

2단계는 '독해 읽기'다. 저자가 책에서 전달하는 메시지를 명확하게 읽어내는 과정이다. 미리 준비하는 과정에서 어느 정도 예측을 했기 때문에 더욱 쉽게 책 내용을 이해할 수 있다는 장점이 있다. 문장 속에 감춰진 저자의 의도까지 꿰뚫을 수 있도록 질문을 던지고 독해하며 읽는 것이다. 진짜 독해는 문장과 문장사이의 행간을 읽어내야 한다. 행간에는 저자의 의도가 숨겨져 있기에 심혈을 기울여 문장을 만나고 이해하며 읽는 것이 2단계다.

3단계는 '초서 읽기'다. 초서는 베껴 쓰는 것을 말한다. 저자가 풀어놓은 문장 중 감동적인 부분이나 핵심이 될 만한 문장을 따로 베껴 쓰고 그것에 질문을 던지는 과정이다. 평생 간직할 만한 문구가 있다면 암송까지 한다. 그런 문장과 문구가 깨달음을 주고 변화의 동기를 유발한다.

4단계는 '사색 읽기'다. 사색 읽기는 책 내용을 분석하고 토론하고 비판하고 비교하며 읽는 과정을 말한다. 발췌한 문장과 문구를 더 깊이 생각하며 지혜를 벼려내는 과정이다. 책 메시지를 곰곰이 생각하며 독자 자신의 것으로 만들려면 사색의 과정이 필요하다. 사색해야 깨달음을 얻고 지혜가 생긴다. 그때 저자의 것이 내 것으로 변환된다.

5단계는 '적용 읽기'다. 실천할 것들을 찾아내 변화를 일으키는 과정인 것이다. 생각한 것을 삶으로 표현하는 단계이다. 글로 표현해서 결과물로 남기기도 하고, 행동으로 옮길 것은 실천하도록 이끌어 내는 과정이다. 모든 독서는 읽는 것으로 끝나면 의미가 없다. 반드시 실천으로 이어져야 한다. 거창한 것이 아닌 아주 사소한 것이라도 실천해야 내 것이 된다. 삶에 적용하고 실천했을 때 비로소 변화의 씨앗에 싹이 돋는다.

준비-독해-초서-사색-적용 이렇게 5단계로 질문하고 답을 찾으며 독서를 이어가다 보면 자연스럽게 책 내용을 이해하고 그 안에서 전하는 저자의 마음도 읽어낼 수 있다.

4 제4차 산업혁명시대의 적극적 수업참여기술

제4차 산업혁명 시대에는 인공지능시대를 준비하는 자만이 살아남고 주도할 수 있다. 그런 인재는 자신만의 생각으로 답을 만들어가는 사람이다. 책을 읽고 질문을 던지며 새로운 것과 연결 짓고 통합하고 조직할 수 있어야 한다. 세상과 사물과 삶과 자신에게 질문을 던지고 답을 찾는 노력이 필요하다. 실패하더라도 끊임없이 도전하고 시도하는 사람이다. 그런 사람에게 인공지능시대는 위기가 아니라 기회의 장이 될 것이다. 걱정과 근심이 아니라 희망으로 나아가는 설렘이다. 그 소망의 빛은 바로 질문에서 뿜어져 나온다.

4차 산업혁명은 인공지능이 사람을 지배하는 시대다. 인공지능 시대에는 더 이상 지식만 주입시키는 과거의 교육 방법으로는 세계와의 경쟁에서 이길 수 없다. 이제는 남과 다르게 표현할 수 있는 창의성과 집단지성으로 협력해야 살아남을 수 있다. 하브루타는 질문하고 대화하고 토론하고 논쟁하는 과정에서 창의성과 사고력을 향상시킬 수 있는 최고의 공부 방법이다. 이제 학생들이 생각할 여유도, 이유도 없을 정도로 정답을 알려 주는 지나치게 친절한 교육에서 벗어나 학생이 주인공인 수업, 가르침이 적은 수업, 학생이 말을 많이 하는 수업으로 바꾸어 아이들의 핵심 역량을 길러 주어야 한다.

창조적인 능력은 배움에서 나온 것이 아니다. 스스로 생각을 만들어 내는 능력에서 나온다. 좋은 질문 하나를 던질 수 있는 능력이 필요한 것이다. 어떤 상황에서도 질문을 던질 수 있어야 한다. 질문을 던지지 않으면 오늘보다 더 나은 미래를 기대할 수 없기 때문이다. 이제 우리도 매일의 삶에 질문을 던져야 한다. 특히 독서하는 과정에서의 질문이 필요하다. 책을 읽으면서 자동적으로 질문이 생성될 때까지 훈련해야 한다.

제4차 산업혁명시대를 적극적으로 대비할 수 있는 적극적 수업참여기술에는 '거꾸로 교실'과 '하브루타 수업'이 있다.

1) 거꾸로 교실

거꾸로 교실은 기존 전통적인 수업 방식인 학교에서 공부하고 집에서 숙제하는 구조와 반대로, 집에서 공부하고 학교에서 활동과 토론을 통해 공부하는 방법을 말한다. 전통적인 교육은 교실에서 교사가 지식을 아이들에게 전달하고 아이들은 집에서 복습하는 형태이다. 이것을 반대로 뒤집어, 아이들이 집에서 동영상 강의 등을 통해 학교에서 공부해야 할 내용을 사전에 예습하게 한 후 학교에서는 질문과 토론 발표 수업을 통해 지식을 확장시키고, 상호 작용적인 형태의 수업을 통해 아이들의 적극성과 자기 주도성을 촉진하는 방식이다. 즉 기존의 학습 방법인 학생은 배우고 교사는 가르친다는 개념에서 탈피해 거꾸로 학생은 듣는 공부보다는 말하고 활동하며 공부한다는 원리이다. 교사가 일방적으로 수업만 하는 형태의 학습에서 벗어나 가르치는 시간을 줄이고 아이들이 서로 토론하고 협동하며 배워가는 시간을 보장하는 것이다.

거꾸로 교실의 핵심을 정리해 본다.

① 수업 전에 미리 공부하고, 수업 시간에는 활동과 토론을 통해 학습한다.
② 수업 시간에 설명할 내용을 동영상으로 만든다.
③ 동영상 길이는 10분 이내로 한다.
④ 동영상을 수업 시간 중에 볼 경우 모둠별로 시청한다.
⑤ 교사는 해결할 문제나 토론할 주제 등 활동할 거리를 학생에게 제시한다.
⑥ 학생들은 서로 협력하면서 스스로 문제나 과제를 해결하고 토론한다.
⑦ 교사는 학생들의 질문을 받고 학생들의 배움을 돕는 촉진자가 된다.
⑧ 교사는 학생과의 개별 접촉을 최대한 늘리는 것이 좋다.

거꾸로 교실의 강의의 주체는 학생이 되고 객체는 교사가 되는 수업 방식으로 바뀐다. 학생들이 활동 위주의 수업으로 진행하므로 지루해하지 않으며 재미있게 참여한다. 수업 시간은 교사의 창의적인 수업 방식의 기획과 학생들의 능동적인 참여와 활용에 의해 구성된다.

교사는 활동지를 학생들에게 주어 학생들이 능동적으로 학습하도록 돕거나 학생들의 질문을 받고 어려워하는 학생들을 돕는다. 교사는 학생들에게 효과적인 학습이 일어나도록 발문을 던지고, 학생들의 반응을 분석하며 새로운 생각을 하도록 돕는 촉진자로서의 역할을 한다.

학생들이 스스로 예습함으로써 사전 지식을 갖고 오기 때문에 수업 시간에 인지작용이 훨씬 더 효과적으로 일어나는 것은 당연하다. 무엇보다 아이들의 적극성과 자신감을 촉진시키기 때문에 학습 효과가 클 수밖에 없다.

동영상으로 공부하는 이유는 학생들이 책이나 글보다는 동영상에 반응하기 때문이다. 이들은 컴퓨터와 스마트폰의 세대이기 때문에 동영상에 매우 익숙하다. 학생들의 집중 시간이 길지 않고 흥미를 지속하면서 보기 어렵지 않게 구성한다.

KBS 〈파노라마〉 '21세기 교육혁명-미래 교실을 찾아서' 프로그램을 보면, 거꾸로 교실을 활용하여 한 학기를 적용한 결과 성적이 향상된 놀라운 결과를 볼 수 있다. 이 효과는 교실에서 교사가 '가르침'을 내려 놓았을 때의 결과이다. 흔히 교사는 자신의 핵심 직무를 '가르침'이라고 생각한다. 잘 가르치기 위해 수업을 설계하고, 교재 연구를 하고, 수업 계획안을 짜고, 여러 가지 수업 매체를 활용한다. 하지만 이런 모든 것들은 일방적인 수업 형태일 수밖에 없다. 학생사이 상호 작용이 어렵다. 학생들은 선생님의 가르침이 시작되면 너무나 익숙한 것이기 때문에 뇌가 반응하지 않는다. 그래서 저절로 졸음이 오고, 엎드려 자기 시작한다. 교사가 가르치는 것이 중요한 것이 아니라 학생들 사이에 실질적인 배움이 일어나야 의미를 갖는다.

하브루타는 2000년이 넘은 유대인들의 전통 학습 방법이다. 거꾸로 교실은 최근에 등장한 교육법이다. 거꾸로 교실 수업 시간은 하브루타의 요소가 거의 대부분을 차지하고 있다. 왜냐면 하브루타가 학생끼리의 대화, 토론, 협력, 소통을 전제로 하고 있고, 거꾸로 교실 역시 학생 참여를 능동적으로 하다 보니 대화, 토론, 협력, 소통할 수밖에 없다.

2) 하브루타 수업

하브루타는 일상생활에서부터 전문지식을 얻기 위한 방법에 이르기까지 다양하고 넓게 펴져있는 유대인의 대화법이다. 그들만의 독특한 교육문화이며, 세계적인 인재들을 키워내는 유대인 교육의 핵심이다.

하브루타는 질문에서 시작된다. 질문을 통해 궁금한 부분에 대한 해답을 찾는 것이다. 하브루타에 독서를 접목하여 함께 책을 읽고 질문하고 토론하는 것이 바로 하브루타 독서법이다.

우리는 질문하기를 어려워하는 경향이 있다. 질문에 익숙하지 않은 환경에서 자란 탓도 있고, 질문하고 싶은 마음이 굴뚝같아도 그것도 모르냐며 면박 받고 무시당할까봐 질문 자체를 꺼리기도 한다. 좋은 질문은 좋은 인생을 만든다고 한다. 자기 자신과 세상에 대하여 좋은 질문을 한다는 것은 장차 스스로 살아갈 길을 개척하고 긍정적인 자세를 가진다는 증거이기 때문이다.

둘이서 혹은 여럿이 함께 책을 선정해서 같이 읽고 질문을 던지고 생각을 나누면서 학생들은 책 읽기의 즐거움을 발견할 뿐만 아니라 생각하는 힘을 키운다. 그 과정에서 타인의 의견을 경청하는 습관, 자신의 생각을 분명하게 표현하는 능력, 문제해결력도 커진다.

(1) 하브루타 수업과 최고 공부의 조건

① 혼자하는 공부 / 함께하는 공부

핀란드는 아이를 낳아 교육하는데 국가가 거의 책임을 진다. 어머니가 아이를 낳으면 그 아이를 돌보고 바르게 교육시킬 책임이 국가에도 있다고 믿는다. 아이가 서로 도울 줄 알고, 소통하고 협력할 줄 알며, 지적 능력과 함께 상대방을 존중하여 건강한 시민으로 성장해야 하는 것이다. 핀란드 교육은 협동, 토론, 체험으로 유명하다. 어디서든 여러 명이 짝을 지어서 공부한다.

경쟁과 협동은 학생의 행복을 위한 2개의 수레바퀴이다. 인간에게 경쟁은 숙명인지 모른다. 그러나 경쟁이 심화되면 그 부작용 역시 만만치 않다. 지나친 경쟁은 내적 동기를 떨어뜨린다. 건강한 경쟁은 공정성을 전제로 했을 때만 가능하다. 공부는 협동을 전제로 한 경쟁이 가장 바람직하다. 핀란드나 유대인 교육이 성공한 이유는 협동을 기반으로 했기 때문이다. 하부르타는 짝과의 협동을 기반으로 하여 그 내면에 경쟁을 숨겨 놓은 시스템이다. 우리는 토론이나 논쟁에서 이기고 싶어 한다. 그래서 짝과의 토론은 협동과 경쟁이 함께 하는 가장 효율적인 시스템이다.

② 듣는 공부 / 묻는 공부

공부는 생각하는 것이므로 책상에 앉아서 하기도 하지만 걸으면서, 대화하면서, 혼자 생각하면서 하는 것이다. 깊게 생각하고, 질문하는 것이 무엇보다 중요하다. 한 가지라도 제대로 한권의 책이라도 깊이 있게, 아는 것이 중요하다. 자신의 의견을 말이나 글로 표현하는 것에 중점을 둔다. 질문하면 답이 나온다. 질문은 생각을 자극한다. 질문하면 정보를 얻는다. 질문을 하면 통제가 된다. 질문은 마음을 열게 한다. 질문은 귀를 기울이게 한다. 질문에 답하면 스스로 설득이 된다.

③ 하나의 정답 / 다양한 해답

유대인들이 가장 많이 하는 질문 가운데 하나는 '너의 생각은 어떠냐?'는 말이다. 그들의 토론은 '나의 생각'과 '너의 생각'을 묶어 '우리 생각'을 창조하도록 돕는 것이다. 하브루타를 잘 하기 위해서는 독서가 필수다. 책을 읽은 뒤에는 간단한 독후감이 포함된 일지를 작성한다. 독서보다 더 중요한 것은 독서한 것을 바탕으로 한 토론이다, 유대인 아이들은 토론을 하면서 막혔던 부분을 이해하기 위해 또 책을 찾는 습관이 이루어진다. 하브루타는 비판적 책 읽기에서 시작된다. 유대인의 경전인 토라와 탈무드는 다양한 해답의 집합체이다. 유대인들은 어떤 주제든 토론 없이 결론을 이끌어내지 않을 뿐 아니라 소수의 의견이라고 무시하지 않는다.

④ 조용한 공부 / 떠드는 공부

'내 생각은 어때?'란 말과 더불어 유대인들이 가장 많이 사용하는 말은 '왜 그렇게 생각하니?'란 말이다. '내 생각은 어때?'라고 물어서 학생이 대답을 하면 틀렸다, 맞았다는 판단이나 평가를 해주는 것이 아니라 설령 틀렸더라도 '왜 그렇게 생각하니?'라고 묻는다.

⑤ 외적 동기 / 내적 동기

두뇌 발달에 가장 좋은 자극은 격려이다. 그 어떤 것이든 내적 동기를 기반으로 하는 것이 가장 힘이 있고 지속 가능하다. 내적 동기를 강화시키기 위해서는 스스로 선택할 수 있는 기회를 많이 부여하는 것이 중요하다. 스스로 생각하고 결정할 기회를 주는 것이 좋다. 스스로 생각하고 판단하고 결정한 것만이 학생을 진정으로 성장시킨다.

(2) 하브루타 수업과 공부의 실제

하브루타의 가장 큰 위력은 생각하는 힘을 키우는 데 있다. 대화하고 토론하고 논쟁하면서 끊임없이 생각하게 된다. 하브루타는 뇌를 작동시키는 방법이다. 생각하게 되면 사고력, 안목, 통찰력, 창의성 등이 저절로 개발된다. 더불어서 친구와 함께 하기 때문에 소통과 협력 능력이 길러진다.

하브루타 수업, 어떻게 할 것인가?

① 수업중 친구 가르치기

수업중에 친구 가르치기의 장점은 교실이 살아나고, 역동적이게 되고, 조는 학생들이 사라지고, 다른 생각을 하는 학생들도 사라진다.

② 질문 중심 하브루타 수업

질문 중심의 하브루타 수업은 학생들이 본문을 읽고 질문을 만들어서 먼저 짝과 일대일 토론을 한 다음에 둘이서 가장 좋은 질문을 뽑고, 그 뽑힌 질문으로 모듬끼리 토론을 하고, 그 모듬에서 가장 좋은 질문을 뽑는다. 그 질문을 가지고 집중 토론을 한 후 그 내용을 정리 발표하고, 교사가 정리해 주는 수업이다.

③ 논쟁 중심 하브루타 수업

논쟁 중심 하브루타 수업은 논쟁할 논제, 즉 이슈를 정한 다음에 그 논제를 중심으로 짝 토론과 모둠 토론을 진행하는 방법이다. 논제에 대한 입장과 근거들을 정리한 다음 그 내용을 정리 발표하고, 교사가 정리해 주는 수업이다.

④ 비교 중심 하브루타 수업

비교 중심 하브루타 수업은 교과서나 교재 등에서 비교할 대상을 정한 후 그 것에 대해 자세하게 조사하고 질문을 뽑아온 다음, 그 질문을 중심으로 비교 대상에 대해 다양하게 하브루타 하는 수업이다. 비교가 토론을 자극하고, 사고를 자극한다. 유사점과 차이점을 논의하고 대조하면서 다양하게 사고하게 된다.

⑤ 친구가르치기 하브루타 수업

친구가르치기 하브루타 수업은 가르치고 배울 범위를 정한 다음에 그것을 철저하게 공부해 오고, 서로 가르치고 배우는 수업이다. 짝의 수준은 비슷한 경우가 좋다.

⑥ 문제만들기 하브루타 수업

문제만들기 하브루타 수업은 정해진 범위에서 문제를 만들고, 그 문제를 가지고 짝과 토론을 통해 다듬고, 모듬끼리 토론을 통해 다듬어서 발표를 하고, 교사가 학생들이 만든 문제를 가지고 하는 수업이다.

CHAPTER

16 의사소통

1 의사소통의 정의와 기능, 유형

1) 의사소통의 정의

보통 '의사소통'이라고 표현되는 영어의 communication은 원래 '공유' 또는 '공통'이라는 뜻을 가진 라틴어 'communis(커뮤니스)'를 그 어원으로 하고 있다. 이처럼 communication의 의미에는 다른 사람과 함께 나눈다 혹은 공유한다는 뜻이 내재되어 있다. 즉 하나 이상의 유기체가 다른 유기체들과 지식, 정보, 의견, 신념, 감정 등을 공유하는 생동이라고 할 수 있다. 따라서 의사소통은 인간의 가장 기본적인 활동으로서 상징을 통해 정보나 의견을 주고받는 행위이다. 의사소통의 기본 개념을 이해하기 위해 다음의 주요 용어를 익혀야 할 필요가 있다.

① 상징

인간은 의사소통을 위해 상징을 사용하는데 이것은 인간만이 지닌 고유한 특성이다. 이때 상징은 언어적 상징과 비언어적 상징으로 나누어진다. 인간이 사용한 여러 가지 상징들이 체계화되어 최초로 나타난 형태가 언어이다. 언어는 독자적인 어휘체계와 문법체계를 갖춘 기호들의 체계로 상징의 대표적인 형태이고, 언어 외에도 사람들은 다양한 비언어적 상징을 사용해 의사소통을 한다. 이런 인간의 의사소통은 언어적이든 비언어적이든 상징의 매개를 통해 이루어질 수밖에 없다.

② 메세지

메시지는 송신자가 수신자에게 전달하고자 하는 생각이나 느낌을 상징으로 기호화(encoding)한 것이다. 우리의 생각을 언어로 바꾸는 부호화 과정이 반드시 필요한데, 우리가 다른 사람에게 전하고 싶은 내용, 즉 우리의 생각이나 느낌을 상대방에게 전달하기 위해서는 적절한 상징으로 부호화해야 한다.

③ 상호작용

의사소통은 직선적인 일방향적인 것이 아니라 상호 작용하는 것이다. 의사소통은 대부분 각 사람이 송신자와 수신자의 역할을 바꿔 가며 메시지를 주고받으면서 서로가 서로에게 영향을 미치고 영향을 받으며 의미를 공유하게 된다. 이렇게 상호작용은 의사소통 과정에 내재하는 본질적인 속성의 하나이다.

④ 상호 교류

상호 교류적 의사소통은 송신자와 발신자가 말하고 듣는 것을 교대로 하는 것이 아니라 동시에 하는 것이다. 즉 송신자와 발신자 간 의사소통의 동시성을 의미한다.

⑤ 의미공유

인간은 자신을 둘러싸고 있는 환경 속의 여러 대상에 대해 의미를 만들고 내제화하여 이를 공유하는 특징을 갖는다. 인간이 의사소통을 통해 궁극적으로 추구하는 것은 의미의 공유를 통해 상호 간의 갈등과 대립을 극소화하고 합의를 극대화하는 것이라고 볼 수 있다.

⑥ 과정으로서의 의사소통

언뜻 보기에 의사소통은 한순간의 짧은 교환으로 끝나 버리는 것 같지만 사실은 의사소통을 끊임없이 변화하는 변화의 과정으로 보는 것이다. 따라서 의사소통은 정체된 것이 아니라 순환적이며 역동적이고 이어지는 하나의 과정이다.

■ 인간 의사소통 정의

따라서 인간 의사소통은 사람과 사람이 상징을 통해 메시지를 주고받는 상호 작용적인 혹은 상호 교류적인 의미공유의 과정이라고 정리할 수 있다.

2) 의사소통의 기능

① 개인적 차원

첫째, 표현적 기능으로 자신의 생각과 느낌을 표현하는 기능을 말한다.

둘째, 도구적 기능은 다른 사람으로부터 정보를 습득하거나 자신 욕구를 충족시키고자 시도하는 기능이다. 즉, 시청각 교재와 같은 도구를 사용하여 의사소통할 경우 효율적인 긍정적인 기능이 가능하다.

② 사회적 차원

첫째, 환경감시(enviroment surveillance) 기능이란 사회에서 일어나는 여러 가지 사건들을 정리하여 구성원들에게 알려주는 기능, 즉 주변 환경에 대한 정보를 제공하는 기능을 말하는 것으로 언론 매체가 일상적으로 다루는 뉴스의 기증이라고 할 수 있다. 따라서 환경감시 기능은 천재지변 예고 및 불량식품 고발 등 경각심을 일깨우고 주변 환경의 위험요소를 알려주어 피해 예방 및 최소화해 주는 긍정적인 기능이 있는 반면에, 세계의 동향이나 국제적 사건의 보도로 인해 특정 국가나 사회의 정치적 안정을 위협하거나 사회 변혁의 압력을 가중시킬 수 있는 역기능도 있다.

둘째, 상관조정(correlation) 기능은 환경에 관한 정보의 의미를 해석하고 문제해결을 위한 대응책을 제시하는 등 구성원의 태도 형성에 영향을 주는 기능을 말한다. 즉 이 기능은 변화하는 환경에 사회가 제대로 적응할 수 있도록 도와주는 것을 말하며, 환경에 잘 적응하기 위하여 사회의 각 부분들이 서로 긴밀하게 연계되어야 한다는 뜻에서 '상관조정'이라는 용어가 사용되었다. 하지만 상관조정 기능 역시 역기능을 초래할 수 있는데, 논평이나 사설에 편견이 개입되거나 중요한 사항들에 대해 왜곡해서 언급할 경우 구성원의 가지 판단을 왜곡시킬 우려가 있다.

셋째, 사회유산 문화전수(cultural transmission) 기능이란 사회 가치나 규범을 다음 세대나 또는 새로운 사회 구성원들에게 전달하거나 전수하는 기능을 말한다. 이것은 매스 미디어가 사회화 기능을 담당하는 것으로 개인의 사회적응을 도와주는 기능을 수행하는 것을 의미한다. 사회유산 문화전수 기능 역시 미디어가 제공하는 내용이 다소 규격화되거나 획일화될 경우 문화적 다양성을 상실하고 창의성을 잃게 만드는 역기능을 초래할 수 있다.

마지막으로 오락(entertainment) 기능이다. 오락 기능이란 매스 미디어가 사람들에게 기분 전환이나 휴식을 위해 흥미 위주의 내용이나 프로그램을 통해 오락을 제공한다는 것이다. 이런 기능은 사람들에게 휴식을 제공하여 생활에 활력소를 불어넣는다는 긍정적인 기능도 있지만, 반면에 오락물에 지나치게 몰입하게 되면 사회적으로 중요한 이슈에 무관심하게 되거나 중요한 문제들을 회피하게 되는 역기능을 초래할 수도 있다.

3) 의사소통의 유형

① 자아 의사소통(intrapersonal communication)

자아 의사소통 혹은 개인 내 의사소통은 자기 자신과의 의사소통, 즉 인간의 내면에서 일어나는 의사소통을 말하는데, 여기에는 생각과 감정, 스스로를 바라보는 방식 등이 해당된다. 이때에는 송신자와 발신자가 의사소통의 주체를 겸한다. 자아의사소통에 이용되는 대표적인 미디어는 일기장과 컴퓨터이다.

② 대인 의사소통(interpersonal communication)

의사소통의 가장 기본이 되는 대인 의사소통은 인간 상호간에 일어나는 직접적인 의사소통을 말한다. 대인 의사소통은 주로 두 사람 사이에 이루어지는 비공식적인 의사소통이다. 주된 관심사는 우정, 사랑, 가족 관계의 형성 및 유지와 같은 인간관계와 그 주된 속성인 친근감 및 대인 간 권위 등이라고 할 수 있다. 대인 의사소통에서의 메시지는 주로 언어와 비언어(신체, 접촉, 표정, 상징)로 구성된다.

③ 소집단 의사소통(small group communication)

소집단 의사소통은 몇몇 소수의 인원으로 이루어진 집단 속에 발생하는 의사소통을 말한다. 학자에 따라 정의가 다른데 대개 공통의 목표를 달성하기 위한 목적으로 서로 영향을 주고받으면서 상호작용하는 두 사람 이상의 모임을 소집단이라고 한다. 소집단 의사소통의 특징을 대면적인 상황에서 공통된 인식을 갖고 지속적으로 상호작용을 하면서 집단 목표를 달성한다는 것이다. 따라서 소집단 의사소통은 대인 의사소통에 비해 보다 공식적인 성격이 강하고, 목표 중심적이며, 소집단이라는 체계에서 일어난다는 체계적 특성을 가지고 있다.

④ 조직 의사소통(organizational communication)

조직 의사소통은 공식적인 조직 속에서 이루어지는 의사소통을 말한다. 예를 들어 회사에서 근무하는 상사와 부하직원이 직장에서 공적인 일로 혹은 사적인 일로 대화하는 것이 여기에 해당한다.

⑤ 공중 의사소통(pubic communication)

공중 의사소통은 공중 연설, 즉 공중을 향한 연설자의 의사소통을 의미한다. 예를 들어 학생들을 대상으로 하는 강의나 보고회, 후보자의 선거유세 등이 해당된다.

⑥ 매스 의사소통(mass communication)

매스 의사소통은 복잡한 기업적 조직의 송신자가 대중적인 전달 내용을 신문, 잡지, 라디오, TV 등의 매스 미디어를 통해 불특정 다수의 대중에게 동시에 신속하게 대량으로 전달하는 의사소통이다. 매스 의사소통은 특히 매스 미디어를 매개로 해서 이루어지는 매스 의사소통이라는 점에서 다른 의사소통과 다른 특성을 가진다.

2 스피치의 이해

인간은 언어적 동물이라고 정의하듯이 우리는 말을 떼어 놓고 생각하는 것은 불가능하다. 인간이 눈부신 문명을 발전시킬 수 있었던 것도 말을 할 수 있는 능력에 있다고 해도 과언이 아닐 것이다. 우리는 다양한 사람들을 만나고 다양한 매체를 통해 많은 양의 정보를 얻고 누군가와 끊임없는 의사소통을 하고 있다. 말의 가장 중요한 기능은 바로 의사소통인

데, 인간이 사용하는 의사소통방법 중 가장 보편적으로 사용하는 수단이 바로 말이다. 사람들은 말을 이용하여 자기의 생각이나 견해를 이야기하고, 정보를 주고받고, 감정이나 느낌을 표현한다.

영어 사전에 의하면 스피치(Speech)는 '말, 언어'라는 뜻과 '청중을 상대로 하는 이야기, 연설' 내지 '말하는 능력'이라고 풀이하고 있다. 즉 스피치는 일방적인 의사표시가 아닌 상대를 설득하는 의사소통으로서 기분을 살리고 기운을 북돋우는 에너지이다. 인간관계 전문가 제임스 F. 벤더 박사가 미국의 컵 리더들을 대상으로 조사한 결과, "리더가 갖추어야 할 제1조건은 스피치"라고 말했다.

화력, 즉 말을 잘하는 능력은 어떻게 나오는 것일까? 화법은 말을 잘하는 이론이고, 화술은 말을 잘하는 기술이다. 이 두 가지 화법과 화술을 겸비했을 때, 비로소 실력이 나오지 않을까? 스피치도 마찬가지다. 특히 많은 대중을 상대로 말하는 경우에는 일대일 대화와는 다른 특별한 법칙과 기술을 요구한다.

1) 스피치의 기본원칙

스피치의 기본 원칙은 천천히, 크게, 또박또박, 자연스럽게 말하는 것이다. 이것은 모든 말하기의 기본원칙임을 기억해야 한다.

① 천천히 말한다.

스피커의 말이 너무 빠르면 아무리 좋은 내용이라도 청중은 무슨 말인지 이해할 수 없다. 불안감이 증가하면 말의 속도가 더 빨라진다. 빠른 속도로 말하게 되면 내용을 정확히 전달되지 않는 것은 말할 것도 없고, 청중에게 좋은 인상을 줄 수 없게 된다. 보통 청중이 듣기 알맞은 속도는 1분간에 200자 원고지 1.3장~1.5장 정도가 좋다(띄어쓰기와 줄바꾸기를 제대로 한 상태.).

② 크게 말한다.

연단에 서게 되면 대부분 평소의 자기 목소리보다 작아지는 경우가 많다. 따라서 큰 소리로 연습하는 것이 필요하다. 또 큰 소리 연습만이 감정표현은 잘 할 수 있고, 나아가 작은 소리도 똑똑하게 표현하는 지름길이기 때문이다. 청중들이 편안한 자세로 들을 수 있도록 음성의 크기를 크게 하는 것이 좋다.

③ 또박또박 말한다.

전달하고자 하는 내용을 분명하면서도 효과적으로 강하게 전달하려면 또박또박 말해야 한다. 단어나 문장은 물론이고, 낱말 한 문장과 단어, 조사나 내용을 잘 살펴 연결해서 말할 곳과 떼어서 말해야 할 곳을 잘 구분하는 것이 중요하다.

④ 자연스럽게 대화하듯이 말한다.

자연스러운 태도와 음성표현은 청중에게 친근감을 주어 일체감을 조성하며, 스피커의 진실성을 엿보게 할 수 있다. 따라서 자연스럽게 대화하듯이 말하는 것은 모든 말하기에서 큰 효과를 얻을 수 있는 방법 중의 하나이다.

2) 스피치의 구성 요소

① 화자

화자는 말하는 주체를 말한다. 따라서 화자는 항상 듣는 사람을 의식하면서 말하고 싶은 내용을 잘 전달하는 사람이 되어야 한다. 좋은 화자는 청자가 이해할 수 있는 방식으로 말을 하거나, 청자가 듣고 싶어 하는 것을 말할 수 있는 방식으로 말하는 것이다.

② 청자

화자가 있으면 청자가 있다. 스피치는 청자와 직접 대면하거나 방송처럼 대면하고 있다고 하는 상태에서 이루어지기 때문에 청자에 대한 각별한 배려가 필요하다. 아무리 화자의 의도가 중요하고 그 내용이 훌륭하다고 할지라도 청자의 이해도와 그 수준에 대한 주의가 없으면 안 된다.

③ 내용

화자는 청자가 마음에 기억될 만한 내용이나 주제를 말해야 한다. 이런 좋은 내용을 화자가 준비하기 위해서는 청자의 가슴에 남겨질 것이 무엇인지 잘 파악하고 배려하는 자세가 필요하다. 그리고 자신이 말한 내용이 진솔하고 거기에 전문성을 가질 수 있도록 연구하는 것도 필요하다.

3) 스피치의 형식

연단에 서기 전에 어떤 형식으로 말을 할 것인가를 정한 다음, 그 요령과 장단점을 파악하여 준비하면 큰 효과를 볼 수 있다. 준비하는 방법에 따라 다음 4가지로 정리할 수 있다.

① 즉흥 스피치

뜻밖의 요청을 받거나 청중의 한 사람으로서 전혀 준비 없이 말을 해야 할 경우가 생긴다. 이때는 긴 스피치를 할 필요가 없다. 즉 2~3분간의 짧은 시간에 중요한 핵심만을 스피치 하는 것이 가장 중요하다. 평소에 생각하고 느꼈던 것을 있는 그대로 솔직하게 표현하는 것이 좋다. 따라서 즉흥스피치를 잘하려면, 평소부터 스피치의 기초능력을 향상시키고 자신의 견해를 분명하게 종합해서 전달하는 능력을 길러 두는 것이 필요하다.

② 낭독스피치

낭독스피치는 미리 원고를 준비해서 원고를 보면서 읽는 것을 말한다. 이때는 청중이 알아들을 수 있도록 읽는 것이 중요하며, 음성 표현의 고 · 저, 강 · 약, 장 · 단음, 내용에 따른 감정표현 등 여러 변화를 주어 실감나도록 전달하는 것이 요령이다. 따라서 낭독스피치는 묵독–음독–낭독의 3단계 과정을 거쳐 충분한 내용을 파악한 뒤, 정확한 발음과 감정이입을 통해 낭독을 하는 것이 좋다.

③ 암송 스피치

말할 내용을 미리 외워서 암송하는 방법으로 웅변이나 동화 구연, 시낭송 발표대회가 있다. 암송스피치는 내용 모두를 외워서 해야 하기 때문에 힘이 많이 든다. 따라서 줄줄 외우는 것보다 스피커 자신이 말의 뜻을 생각하면서 스피치 하는 것이 실수를 적게 하는 방법이다.

④ **메모 스피치**

메모 스피치는 내용의 요점만 간추려 메모하여 앞뒤에 말을 붙여서 스피치 하는 형식이다. 내용의 줄거리를 메모하는 것과 중요한 문구나 어구, 숫자, 통계, 결론 등만 메모를 해서 발표하는 경우도 있다.

즉석 스피치보다는 내용이 충실하며, 논리가 비교적 정연하여 청중에게 진실성을 보여 줄 수 있다. 또 암송 스피치와 같이 메모를 잊을 염려가 없기 때문에 메모 스피치 훈련을 평소에 많이 하는 것이 도움이 된다. 항상 평소의 생활 속에서도 중요한 내용이 있으면 기록해 두는 습관도 좋으며, 스피치를 해야 할 경우에도 조금의 시간이 있으면 중요한 줄거리나 스피치할 말을 몇 자 적어서 준비하면 더 자신감 있는 스피치를 할 수 있게 된다.

3 스피치 의사소통

1) 스피치 의사소통

communication의 어원 'communicate'의 의미가 '공유하다'인 것에서 보듯이 의사소통이란 일방적인 전달이 아니라 나눔의 과정이다. 즉 '이야기를 하는 것'이 아니라 '이야기를 나누는 것'이 바로 의사소통이라는 것이다.

오늘날은 스피치 의사소통의 시대이다. 스피치를 못하면 자신의 능력을 충분히 표현하기 어렵다. 이런 스피치 의사소통의 기본이 되는 개념은 과정, 상징, 이해, 나눔, 의미 등이다. 의사소통에 대한 정의는 어느 측면을 강조하는가에 따라 여러 가지로 정의를 내릴 수 있지만, 대체로 다음과 같이 간단히 정리할 수 있다. 즉 스피치 의사소통이란 "사람들 간에 상징을 통해 주고받는 정보의 의미를 이해하고, 그 의미를 서로 나누는 과정"이다. 스피치 의사소통의 과정은 화자와 청중이 함께 공통된 의미를 만들어 내는 상호 과정으로, 화자, 청중, 메시지, 채널, 잡음, 상황, 피드백의 7가지 요소로 구성되어 있다. 구성 요소는 다음과 같이 정리할 수 있다.

2) 스피치 의사소통 과정의 7가지 구성 요소

① 화자(Speaker)

화자는 말이나 몸짓 언어 등을 사용하여 구두 메시지를 전달하는 사람을 말한다. 대화는 항상 화자로부터 시작된다. 화자가 항상 중요하게 생각해야 할 것은 제공하는 정보가 좋은 정보인지 또는 전달력은 훌륭한지가 아니라 청중을 잘 이해시키고 있느냐이다. 따라서 화자는 스피치의 주제에 대해 반드시 조사하고, 자료들을 조직하며, 메시지를 전달하는 과정에서 반드시 청중의 분석이 필요하다.

② 청자(Listener)

청자는 화자가 보낸 메시지를 수신하는 역할을 한다. 올바른 의사소통의 기준은 메시지가 화자에 의해 잘 전달되었느냐가 아니라 청자가 그 메시지를 정확하게 수신 했는가이다. 화자가 아무리 유창하게 그리고 열정적으로 전달했다고 하더라고 청자가 메시지를 올바르게 해석하지 못했다면 기대했던 의사소통은 실패한 것이다.

따라서 청자는 화자의 말을 잘 들으려고 노력해야 하며, 화자에게 선입견을 가지거나 화자의 견해를 무시하지 않고 열린 마음으로 경청하는 자세를 가져야 한다.

③ 메시지(Message)

메시지란 화자가 청자에게 전달하고 싶은 자신의 생각이나 느낌을 표현한 것으로, 언어적 또는 비언어적 상징으로 전달된다. 즉 메시지로 표현되는 모든 것은 상징의 형태를 띠고 있다. 또 상징으로 처리된 메시지를 청중이 수신한 후에는 그 상징을 해석하는 과정을 거치는데, 이 상징을 해석한다는 것은 곧 언어적 상징과 비언어적 상징이 의미하는 바를 알아내는 과정이다.

화자가 전달하고자 하는 내용을 상징적으로 표현하는 과정을 인코딩(encoding)이라고 하고, 청중이 그 상징을 통해서 전달된 내용을 해독하는 과정을 디코딩(decoding)이라고 한다.

메시지에는 단어와 같은 언어적 상징뿐만 아니라 목소리 톤, 시선, 얼굴표정, 제스처, 자세, 용모 등의 비언어적 상징들도 포함된다. 비언어적 상징은 언어적 상징과 일치할 때 가장 이상적이다.

④ **채널**(Channel)

채널은 메시지를 전달할 때 사용되는 매체와 수단을 말한다. 채널에는 대인 간 의사소통 상황에서 전통적으로 사용되어 온 면대면 채널이 있는가 하면, 최근에는 인터넷 등을 활용한 컴퓨터 매개 채널이 있다. 매스 의사소통 상황에서는 신문, 잡지, 책 등 인쇄 미디어가 라디오, 텔레비전 등이 전파를 통해 방송을 하기 전까지 인류 역사상 가장 많이 활용되어 온 채널이다.

하지만 21세기에 들어서 의사소통 기술의 발달로 매스 미디어 환경이 급격히 변화하였고, 방송과 통신 융합현상으로 다양한 새로운 형식의 혼성 미디어가 등장하였다. 따라서 메시지는 말로 표현된 낱말, 목소리, 제스처, 얼굴표정, 자세, 시작 자료뿐만 아니라 전화, 라디오, 텔레비전, 인터넷 등 다양한 채널을 통해 전달된다.

⑤ **잡음**(Interference, noise)

잡음은 화자와 청중 간의 의사소통을 방해하는 요소를 말한다. 화자는 잡음에 대한 이해와 함께 그것에 잘 대처해야 스피치에 성공할 수 있다. 잡음의 종류에는 물리적 잡음, 심리적 잡음, 의미적 잡음 등 3가지가 있다.

물리적 잡음이란, 청중이 스피치에 주의 집중하지 못하게 하는 외적인 요소를 말하는데, 예를 들어 스피치 중에 기침을 하거나 발표장에 늦게 들어오는 소리, 에어컨 소리 등이다. 이런 소리들은 스피치로부터 청중의 관심과 시선을 멀어지게 하는 소리이다.

반면 청중의 내부 의식 속에 존재하는 방해요인은 심리적 잡음에 해당된다. 예를 들어 스피치를 할 대 청중이 공상을 하거나, 졸음을 참지 못하는 행위 등 딴 생각을 하는 경우이다.

의미적 잡음은 화자가 사용하는 낱말이 청중에게 다른 식으로 해석을 불러일으키게 하는 요인을 말한다. 예를 들어 같은 단어를 들어도 개인적 경험이나 자라 온 환경, 신념, 가치관, 지적 수준, 관심사 등에 따라 의미를 다르게 해석할 수 있다.

⑥ **상황**(Suituation)

상황은 의사소통이 일어나는 시공간을 말한다. 즉 대화는 상상 특정한 상황에서 발생하기 때문에 상황에 따라서는 화자의 말과 행동은 달라져야 한다. 상황의 변수로는 시간, 장소, 조면, 온도, 거리, 좌석배치, 모임의 성격 등이다.

예를 들어 스피치를 할 때 하루 시간 중 언제 하느냐에 따라 청중의 태도는 달라질 수 있다. 오후 시간이면 청중들이 졸지 않도록 시각적인 자료를 활용하든지 청중의 참여를 유도하는 등의 여러 방법을 활용해야 한다. 따라서 상황의 변수에 따라 적절한 스피치를 할 수 있도록 충분히 준비해야 한다.

⑦ 피드백(Feedback)

피드백이란 청중이 화자에게 보내는 반응이다. 즉 청자로부터 화자에게 전달되는 메시지(주로 비언어적)를 가리킨다. 청중은 질문을 하거나 코멘트를 하는 식으로 말로 반응으로 보일 수도 있고, 고개를 끄덕이거나 인상을 쓰는 등과 같이 비언어적인 반응으로 보일 수 있다. 특히 화자는 청중의 요구에 맞추기 위해서는 특히 비언어적인 피드백을 유심히 관찰할 필요가 있다.

따라서 피드백은 청중이 집중해서 잘 듣고 있는지, 화자의 말을 이해하는지 등을 가늠할 수 있기 때문에 청중의 피드백에 세심한 신경을 써야 한다.

3) 자신감 있게 스피치 하는 방법

스피치에 대한 두려움은 누구에게나 존재한다. 그러나 이것을 어떻게 극복하느냐가 중요하다. 어떤 사람은 걱정을 하면서도 노력을 안 하는 사람이 있는가 하면 어떤 사람은 끊임없는 노력과 연습을 해서 극복하는 사람이 있다. 다음과 같은 방법으로 자신감 있는 스피치를 할 수 있기를 권한다.

① 긍정적인 암시로 자신감을 갖는다.

스피치를 하기 전에 "나는 잘 할 수 있다.", "나는 자신 있게 스피치를 잘 할 수 있다."와 같이 긍정적인 암시로 자신감을 갖도록 한다. 그리고 스피치를 하기 전에 앞에서도 제시한 것처럼 심호흡을 크게 하고, 복식호흡을 하면 떨리는 현상을 많이 줄일 수 있다.

② 자신감은 충분한 준비로부터 나온다는 것을 기억한다.

항상 연단에 서게 될 때는 스피치에 대한 준비를 철저하게 해야 한다. 스피치 준비 중 가장 먼저 해야 할 일은 자신의 상황과 청중의 분석을 정확히 파악한다.

③ 스피치 순서를 메모한다.

스피치 할 내용의 주제와 순서를 메모지에 적어 두고 언제나 볼 수 있도록 분비한다. 그러면 스피치 순서를 기억할 수 있고, 혹여 당황하는 일이 생겨 스피치 내용을 잊어버리는 경우가 생겨도 스피치 순서를 보면 다시 기억할 수 있으므로 최악의 상황에서 의지가 될 수 있다.

④ 청중은 때로는 스피치 내용을 진지하게 듣지 않는다는 사실을 기억한다.

스피커들은 청중들이 처음부터 끝까지 자신의 이야기에 집중한다는 생각에 부담감을 가지게 되고, 남들보다 잘해야 한다는 생각을 갖게 된다. 하지만, 청중들은 의외로 스피치 내용에 대해 처음부터 진지하게 듣지 않는 경우가 있다. 따라서 스피치를 완벽하게 해야 한다는 부담감에서 벗어나 최선을 다한다는 생각을 가지면 여유가 생길 것이다.

⑤ 잘하려는 욕심을 버린다.

스피치에 대한 공포감은 잘해야겠다는 스피커의 욕구가 강하기 때문에 생긴다. 따라서 자연스럽게 1대1로 대화한다고 생각하면 무사히 스피치를 마칠 수 있다. 무대에 서는 그 순간을 즐기면서 하게 되면 떨림을 극복하고 자신감을 가지게 될 것이다.

⑥ 모방, 연습이 필요하다.

연습을 실전처럼 할 필요가 있다. 특히 '스피치 공포증'을 많이 느낄수록 청중들 앞에서 스피치 하듯이 소리 내어 실전처럼 연습해 보아야 한다. 가장 좋은 방법은 거울을 보고 하거나 가족들 앞에서 실전처럼 큰 소리로 연습하는 것이다.

우리는 가끔 "은쟁반에 옥구슬이 굴러가는 목소리"라는 표현을 듣게 된다.

그것처럼 사람은 누구나 밝고 명랑하며 산뜻한 것을 좋아한다. 자신감을 가지고 씩씩하게 내는 목소리, 말하는 자세, 태도, 듣기, 쉬운 발음, 말하는 속도 등은 모두 훈련하기에 따라서 달라질 수도 있다.

4 좋은 목소리

1) 좋은 목소리 정의

예로부터 전해오는 아름다운 목소리에 대한 해학적인 표현이 많이 있다. “은반에 옥구슬 구르는 소리”, “꾀꼬리 같은 소리”라는 비유로 예쁜 소리에 대한 정의를 내려놓고 있다. 이 말의 함축된 의미는 ‘아름다운 소리=맑고 고운 소리=좋은 목소리’이다. 하지만 맑고 고운 소리에 힘이 없다면, 좋은 소리가 아닐 것이다.

〈좋은 목소리〉에 대해 간단명료하게 정의를 내려 보자.

① 선천적으로 타고난 목소리가 제일 좋은 소리이다.

타고난 좋은 목소리는 성대를 가능한 넉넉히 열고 폐 속의 공기가, 성대 주변의 근육의 제약을 받지 않고 거침없이 나오면서 성대를 진동시키는 순수하며 꾸밈없이 내는 목소리를 말하는 것이다. 물론 허스키하거나 거칠거나 쉰 소리일 수도 있다. 순수하며 꾸밈없는 소리가 바로 좋은 목소리이다.

② 건강한 목소리가 좋다.

건강한 목소리에는 힘이 있다. 건강한 목소리란, 복부 근육을 자유롭게 수축시키며 폐 속의 공기를 힘 있게 내보낼 대 성대가 진동하면서 내는 힘 있는 목소리는 이르는 것이다.

③ 톤(음조)이 낮으면서 떨림이 없는 소리가 좋다.

음조가 높으면 음정이 불안정하고 때로는 소리에 떨림이 생기며, 또 요들 노래용 목소리처럼 뒤집어지는 현상이 생긴다. 이것은 듣기에는 좋을지 모르나, 불안정하게 높은 음조의 소리는 혐오스러울 수 있다.

④ 자신 있고 당당하고 씩씩하게 내는 소리가 좋다.

좋은 목소리는 입안에서 소리가 맴돌지 않고 밖으로 시원하게 발산되는 씩씩한 소리여야 한다. 목소리도 태도와 마찬가지로 기어 들어가지 않고 타고난 자기 소리 그대로 당당하고 씩씩하게 낼 때, 듣기에 명쾌하고 좋다.

⑤ 희로애락 등 감정을 표현할 수 있는 여러 가지 음색을 갖추면 더 좋다.

인간의 모든 감정은 목소리의 색깔로 표현된다. 정서적인 표현을 위해 그에 맞는 목소리의 색깔을 갖추는 것이다. 따라서 좋은 스피치를 하기 위해서는 말의 강약, 고저, 장단, 쉬기, 강조 등을 잘 활용하여 단조로운 목소리보다 여러 음색을 갖춘 목소리를 갖추는 것이 좋다.

⑥ 밝은 목소리가 좋은 목소리다.

목소리의 음색은 밝아야 한다. 밝은 목소리는 긍정적이면서 전달력이 높아 상대에게 좋은 인상으로 다가갈 수 있다. 밝은 소리를 내는 사람은 소리에 웃음이 깃들어 있고, 당연히 성격도 밝다.

⑦ 발음이 분명한 목소리여야 한다.

스피치를 할 때에는 대화를 할 때보다 더 발음이 분명해야 한다. 따라서 평소에 여유를 갖고 깊은 목소리를 내는 연습이 필요하며, 침착하게 말하는 습관을 기르는 것이 좋다.

따라서 위의 내용을 정리하면, 좋은 목소리는 "자신을 가지고 당당하면서 씩씩하고 힘 있게 내는 타고난 자기 목소리"라고 할 수 있다.

〈Tip 좋은 목소리 내는 방법〉

1. 상대의 가슴까지 도달하게 말을 하려면, 배에서 나오는 좋은 자세 호흡법을 이용한다.
2. 밝은 표정으로 말해야 좋은 인상을 줄 수 있다.
3. 입을 크게 벌려야 밝은 목소리가 나온다.
4. 웃는 얼굴을 하면 이야기가 훨씬 부드러워진다.
5. 말의 속도에도 신경을 쓴다. (1분에 350자 내외가 적정수준)
6. 말과 말의 간격을 충분히 둔다.
7. 평소에 메모를 준비해 두는 습관이 중요하다. 준비가 충분하면 자신을 가질 수도 있으므로 여유가 생기고, 긴장이 되지 않을 것이다.

2) 목소리의 기능

목소리는 기능면에서 두 가지로 고찰할 수 있다.

① 의사표현의 기능 : 발화 행위를 빌어 의사소통을 하는 기능

(화자의 의사를 청자에게 정확하게 전달하기 위한 수단)

- 수단의 도구로 목소리가 쓰인다. 즉 목소리가 일상적인 생활 속의 대화, 단순한 의사표현을 위한 발화행위에 쓰이는 기능을 말한다.
- 불필요한 감정을 배제하고, 좋은 목소리의 보편적인 성질인 힘 있고 밝고 상냥하며, 안정감 있는 요소를 갖춤으로써 의사소통의 기능을 순수하게 수행할 수 있는 것이다.
- 일정한 힘을 유지하면서 끌고 가는 힘이 부족할 소지가 있다.

② 정서표현의 기능 : 감정을 표현하는 기능(=예술표현의 기능)

- 표현력이 풍부한 목소리를 준비해야 한다.
- 희로애락을 표현할 때 목소리는 정서표현의 기능을 한다.

• 설득, 선전, 선동 등의 대중연설에 폭넓게 작용하는 것이다.

〈Tip 사람의 마음을 움직이는 방법〉

1. 약간 낮은 목소리로 시작한다.
   낮은 목소리로 소곤소곤 이야기를 하면 상대방은 자기도 모르게 귀를 기울인다. 따라서 처음 시작할 때에는 높은 소리보다는 낮은 소리로 시작하는 것이 집중도를 높일 수 있다.
2. 입은 의식적으로 크게 벌린다.
   입을 크게 벌리고 시원시원하고 분명하게 말하면 설득력을 배가 시킬 수 있다.
3. 목소리의 크기는 뒷사람을 기준으로 해서 한다.
4. 속도는 가급적 천천히 말한다.
   천천히 그리고 정중하게 얘기하면 듣는 사람에게 열심히 얘기하고 있는 느낌이 전달되어 호감도를 더 얻을 수 있다.
5. 대화하는 어조로 한다.
6. 마이크를 100% 활용하는 방법-입과의 거리는 15~20cm가 적당하다.

말을 잘하기 위해서는 마음으로 호소하고, 내용으로 호소하고, 전달하는 방법으로 호소해야 한다. 그렇게 해야만 듣는 사람의 마음을 움직일 수 있는 것이다.

〈Tip 의사소통의 걸림돌〉

의사소통의 걸림돌	대화자의 의도	걸림돌이 되는 이유	예문
명령하기	상황을 통제하고 상대방에게 빠른 해결책을 주고 싶다.	"당신은 자신의 문제를 다루거나 해결할 수 있는 권리나 능력이 없다."라는 뜻으로 들릴 수 있다.	"당신은 ~을 해야 한다." "조용히 해라."
충고하기	대화에서 상대방에게 영향력을 행사하고 싶다.	"당신은 스스로 해결책을 생각할 만큼 판단력이나 지혜를 갖고 있지 않다."라는 뜻으로 들릴 수 있다.	"나에게 좋은 생각이 있는데……." "이런 방식이 더 좋아요."
회유하기	상대방의 어려움을 덜어주고 기분이나 감정을 좋게 하고 싶다.	"당신은 자신의 어려움을 다룰 수 있는 능력이 없다."라는 뜻으로 들릴 수 있다.	"다 잘될 테니까 걱정하지 말아요."
심문하기	무엇인가 해결의 실마리를 찾고 싶다.	"당신은 무엇을 감추고 있는 것 같은데 틀림없이 당신에게 문제가 있을 것이다."라는 의미로 들릴 수 있다.	"그러니까 왜 그렇게 행동을 했어요?" "그 다음에는 어떻게 되었어요?"
도덕적 판단하기	상대방에게 무엇이 잘못되었는지를 알도록 함으로써 도덕적으로 옳은 길을 제시하고 싶다.	"당신은 도덕 수준이 낮아서 문제예요. 도덕적으로 올바른 행동을 하세요."라는 뜻으로 들릴 수 있다.	"그런 것은 나빠요." "나잇값을 좀 해요." "어른답지 못해요."
빈정대기	상대방에게 바보처럼 생각되고 느끼게 함으로써 그의 태도나 행동이 잘못되었음을 보여주고 싶다.	"그것을 말이라고 해요?" 또는 "그런 행동밖에 못해요?"라는 뜻으로 들릴 수 있다.	"잘났군요." "장하시군요." "그렇게까지 행동했어요."

CHAPTER

17 자기주도적 학습법

1 자기주도적 학습이란

1) 자기주도적 학습의 중요성

현대사회는 정보통신 기술의 발달로 정보의 생산과 보급이 급속히 이루어지는 지식기반 사회이다. 지식기반사회에서는 무형 자산인 지식의 보유가 개인과 조직의 가치를 결정하게 된다. 그러므로 개인과 조직은 사회가 필요로 하는 새로운 지식의 습득을 위해 끊임없이 변화해야 한다.

근대사회에서는 지식을 많이 알고 있는 것이 사회의 인재상이라면 지식기반사회에서는 유연하고 창의적인 사고능력을 바탕으로 지식을 창조하고 생산하는 지식의 생산자로서 인재를 필요로 하고 있다. 창의적 인재에 대한 정의는 사람마다 다르겠지만 대체적으로 '새롭고 독창적인 것을 만들어내는 사람', 융통성, 호기심, 합리성 등을 갖춘 사람이라 할 수 있다.

따라서 기존에 학교에서 배운 주입식 학습방법으로는 시대의 변화에 유연하게 대처할 수 없을 뿐만 아니라 지식습득의 양에 한계가 있고 무엇보다 유연하고 창의적인 사고를 할 수 없다.

또한 과거에는 학교에서 배운 지식과 경험을 가지고 직업을 선택하면 평생 직업이 가능했지만 급격한 시대변화에 따른 산업의 개편, 고용의 불안정, 짧아진 지식의 주기 등으로 평생학습을 요구하고 있다. 시대의 흐름에 맞추어 끊임없이 새로운 지식을 습득하지 않으면 낙오될 수밖에 없다.

평생학습 시대에서는 자신에게 필요한 정보와 지식을 판단하여 스스로 학습할 수 있어야 살아갈 수 있다. 그러므로 학습목표를 설정하고 정보와 지식을 선별하여 적합한 학습전략으로 성취하고 평가하는 자기주도적 학습은 지식기반사회를 살아가는 데 가장 중요한 능력이다.

2) 자기주도적 학습의 개념

자기주도적 학습의 개념은 자율학습, 자기조절 학습, 자기교육 등 학자들 마다 다르게 이해하고 해석하고 있다. 또한 우리나라에서의 자기주도적 학습은 학습자가 혼자 공부하는 학습 활동인 독학의 의미로 오래 전부터 익숙하게 사용되던 용어이다. 하지만 용어의 정의를 살펴보면 이론적 관점과 강조점에 따라 다른 용어로 사용될 뿐 학습자의 주도적인 역할을 강조하는 데 있어서는 동일하다.

일반적인 자기주도 학습의 개념은 학습자가 타인의 도움의 여부와 상관없이 학습자 스스로 학습의 주도권을 가지고 자신의 학습 욕구를 진단하고, 학습 목표를 설정하고, 효과적으로 학습하기 위해 학습에 필요한 인적 · 물적 자원을 탐색하고, 적절한 학습 전략을 선택 · 실행하고, 학습 결과를 평가하는 과정이다(Knowles, 1975). 즉 자기주도적 학습이란 학습자가 학습을 계획, 실행, 평가하는 것에 대한 책임을 지고 수행해 나가는 것이다.

3) 자기주도적 학습의 구성요소

학습과정은 동기 · 인지 · 행동이 상호작용하여 학습자가 스스로 학습 목표를 설정해서 학습하고, 학습결과를 평가하는 것으로 이러한 과정을 통해 창의력과 문제해결능력이 향상된다. 따라서 자기주도적 학습을 이해하기 위해서는 자기주도적 학습의 구성요인을 아는 것이 필요하다.

(1) 인지조절

인지조절은 새로운 자료나 정보를 기억하고 이해하는데 사용하는 능력을 의미한다. 동일한 시간과 내용을 공부하더라도 학습자에 따라 성적이나 학습 성과가 차이가 나는 이유가 바로 인지의 차이 때문이다.

(2) 동기조절

동기란 인간이 행동을 하게 하는 근원적인 힘으로 행동의 시작과 지속적으로 할 수 있게 하는 힘이다. 학습을 시작하게 하는 동기는 타인에 의해 발생하기도 하지만, 학습자 내부에서 발생할 때 가장 강력하고 지속력도 증가한다.

(3) 행동조절

행동조절은 학습자가 학습의 효율성과 성공을 위해 자발적으로 학습 환경을 조성하고 실천하는 것을 의미한다. 타인의 요구보다는 학습자가 스스로 자신의 행동을 통제하고 시간을 조절 한다.

2 자기주도적 학습전략

1) 목표 설정

무엇인가를 이루기 위해서는 가장 먼저 목표를 설정해야 한다. 목표의 설정은 자신이 원하는 것이 무엇인지 명확하게 해주며, 목표에 도달하기 위해서 어떻게 행동을 해야 하는지 철저한 자기관리를 할 수 있게 해준다. 하지만 목표의 중요성을 알고 있음에도 실제로 목표를 설정하고 행동하는 사람은 보기 힘들며, 무엇보다 목표를 어떻게 설정해야 하는지 모르는 사람이 많다. 좋은 목표를 설정하기 위한 기준은 다음과 같다.

(1) 가치성

목표는 자신에게 가치가 있어야 한다. 타인에 의해 설정된 목표는 실행과정에서 흥미를 잃어버리고 포기하기 쉽다. 따라서 목표를 설정할 때 자신에게 가치가 있는 것으로 하면 학습을 할 때 스스로 동기가 유발되어 목표를 실현해 나갈 수 있다.

(2) 실현 가능성

목표를 설정하는 것은 실현을 하기 위해서다. 대부분의 학습자들은 목표를 설정할 때 자신이 실현할 수 있는 것보다 무리한 목표를 설정하여 실현 과정에서 실패하게 된다. 실현하기 어려운 목표는 실패 시 좌절하게 됨으로써 심리에 부정적인 영향을 미치게 된다. 따라서 목표를 설정 할 때 '이것이 과연 실현 가능성이 있는가?'라는 질문을 통해 목표를 점검해 나가며 설정하는 것이 중요하다.

(3) 융통성

목표는 수정해 나갈 수 있도록 융통성있게 설정해야 한다. 성인학습자들은 일과 학습을 병행하다가 보면 직장, 인간관계, 가정 등에서 발생하는 예상하지 못한 상황에 직면하게 된다. 따라서 목표를 설정할 때 실천과정에서 발생할 수 있는 예상하지 못한 상황에 대비해서 설정해야 한다.

(4) 구체성

목표는 무엇을 해야 하는지 구체적으로 설정해야 한다. 구체적으로 설정된 목표는 어떤 행동을 해야 할지, 어떤 결과가 예상되는지 알 수 있다. 추상적이고 막연한 목표는 실천이 어렵고 실천하는 과정에 방향을 잃을 가능성이 높다.

2) 목표의 종류

(1) 장기 목표와 단기 목표

장기 목표는 자신이 미래에 이루고자 하는 것으로 인생의 주요 목표를 나타낸다. 이러한 목표를 이루려면 5년에서 10년 정도 걸리며 며칠 혹은 몇 주 안에 이룰 수 없는 목표들을 의미한다. 직업, 인간관계, 경제, 가정 등 교육만 아니라 중요한 문제는 모두 포함된다.

■ 다음의 각 영역에서 5년 후 이루고자 하는 목표를 작성해 보자.

구분	5년 후 이루고자 하는 목표
교육	
직업	
인간관계	
경제	
가정	
기타	

출처: 김혜온, 김수정(2008).

단기 목표는 1년 이내에 이루고 싶은 것을 의미한다. 단기 목표를 설정 할 때는 장기 목표 달성하는데 도움이 되는가를 점검하며 설정해야 한다. 즉, 단기 목표와 장기목표들 간에 서로 연결되어 있어야 한다.

■ 다음의 각 영역에서 5년 후 이루고자 하는 목표를 이루기 위해 단기 목표를 설정해 보자.

구분	5년 후 이루고자 하는 목표	단기 목표
교육		
직업		
인간관계		
경제		
가정		
기타		

출처: 김혜온, 김수정(2008).

(2) 목표의 구체화

단기 목표를 설정했으면 목표를 좀 더 구체화해야 한다. 단기 목표를 바탕으로 1개월의 목표, 주간 목표를 설정할 수 있다. 그리고 다시 주간 목표를 기준으로 일일 목표 설정함으로 구체적인 시간 계획까지 세울 수 있다.

■ **단기 목표 한 가지를 선택하여 한 달의 목표를 구체적으로 작성해 보자.**

단기 목표:	
1개월	
2개월	
3개월	
4개월	
5개월	
6개월	
7개월	
8개월	
9개월	
10개월	
11개월	
12개월	

출처: 김혜온, 김수정(2008).

3) 효율적인 시간관리

(1) 시간 측정

대부분의 사람들은 자신의 시간을 어떻게 사용하고 있는지 모르고 살아간다. 따라서 시간 관리의 시작은 자신이 사용한 시간을 파악하는 것부터 이루어진다. 시간의 파악은 7일 동안 24시간을 15분 간격으로 체크를 해봄으로써 가능하다. 수면, 공부, 강의, 음악 감상 등 시간을 어떻게 사용하고 있는지 기록한다. 이를 통해 자신의 인생과 시간을 어떻게 사용하는지 알아 볼 수 있다.

■ 자신이 사용한 시간을 15분 단위로 작성해 보자.

월요일				화요일				수요일			
오전		오후		오전		오후		오전		오후	
0:00		12:00		0:00		12:00		0:00		12:00	
0:15		12:15		0:15		12:15		0:15		12:15	
0:30		12:30		0:30		12:30		0:30		12:30	
0:45		12:45		0:45		12:45		0:45		12:45	
1:00		13:00		1:00		13:00		1:00		13:00	
1:15		13:15		1:15		13:15		1:15		13:15	
1:30		13:30		1:30		13:30		1:30		13:30	
1:45		13:45		1:45		13:45		1:45		13:45	
2:00		14:00		2:00		14:00		2:00		14:00	
2:15		14:15		2:15		14:15		2:15		14:15	
2:30		14:30		2:30		14:30		2:30		14:30	
2:45		14:45		2:45		14:45		2:45		14:45	
3:00		15:00		3:00		15:00		3:00		15:00	
3:15		15:15		3:15		15:15		3:15		15:15	
3:30		15:30		3:30		15:30		3:30		15:30	
3:45		15:45		3:45		15:45		3:45		15:45	
4:00		16:00		4:00		16:00		4:00		16:00	
4:15		16:15		4:15		16:15		4:15		16:15	
4:30		16:30		4:30		16:30		4:30		16:30	
4:45		16:45		4:45		16:45		4:45		16:45	
5:00		17:00		5:00		17:00		5:00		17:00	
5:15		17:15		5:15		17:15		5:15		17:15	
5:30		17:30		5:30		17:30		5:30		17:30	
5:45		17:45		5:45		17:45		5:45		17:45	
6:00		18:00		6:00		18:00		6:00		18:00	
6:15		18:15		6:15		18:15		6:15		18:15	
6:30		18:30		6:30		18:30		6:30		18:30	
6:45		18:45		6:45		18:45		6:45		18:45	
7:00		19:00		7:00		19:00		7:00		19:00	

7:15		19:15		7:15		19:15		7:15		19:15	
7:30		19:30		7:30		19:30		7:30		19:30	
7:45		19:45		7:45		19:45		7:45		19:45	
8:00		20:00		8:00		20:00		8:00		20:00	
8:15		20:15		8:15		20:15		8:15		20:15	
8:30		20:30		8:30		20:30		8:30		20:30	
8:45		20:45		8:45		20:45		8:45		20:45	
9:00		21:00		9:00		21:00		9:00		21:00	
9:15		21:15		9:15		21:15		9:15		21:15	
9:30		21:30		9:30		21:30		9:30		21:30	
9:45		21:45		9:45		21:45		9:45		21:45	
10:00		22:00		10:00		22:00		10:00		22:00	
10:15		22:15		10:15		22:15		10:15		22:15	
10:30		22:30		10:30		22:30		10:30		22:30	
10:45		22:45		10:45		22:45		10:45		22:45	
11:00		23:00		11:00		23:00		11:00		23:00	
11:15		23:15		11:15		23:15		11:15		23:15	
11:30		23:30		11:30		23:30		11:30		23:30	
11:45		23:45		11:45		23:45		11:45		23:45	
12:00		24:00		12:00		24:00		12:00		24:00	

(2) 시간 평가

일주일 동안 자신이 사용한 시간 측정을 마쳤으면 각 행동을 범주별로 묶는다. 예를 들면 샤워, 화장, 양치질 등은 '외출준비'라는 범주로 묶을 수 있다. 또 음악 감상, 운동, TV시청 등의 행동은 '휴식'이라는 범주로 묶을 수 있다.

각 범주별로 모두 시간을 더해서 계산하고 아래의 표에서 '측정한 시간'을 적고 총 시간이 168시간이 되는지 확인한다. 그리고 자신이 사용한 시간의 평가를 통해 불필요하게 사용한 시간은 줄이고 자신이 가치 있다고 생각하는 행동에 시간을 투자할 수 있다.

■ 지난 일주일의 행동을 범주별로 묶은 후 시간을 측정하고 사용한 시간에 대해 평가해 보자.

범주	측정한 시간	평가
수면		
공부		
휴식		
식사		
기타		
총시간		

(3) 우선순위의 결정

모든 사람에게 하루는 24시간으로 정해져 있지만 시간을 어떻게 관리하는가에 따라 시간을 잘 활용하는 사람과 그렇지 않은 사람에게는 큰 차이가 발생한다.

시간을 효율적으로 관리하는 방법은 시간관리 매트리스를 이용해 가능하다. 총 4가지 매트리스로 급하면서 중요한 일, 급하면서 중요하지 않은 일, 중요하지만 급하지 않은 일, 급하지도 중요하지도 않은 일 구분되어 있다. 중요한 일과 급한 일을 결정하는 기준은 개인이 갖고 있는 목표가 무엇인지, 삶에서 중요하게 생각하는 것에 무엇인지에 따라서 달라진다.

■ 다음의 범주에 의해 해야 할 일들을 구별해 보자.

	급한일	급하지 않은 일
중요한 일	• 급하면서 중요한 일	• 중요하지만 급하지 않은 일
중요하지 않은 일	• 급하지만 중요하지 않은 일	• 급하지도 중요하지도 않은 일

급하면서 중요한 일은 회사의 급한 일, 위기, 마감이 임박한 과제 등이 해당되고, 급하지만 중요하지 않은 일은 경조사, 동아리 활동, 회의 등을 의미한다.

대부분의 사람들은 급하지도 중요하지도 않은 일에 시간을 보낸다. 시간을 낭비하는 사람은 TV를 시청하거나. 특별한 용무가 없는 전화 통화를 하거나, 휴일에 낮잠을 자거나 의미 없는 일에 시간을 보낸다. 운동이나 자기계발을 위한 공부 등은 중요하지만 급하지 않은 일로 미래의 삶에 많은 영향을 미친다. 따라서 중요하지만 급하지 않은 일을 지속적으로 하는 것이 효율적인 시간 관리를 하는 방법이다.

4) 학습 환경

사람은 환경에 의해 매우 큰 영향을 받는다. 효율적인 학습을 하기 위해서는 집중력을 높일 수 있는 자신만의 좋은 환경을 찾아야 한다. 보편적으로 좋은 환경이란 주변의 소리에 방해 받지 않고 집중해서 몰입할 수 있는 환경을 의미하지만 사람마다 상당한 개인 차이가 있다. 조용한 장소에서 공부하는 것이 집중이 잘 되는 사람이 있는 반면에 너무 조용하면 오히려 집중이 잘 안 되는 경우도 있다. 실제로 음악을 들으면서 공부를 하면 집중이 더 잘되는 사람도 있다.

이와 같이 자신에게 맞는 학습 환경이 다르기 때문에 집중력을 높일 수 있는 좋은 환경을 찾는 것이 중요하다. 보편적으로 집중하기 좋은 학습 환경은 다음과 같다.

(1) 책상은 출입문이 보이도록 배치한다.

책상은 출입문이 보이도록 배치하는 것이 집중력을 높일 수 있는 방법이다. 책상의 배치를 문 뒤나 옆으로 오게 하면 학습하는 도중에 언제 누가 들어오는지 알 수 없기 때문에 집중을 제대로 할 수 없고 정신이 산만해 질 수 있다.

(2) 침대와 TV가 없는 장소로 한다.

침대가 있으면 눕고 싶어지고 TV가 있으면 보고 싶어진다. 따라서 침대와 TV는 학습공간 외에 비치를 하고 침실에 책상을 놓아야 할 경우에는 공부하는 시야에 들어오지 않도록 배치한다.

(3) 학습공간을 정돈한다.

공부를 할 때 책상에 책, 필기구 등 모든 것을 펼쳐 놓고 공부하는 사람이 있다. 이는 공부하는 의욕과 집중력을 떨어트리고 또한 공부를 시작할 때 책을 찾느라 시간을 소비하는 사람도 있다. 산만한 환경에서는 집중하기 힘든 만큼 책과 필기구 등 관련된 물건들은 제자리에 정돈해 둔다.

위에서 제시한 기본적인 학습 환경 외에 공부에 방해가 되거나 집중하지 못할 때 무엇 때문인지 알고 있다면 스스로 방해요인을 차단할 수 있고 집중력을 높일 수 있는 환경을 찾을 수 있다.

■ 자신만의 학습 환경을 위해 집중을 방해 요인과 해결방안에 대해 작성해 보자.

주의산만 요인	주의산만 내용	개선방안
심리적 요인	1. 2. 3. 4.	1. 2. 3. 4.
물리적 요인	1. 2. 3. 4.	1. 2. 3. 4.
기타 요인	1. 2. 3. 4.	1. 2. 3. 4.

출처: 송인섭(2007).

4) 기억법

인간의 기억에는 단기기억과 장기기억이 있다. 여러 가지 정보들 중에서 중요한 내용을 일시적으로 머무르게 하는 것을 단기기억이라고 한다. 예를 들면 핸드폰에 전화번호를 저장하기 위해서 친구나 지인이 전화번호를 불러주면 저장 할 때까지는 기억하게 된다. 하지만 전화번호 저장 후 몇 초나 몇 분이 지나면 잊어버리게 되는데 이는 전화번호가 단기기억 속에 저장되어 있다가 사라졌기 때문이다.

우리가 학습한 새로운 지식이나 정보는 시간이 지나면 대부분이 기억 속에 남아 있지 않게 된다. 하지만 학습자들이 얼마나 주의 집중하고 학습을 했느냐에 따라 기억되는 정보의 양에는 차이가 있다.

장기기억이란 학습한 내용을 내 기억 속에 오랫동안 머무르게 하는 것이다. 예를 들면 일상생활이나 어렸을 때의 경험과 지식 등이다. 장기기억은 시간과 정보를 저장할 수 있는 양이 뇌가 손상을 입지 않는 한 무제한이다. 따라서 학습한 내용을 장기기억 속에 저장시키는 것이 중요하다. 다음은 장기기억 속에 저장하기 위한 방법들이다.

(1) 범주화 기법

범주화 기법이란 기억하려는 목록이나 단어들 간의 비슷한 속성을 파악하여 하나의 범주로 묶어서 암기하는 방법이다. 공부를 하다보면 암기를 해야 할 내용이 많이 있다. 무작정 암기하다보면 효율성도 떨어지고 쉽게 잊어버린다.

■ 다음 예시의 단어를 비슷한 속성으로 범주화를 통해 묶어보자.

연필	노트	레드	아카시아	퍼즐	상추
진달래	옐로우	개나리	레고	블루	수선화
미끄럼틀	버섯	만화책	마늘	블랙	백합
그린	자	축구공	체스	필통	호박

출처: 서울특별시교육청(2009).

위에서 제시된 단어를 효과적으로 암기하는 방법은 비슷한 속성을 파악하여 아래와 같이 범주화를 통해 묶어서 효과적으로 암기할 수 있다.

목록	범주
연필, 노트, 자, 필통	학용품
레드, 옐로우, 블루, 블랙, 그린	색깔
아카시아, 진달래, 개나래, 수선화, 백합	꽃
상추, 버섯, 마늘, 호박	채소
퍼즐, 레고, 만화책, 미끄럼틀, 축구공, 체스	놀잇감

출처: 서울특별시교육청(2009).

(2) 심상법

심상법이란 기억해야 할 내용을 마음속으로 이미지를 그려서 암기하는 방법이다. 인간의 우뇌는 그림과 같은 이미지 정보를 처리하는 역할을 하고, 좌뇌는 언어 정보를 처리하는 역할을 한다. 언어를 그림으로 바꿈으로써 양쪽의 두뇌를 활용하여 기억력을 높이는 방법이다.

심상법의 장점은 두 개의 심상을 연결하면 기억이 더 잘된다는 것이다. 예를 들어 '책상', '노트', '필통'을 기억해야 한다고 하면 '책상 위에 노트와 필통이 있는 모습'을 상상하면서 암기하는 것이다. 또 심상법은 다른 사람이 사용하는 것보다 학습자 스스로가 심상을 만들어서 암기하는 것이 더 효과적이다.

(3) 핵단어법(Peg-word method)

핵단어법도 새로 학습할 내용을 자신이 알고 있는 것과 연결하는 암기법이다. 특히 숫자나 가나다라와 같이 이미 순서가 있는 내용과 새로운 정보를 결합하는 방식이다. 예를 들어 라면을 끓이는 방법을 핵단어와 연결해서 암기할 수 있다.

라면을 끓일 때는 다음과 같은 철차로 해야 맛있게 끓일 수 있다.

1. 양은냄비에 물을 끓인다.
2. 라면을 반으로 쪼개고 끓는 물에 면과 스프를 넣는다.
3. 보글보글 끓인다.
4. 취향에 따라 계란과 파를 첨가하여 끓인다.
5. 신문이나 전화번호책을 냄비받침으로 쓴다.
6. 맛있는 라면, 맛있는 김치와 함께 먹으며,
7. 맛과 감동, 역시 출출할 땐 라면이다.

출처: 김혜온, 김수정(2008).

이를 쉽게 암기하기 위해서는 1~7까지 쉽게 기억 할 수 있는 핵단어를 발음이 비슷한 단어들로 생각한다.

1-일단, 2-이젠, 3-삼분, 4-사람의, 5-오늘, 6-육백 원, 7-일곱 배

출처: 김혜온, 김수정(2008).

이들 핵단어를 앞에서 제시한 라면 끓이는 방법과 연결해서 이야기를 만든다. 이렇게 이야기를 구성하면 그 내용이나 순서를 기억하기 쉽다.

라면을 끓일 때는 다음과 같은 순서로 해야 맛있게 끓일 수 있다.
1. 일단 양은냄비에 물을 끓인다.
2. 이젠 라면을 반으로 쪼개고 끓는 물에 면과 스프를 넣는다.
3. 삼 분 동안 보글보글 끓인다.
4. 사람의 취향에 따라 계란과 파를 첨가하여 끓인다.
5. 오늘의 신문이나 전화번호책을 냄비받침으로 쓴다.
6. 육백 원의 행복, 맛있는 라면, 맛있는 김치와 함께 먹으며,
7. 일곱 배의 맛과 감동, 역시 출출할 땐 라면이다.

출처: 김혜온, 김수정(2008).

(4) 복습

새로운 지식이나 정보를 학습하다는 것은 기억하는 것이라고 생각할 수 있다. 학습한 내용은 시간이 지나면 자연스럽게 잊어버리게 되는데 이것을 망각이라고 한다. 독일의 심리학자인 헤르만 에빙하우스에 따르면 인간은 학습 후 10분 후부터 망각이 시작되며, 1시간 뒤에는 50%, 하루 뒤에는 70%, 한 달 뒤에는 80%를 망각하게 된다. 그러나 에빙하우스가 제시한 망각 곡선에 따라 주기적으로 복습을 해주면 기억의 정도가 거의 100%에 달하게 된다.

따라서 우리가 학습한 정보를 망각으로부터 지켜내기 위한 가장 효과적인 방법은 주기적인 복습이다.

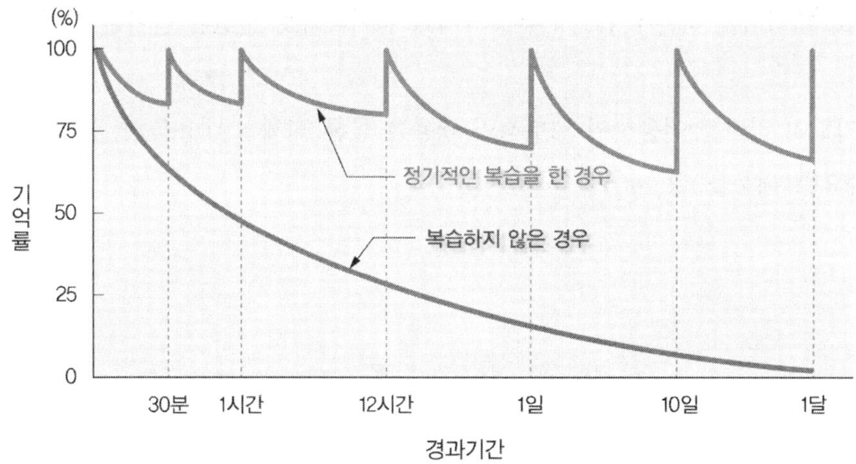

[그림 17-1] 에빙하우스 망각 곡선 변형

출처: EBS 다큐 프라임 [인지세계는 냉엄하다]

5) 효과적인 노트필기

노트필기를 하는 것은 자신이 학습한 내용을 체계적으로 정리해서 구조화하는 학습전략이다. 노트필기를 해야 하는 중요한 이유는 첫째, 집중력에 도움을 준다. 수업을 듣다보면 자신도 모르게 집중력이 떨어지고 산만해 지는 경우가 있다. 하지만 수업시간에 중요한 내용을 필기하기 위해서는 수업내용을 더 집중해서 듣게 된다.

둘째, 복습의 효과가 있다. 수업의 내용은 시간이 지날수록 잊어버리게 된다. 특히 시험은 대부분 시간이 지난 후에 치르게 되는데, 그때는 이미 많은 수업의 많은 내용을 잊어버리게 된 후다. 따라서 노트정리를 잘 하면 시험 공부할 때 수업내용을 쉽게 기억할 수 있고 복습하기에도 유리하다.

학습 내용을 체계적으로 정리하기 위한 방법으로는 마인드맵과 코넬 노트정리법을 많이 사용하고 있으며 방법은 다음과 같다.

(1) 마인드맵

마인드 맵이란 토니 부잔(Tony Buzan)이 개발한 것으로 마음속에 지도를 그리듯이 핵심단어나 색상, 그림 이미지를 이용해 정리하는 필기 방법이다. 자신이 학습한 내용을 바탕으로 주제를 정하고 핵심어를 적은 다음, 식물이 가지를 뻗어나가듯 관련된 단어를 연결하여 정리해 나간다.

마인드맵은 지도의 원리를 이용하여 세부적인 내용은 물론 전체의 내용을 한 눈에 보기 쉽기 때문에 중요한 내용을 잘 파악할 수 있다.

마인드 맵 그리는 방법

① 주어진 자료를 읽는다.
② 중앙에 원이나 네모를 그린 후 중심주제나 개념을 적는다.
③ 중심주제나 개념을 중심으로 선을 그어 같은 방법으로 네모나 원을 그린 후 중심주제와 관련된 소주제이나 개념을 적는다.

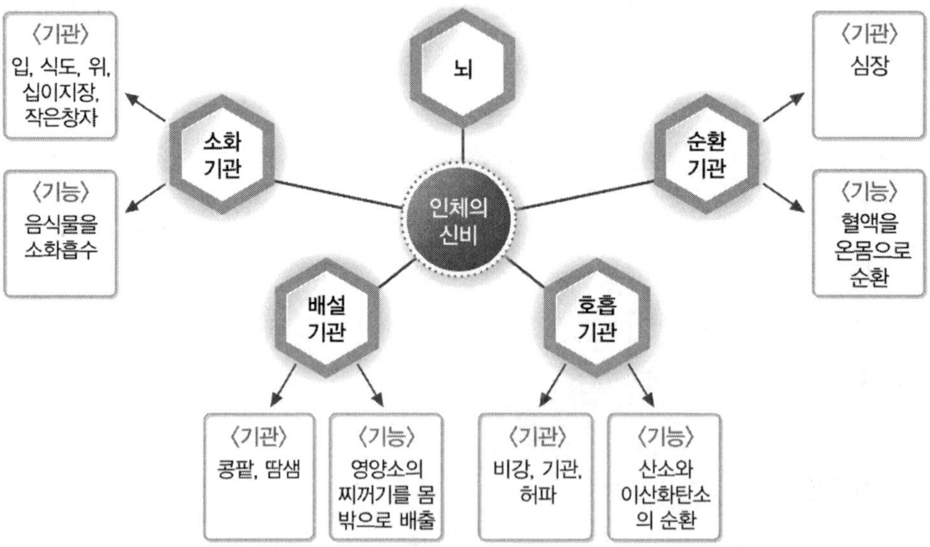

[그림 17-2] 인간의 신체 기관

출처: 박효정 외(2011).

(2) 코넬 노트정리법

코넬 노트정리법은 미국의 코넬대학에서 40년 전에 개발한 노트정리 방법이다. 마이드맵 필기법과 함께 전 세계 학생들로부터 효과적인 노트 필기방법으로 인정받고 있다.

코넬 노트정리 방법

① 제목에 과목명, 챕터명, 주제, 날짜 등을 기재한다.
② 키워드에는 주요개념으로 기재한다.
③ 필기내용에는 책의 내용이나 강의 내용을 적는다.
④ 요약정리는 그 페이지의 키워드나 필기내용을 보면서 전체 내용을 한 두 문장으로 요약해서 작성한다.

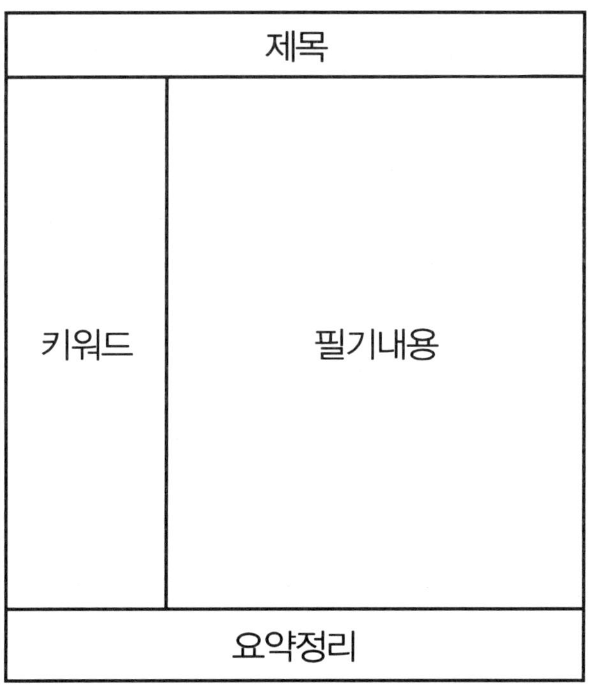

[그림 17-3] 코넬 노트 양식

CHAPTER

18 창의력 훈련[1]

1 창의성의 이해

1) 창의성의 의미

창의(創意, Creative)의 의미는 위키백과사전에 따르면 새로운 생각이나 개념을 찾아내거나 기존에 있던 생각이나 개념들을 새롭게 조합해 내는 것과 연관된 정신적이고 사회적인 과정을 말한다. 창의에 관한 능력을 창의력, 창조력이라고 한다. 창의와 항상 연결되어 등장하는 단어가 있는데, 바로 융합이다. 융합(融合, Convergence)은 국립국어원의 표준국어대사전에 따르면, 다른 종류의 것이 녹아서 서로 구별이 없게 하나로 합하여지거나 그렇게 만듦 또는 그런일이다. 현재 전 세계적으로 인문, 과학, 기술 각각의 세분된 학문들을 결합하고 통합할 뿐만 아니라 더 나아가 응용함으로써 새로운 분야를 창출하는 과정이 활발히 일어나고 있는데, 이를 통칭하여 융합이라고 한다.

창의와 융합의 개념을 따로 떼서 생각하기 보다는 최근에는 합쳐서 이야기하는 경우가 많다. 조준종(2017)은 창의 · 융합이란 두 가지 이상의 분야가 모여서 이루어지는 것으로 창의성에 기반 한 융합이라고 말한다. 이는 단순히 기존과는 다른, 새롭고 독창적인 아이디어나 물품을 발명해내는 것을 넘어서, 여러 분야를 결합하고 통합하여 새로운 분야를 창출한다는 의미도 포함하고 있다고 말한다.

1) 최손환 외(2018)의 『창의와 융합인재』를 토대로 재구성하였음

2) 창의성의 필요성과 가치

창의성이 왜 필요할까? 미하이 칙센트미하이(2003)는 창의성이 없다면 세상은 지금과는 매우 다른 곳이 되었을 것이라고 한다. 예를 들어 우리는 유전자가 지시하는 것에 따라 행동하고 있을 것이며 살아가면서 배우는 것은 우리가 죽으면 잊혀질 것이라고 한다. 또한 그는 만일 창의성이 고갈된다면 지금이나 미래에 인류가 생존할 수 없다는 사실에는 의심의 여지가 없다고 말한다. 그는 우리가 인간적이라고 생각하는 세상을 만들기 위해 어떤 사람들은 용감하게 전통의 틀을 깨고 나와야 한다고 강조한다. 그리고 보다 향상된 새로운 생각과 기술을 이전의 것에 추가하는 방법을 찾아야 한다. 이러한 과정이 바로 창의적인 과정이고 새로운 방법을 추가하는 것이 바로 융합의 과정인 것이다. 굳이 학술적인 이야기를 하지 않더라도 오늘날 우리는 창의성의 산물 덕분에 엄청난 문화적 혜택과 풍요로움 속에 살고 있다.

미디어 전략가인 톰 굿윈은 2015년 3월『테크크런치』에 다음과 같은 글을 기고한바 있다. 세계에서 가장 큰 택시 기업인 우버는 소유하고 있는 자동차가 없고, 세계에서 가장 많이 활용되는 미디어인 페이스북은 콘텐츠를 생산하지 않는다. 세계에서 가장 가치 있는 소매업체인 알리바바는 물품 목록이 없으며, 세계에서 가장 큰 숙박 제공업체인 에어비앤비는 소유한 부동산이 없다(클라우스 슈밥, 2016). 이처럼, 창의적인 아이디어를 통해서 만들어낸 산물은 많은 사람들이 공감하여 활용하며 심지어 엄청난 경제적인 이득까지 만들어 낸다.

특히 4차 산업혁명 시대에 정보통신기술의 융합으로 이루어 낸 산물인 인공지능, 사물인터넷, 자율주행자동차, 무인 운송 수단 등 새로운 기술혁신이 실로 놀랄만하다. 이처럼 이 시대 창의성은 단순히 물질적인 풍요로움과 생활의 편의를 넘어서 우리 인류의 삶에도 지대한 영향을 끼치는 단계에까지 도달했다.

창의성의 의미와 가치를 이해할 수 있는 명언을 몇 가지 보면 다음과 같다.

- "창조적 에너지와 뛰어난 성과, 자아실현의 가장 강력한 원천 한 가지는 바로 어떤 대상, 즉 자신의 꿈, 자신의 미래상과 사랑에 빠지는 것인 듯하다." E. 폴 토런스
- "자신의 마음속을 들여 다 볼 수 있을 때 시야는 밝아질 것이다. 밖을 보는 사람은

꿈을 꾸지만, 안을 보는 사람은 잠에서 깨어난다." 칼 융

- "직관적 사고는 하늘이 내린 선물이고, 이성적 사고는 충실한 종이다. 우리가 만들어 낸 사회는 그 종을 떠받들다가 신성한 선물을 잊고 말았다." 알베르트 아인슈타인
- "진정한 지성의 징표는 지식이 아니라 상상력이다." 알베르트 아인슈타인
- "미지의 대상에 대한 두려움을 호기심으로 대체하는 것이야말로 무한한 가능성의 조류를 활짝 열어젖히는 길이다. 두려움이 삶을 지배하게 할 텐가, 아니면 호기심 가득한 아이처럼 경계석을 걷어차고 안전지대에서 훌쩍 뛰쳐나와 삶이 우리 앞에 펼쳐 준 것을 받아 안을 텐가?" 앨런 와츠
- "창조라는 것은 그냥 여러 가지 요소를 하나로 연결하는 것입니다. 창의력은 그들이 경험했던 것을 새로운 것으로 연결할 수 있을 때 생겨나는 것입니다. 그러한 경험은 그들이 다른 사람들보다 더 많은 경험을 하고, 그들의 경험에 대해서 더 많이 생각하기 때문에 가능한 것입니다." 스티브 잡스

2 창의성의 발견과 향상

1) 창의성을 이끄는 요소

스콧 배리 카우프만 외(2015)의 『창의성을 타고나다』에는 창의 · 융합을 이끄는 열 가지 요소를 제시하고 있다. 이 중 상상놀이, 열정, 공상, 직관, 경험에 대한 개방성, 다르게 생각하기 등 여섯 가지를 소개하면 다음과 같다.

첫째는 상상놀이이다. 아이들이 상상놀이에 빠진 모습을 관찰해 보면 타고난 창의성이 샘솟는 것을 볼 수 있다. 그들은 뚝딱뚝딱 이야기를 만들어 내고 역할을 맡아 즐겁게 실연한다. 이 놀이는 어떤 가르침이나 지도도 없이 자연스럽게 이루어진다. 바나나는 전화가 되고, 동물 모양 봉제 인형은 아기가 되며, 뒷마당은 마법에 빠진 왕국이 된다. 이처럼 자유로운 놀이를 통해 타고난 호기심과 상상력, 창의성을 발휘하는 것이다. 어른이 되어서도 아이 같은 놀이 감각을 키운다면 일뿐만 아니라 생각에도 대대적인 변화를 줄 수 있다.

잘 노는 어른일수록 스트레스를 덜 느끼고, 스트레스 대처능력도 좋고, 생활만족도도 더 높은 등, 삶에서 긍정적인 결과를 더 많이 누린다.

둘째는 열정이다. 자신이 하는 일에 대한 열정은 생산성뿐만 아니라 높은 창의성의 핵심이기도 하다. 열정은 더 많은 영감을 불러일으키고 더 많은 노력을 하게끔 자연스럽게 이끈다. 이것이 바로 창의성이라는 퍼즐을 완성시켜줄 중요한 조각들이다. 열정은 한번 일면, 그 시작이 인생의 초반이었든 후반이든 유효기간이 없이 타오른다. 이 내적 욕망은 일단 피어나면, 한 사람의 삶과 일을 송두리째 바꾸고 그에게 활력을 불어넣는다.

셋째는 공상이다. 공상은 창의적인 부화 과정과 자기이해, 심지어 사회적 이해를 촉진시킨다는 점을 포함해 많은 이유에서 창의성의 중요한 도구에 속한다. 집중력 부족이나 불안한 강박적 환상과 구별되는 긍정적이고 건설적인 공상은 창의성과 스토리텔링을 향상시킨다. 또한 의미 있는 창의적인 산물을 만들어 내는데도 오랜 시간이 걸리는 경우도 있는데, 이때 긍정적인 공상이 큰 힘이 되어준다. 창의적인 작업은 내적 독백, 즉 공상을 통해서 가능하고, 새로운 아이디어와 참신한 관점을 바로 공상을 통하여 발현된다.

넷째는 직관이다. 창의성은 종종 자아 너머 그 어딘가에서 온 영감의 불가사의한 과정이라고 표현하기도 한다. 실제로 피카소는 애초의 내 아이디어 보다 내가 엉겁결에 포착한 것에 더 마음이 간다고 말한바 있다. 이것이 이성적인 사고능력보다 때로는 직관이 창의성을 발휘하는데 더 도움이 될 수도 있다는 것을 의미한다. 직관은 가끔 비과학적인 것으로 여겨지기도 하지만, 직관의 힘은 실제적이며 뇌에서 직관이 어떻게 작동하고 극대화되는지에 대한 연구가 지속적으로 이루어지고 있다. 직관은 무의식적, 또는 자연발생적 정보 처리 체계에서 비롯되며, 우리가 생각하고 추론하고 창조하고 사회적으로 행동하는 방식에 중요하게 작용한다.

다섯째는 경험에 대한 개방성이다. 경험에 대한 개방성은 창의성에 전적으로 필수적인 요소이다. 개방성이 높은 사람은 상상력이 풍부하고, 호기심이 많고, 지각력이 뛰어나고, 창의적이고, 예술적이고, 생각이 깊고, 지적이다. 그들은 생각과 감정, 감각과 공상이 노니는 자신의 내면세계를 탐색하고, 외적으로는 끊임없이 주변 환경에서 새로운 정보를 찾아내 그 의미를 이해하려는 의욕으로 충만한다. 사실 경험에 대한 개방성은 창의성에서만 유효한 것이 아니라 최고 수준의 개인적 성장도 이루어 낼 수 있는 아주 중요한 요소이다.

여섯째는 다르게 생각하기이다. 애플이 1997년에 내놓은 "Think Different!", 다르게 생각하라 캠페인은 광고 역사상 가장 성공적이고 창의적인 광고라고 찬사를 듣는다. 이는 창의성과 혁신을 이끄는 근본적인 진리이다. 진정한 창의적인 작업은 전통적인 사고방식을 벗어나는 것에서부터 시작된다. 창의적인 사람들은 틀에 박힌 사고방식이나 행동양식을 따르려 하지 않는다는 점에서 공통점을 띤다. 창의적인 행동 자체는 새로운 양식을 만들고, 새로운 질문을 던지고, 새로운 답을 찾아내기 위해 관례와 일상에서 탈피하는 행동이기 때문이다.

창의성을 이끄는 요소인 상상놀이, 열정, 공상, 직관, 경험에 대한 개방성, 다르게 생각하기를 생각하면서 성인이 된 지금도 충분히 창의력을 키울 수 있기 때문에 이 요소들을 지속적으로 생각하면서 키울 수 있도록 해야 할 것이다.

2) 창의성의 마음가짐

이시이 다카시(2011)의 『1분 공부법』에는 마음가짐을 어떻게 가지는가에 따라 결과가 달라진다는 사례가 있다. '전속력으로 달리세요'라는 말과 함께 40명의 학생들이 100m 달리기를 하였다. 그리고 기록을 측정했다. 잠시 후 '나는 더 빨리 달릴 수 있다'라고 마음속으로 말하고 충분히 느끼며 휴식을 취한 후, 다시 달렸다. 그랬더니 40명 중 38명이나 시간을 단축하였다. 이처럼 마음가짐을 달리 하는 것만으로도 결과는 달라지는 것이다. 이는 어떤 일에 임하는 자세와 마음가짐이 그만큼 중요하다는 것을 의미한다.

미하이 칙센트미하이(2003)도 창의성과 관련하여, 사람들이 정신 에너지를 얼마나 창의적으로 사용하는가 하는 문제에서 기본적인 차이는 새로운 것에 얼마나 주의력을 기울이느냐에 달려 있다고 주장한다. 이는 주의 집중하는 마음가짐이 바로 창의성을 일으키는 원동력이 된다는 것이다. 이처럼 그는 좀 더 창의적인 삶을 향한 첫 번째 단계로 호기심을 가질 것을 강조한다. 사물, 그 자체에 호기심을 가득한 마음을 가지면 자연스럽게 관심이 갈 수밖에 없는 것이다. 관심이 가면 그 다음은 좀 더 오래 집중할 수 있다. 창의적인 사람은 나이에 상관없이 항상 신선한 호기심을 가진다. 낯설고 미지의 것에서 즐거움을 느끼는 것이다. 우리 삶에서 미지의 것이 무궁무진하기 때문에 창의적인 사람들이 느끼는 즐거움 또한 무궁무진하다.

다음으로 호기심을 유지하기 위해서는 호기심을 즐기는 법을 배워야 한다. 그렇게 하면 호기심의 마음이 오래도록 지속된다. 그 중의 하나로 집중하여 몰입하는 것이다. 사실 어떤 일에 투자한 노력과 시간에 비례해서 그 결과가 우수하게 나타나기 때문이다. 현재 하는 일을 좀 더 즐기면서 하고, 무슨 일을 하든 소명의식을 가지고 임하며, 분명한 목표와 향후 기대를 생각하고, 성심성의를 다하여 진행 중인 일에 집중을 하면 자연스럽게 몰입할 수 있게 된다.

처음 호기심 가득한 마음으로 시작한 어떤 일이 자연스럽게 몰입의 상태로 흘렀다면 이제 이러한 일을 반복해야 한다. 그동안 여러분의 성향과 이러한 반복이 융합하게 되면 결국 여러분은 내면적인 성향의 변화를 경험할 수 있을 것이다. 이처럼 성향을 하루아침에 바꾸기는 어렵지만 전혀 불가능 한 것은 아니다.

호기심을 가지고 몰입했다고 하더라도 성향을 바꾸기 위해서는 기본적인 태도의 변화도 필요하다. 우리가 성향을 변화시키기 위해서는 항상 바라보는 것이 아닌 다른 사물도 바라봐야 하며, 같은 방향이 아닌 다른 측면에서 다른 눈으로 바라볼 수 있어야 한다. 이를 통해서 생각하는 방식의 프레임도 바꾸고, 또 다른 경험을 하며 새롭게 느껴야 한다. 만일 매우 경직되어 있다거나 부적절한 습관을 가지고 있다면 호기심을 가지고 몰입했다고 하더라도 창의적인 에너지는 소멸되거나 낭비되고 만다. 물론, 이런 사람이라면 처음부터 호기심을 가지지도 못했고 몰입하지도 못했을 것이다. 하지만 우리는 창의적인 에너지가 소멸되지 않도록 기존의 습관이나 어떤 습성에 매달리지 말고 그가 말한 것처럼 무언가를 새롭게 느낄 수 있도록 기존의 틀을 깨려는 마음가짐이 필요하다.

창의와 융합을 이야기할 때 복합성을 강조하는 사람들이 많다. 미하이 칙센트미하이(2003)는 모든 체계는 복합성으로 이루어 있다고 말한다. 즉, 여러 부분으로 나뉘어져 있으면서 또한 모든 부분이 함께 조화를 이루는 통일된 체계가 복합성이라는 것이다. 이는 혼란스럽고 무질서한 복잡성과는 차이가 있다. 복합성은 인간의 고유한 특성이다. 단순한 사람들은 몇 가지 새로운 아이디어, 의견, 느낌에 매달린다. 그들은 예측이 가능하며, 고루하고 일차원적이고 경직되어 있다. 하지만 복합성을 갖춘 사람은 여러 가지 의견을 표현하고 변화무쌍하고 끊임없이 새로운 뭔가를 추구한다. 동시에 밖으로 한 없이 향하기도 하지만 때로는 안으로 집중하기도 한다. 또한 지속적이며 넘치는 열정을 가지고 있다. 바로 창의적인 사람들은 비교적 복합성을 잘 갖추고 있다. 사실 복합성은 창의적인 사람에게만 허용되는 것은 아니다. 인간의 잠재력을 완전히 실현하고자 하는 사람들, 의식의 진화에 참여하고

자하는 사람들이라면 보다 복합적인 특성을 추구해야 한다.

이처럼 앞에서 언급한 것처럼, 우리는 호기심과 관심을 가지고 생활을 유지하면서 동시에 몰입하는 마음으로 탐구하고, 복합성을 이해하는 마음으로 보다 넓은 세계를 바라볼 수 있어야 한다.

3) 창의성을 기르기 위한 행동

페이스 북의 창업자 마크 저커버그는 거의 대부분 회색 반팔티에 청바지를 입고 다닌다. 왜 그럴까? 그는 어느 기자의 인터뷰에 '좀 더 집중해서 일하기 위해서 옷을 선택하는 일에는 에너지를 줄이기 위해서'라는 이야기를 했다. 앨버트 아인슈타인도 대부분 낡은 스웨터에 허름한 바지를 입었는데, 그 또한 무슨 옷을 입을지 결정하는 수고를 줄이고 좀 더 중요한 일에 정신을 집중하기 위해서 그랬다고 한다.

우리도 이 점을 배울 필요가 있다. 물론, 매일 똑같은 옷을 입고 다니라는 것은 아니다. 만약 여러분에게 창의성의 에너지가 생겼다면 다른데 쓸 에너지를 줄이고 어느 정도 익숙해 져서 습관처럼 될 수 있도록 그것을 유지하도록 노력해야 한다. 미하이 칙센미하이(2003)는 그의 책에서 창의성을 유지하는 방법에 대해서 다양하게 제안하고 있다. 그 중의 일부를 정리하면 다음과 같다.

첫째, 시간표를 지켜야 한다. 여러분의 의지로 바꿀 수 없는 일들이 있을 것이다. 그것을 제외하고 여러분의 시간에 맞춰 일과를 바꾸어야 한다. 점심을 먹고, 누군가 방문을 하고, 휴식을 취하고, 과제를 하기에 가장 적당한 시간을 찾아내고 자신의 에너지를 사용하기에 가장 적합한 시간, 가장 효율적인 시간을 찾아내야 한다. 가장 적합한 시간에 가장 적합한 일을 한다면 창의적 에너지를 더 많이 끌어낼 수 있기 때문이다.

둘째, 성찰과 휴식의 시간을 가져야 한다. 하루, 혹은 일주일에 한번씩이라도 자신의 삶을 평가하고 자신이 여태까지 무엇을 했는지, 앞으로 어떤 일이 남아 있는지를 생각해 보는 시간을 갖는 것이 중요하다. 그런 시간에는 어떤 일도 하지 않고 어떤 결정도 내리지 말아야 한다. 특히 스마트 폰으로 포털 사이트의 뉴스나 웹툰 만화를 보거나 개인 SNS를 하는 등은 휴식을 가지는 것이 아니라는 것을 명심해야 한다. 최선의 휴식은 아무것도 하지 않는 것이다.

셋째, 자신만의 공간을 꾸며야 한다. 이는 인테리어를 멋지게 하라는 의미는 아니다. 일하는 공간을 채우는 물건의 종류에 따라서 창의적 에너지 발산에 도움에 될 수도 있고 방해가 될 수도 있다. 소중한 물건들은 우리의 목표를 상기시키고 자긍심을 갖게 하며, 주의를 집중할 수 있게 한다. 좋아하는 책들, 가족시간, 상장 등은 내가 누구인지 무엇을 성취했는지 그리고 무슨 일을 하게 될지 확인시켜 준다. 또한 내가 방문하고 싶은 장소의 그림과 지도, 좀 더 알고 싶은 일들에 관한 책들은 미래에 하게 될 일에 대한 이정표가 된다. 이처럼 편안하게 느끼고 좀 더 집중할 수 있는 공간을 마련하는 것도 필요하다.

넷째, 생활에서 좋은 것과 싫은 것을 가려낸 후, 좋아하는 일은 늘리고 싫어하는 일은 줄이는 것이다. 우선 일반적으로 나타나는 만성적인 무관심 상태에서 벗어나 예민한 감정을 살려야 한다. 우선 매일 무엇을 했는지 어떻게 느꼈는지를 기억하면 좋다. 일주일 동안 자신이 시간을 어떻게 보냈는지, 여러 가지 활동에 대해서 어떤 느낌을 받았는지를 확인하는 것이다. 이렇게 자기 자신을 모니터하면서 분석하는 것이다. 중요한 것은 일단 어떻게 생활하고 있고 어떻게 느끼는지를 알면 스스로 관리하기가 쉬워진다는 것이다.

이처럼 창의성을 유지하는 방법은 시간, 공간, 활동을 우리에게 유리하게 조절하는 기술을 통해 의미없는 활동에 에너지 소모를 방지하는 것이다. 그러자면 시간을 확보하고, 방해를 덜 받고, 집중할 수 있는 환경을 만들고, 그렇게 해서 비축한 에너지를 하고 싶은 일에 쏟아 부어야 한다.

이 외에도 창의 · 융합적인 사고의 습관을 기르기 위한 방법을 소개하면 다음과 같다.

첫째, 자유롭게 생각하기이다. 대부분의 사람들은 현실적인 요소나 과거의 경험, 주변 사람의 조언과 같은 제한된 정보만을 가지고 판단을 내린다. 창의적 사고를 위해서는 과거의 경험과 지식도 중요하지만 시작하는 단계부터 부정적인 요소들을 개입시킬 필요는 없을 것이다. 스스로의 생각을 비판하기 시작하면 새로운 아이디어를 만들어내는 것은 매우 어려워진다.

둘째, 의문을 제기해야 한다. 만유인력의 법칙의 법칙을 예로 들면, 사실 사과나무의 사과는 처음부터 땅으로 떨어져 왔다. 그러나 "왜? 떨어질까?"라는 질문을 던지고 그 답을 찾기 위해 노력한 사람이 뉴턴이었다. 또한 포드는 포드 자동차 회사를 설립하고 자동차를 대량 생산한 사람으로 유명하다. 포드는 무거운 공구를 들고 자동차 부품 사이를 오가는 근로자들을 보며 "사람은 가만히 있고 자동차 부품이 움직이면 안 될까?"라는 생각을 했고, 결국 오늘날 공장에서 사용하는 컨베이어 벨트 시스템을 적용할 수 있었다. 누구나 당연하다고 생각되는 것에 대해 의문을 제기하여 창의적인 답을 찾을 수 있었던 것이다.

셋째, 시각을 바꾸어 볼 수 있어야 한다. 자신이 볼 수 있는 것만 본다면 새로운 생각을 하기 어렵다. 언제나 비슷한 생각만 하게 될 뿐이다. 어떤 사물을 보더라도 다른 각도에서 보면 지금까지 보지 못했던 새로운 면을 볼 수 있다. 자신이 가지고 있는 틀에 박힌 시야에서 벗어나 다양한 관점에서 볼 수 있어야 한다. 그러기 위해서는 많은 사람들과 교류하며 관점의 차이를 아는 것도 필요하다.

넷째, 마음대로 결합하거나 분리해 보자. 창의적인 사고는 새로운 것을 만들어내는 것이지만 완벽하게 무에서 유를 창조하는 것만은 아니다. 기존의 생각이나 사물을 결합하거나 분리하는 것만으로도 새로운 것이 탄생하는 경우도 많다. 이미 존재하던 전화기와 인터넷 환경이 결합하는 것만으로도 스마트폰이라는 새로운 물건이 탄생했다. 또 커피와 우유라는 이미 존재하는 것이 결합하여 커피우유라는 새로운 제품이 탄생했다. 또 어떤 회사는 프라이팬에서 손잡이를 분리하여 새로운 제품을 만들기도 했다. 수납하기 어려운 프라이팬에서 손잡이를 분리형으로 만들어 편의성을 크게 높인 사례이다.

다섯째, 자신의 전공 분야의 지식을 깊이 공부해보자. 흔히 사람들은 창의성은 단순히 기발하고 새로운 생각이라고 착각한다. 그 기발하고 새로운 생각이 떠오르기 위해 필요한 환경을 생각하지 않는다. 진정한 창의적인 사고는 해당 분야의 깊은 지식과 경험이 있고, 이를 자유자재로 사용할 수 있을 때 비로소 가능하다. 여러분이 자신의 전공 분야의 지식을 그저 지루한 이론에 불과하다고 소홀히 여긴다면 훗날 현장에서 경험을 쌓아도 적절하게 각 지식과 경험들을 연결할 수 없으며, 지식과 경험을 연결 짓지 못하면 자유롭게 생각할 수도 없게 된다. 그래서 많은 학자들은 때로는 전문적인 지식을 창의성의 중요한 요소라고 이야기 한다.

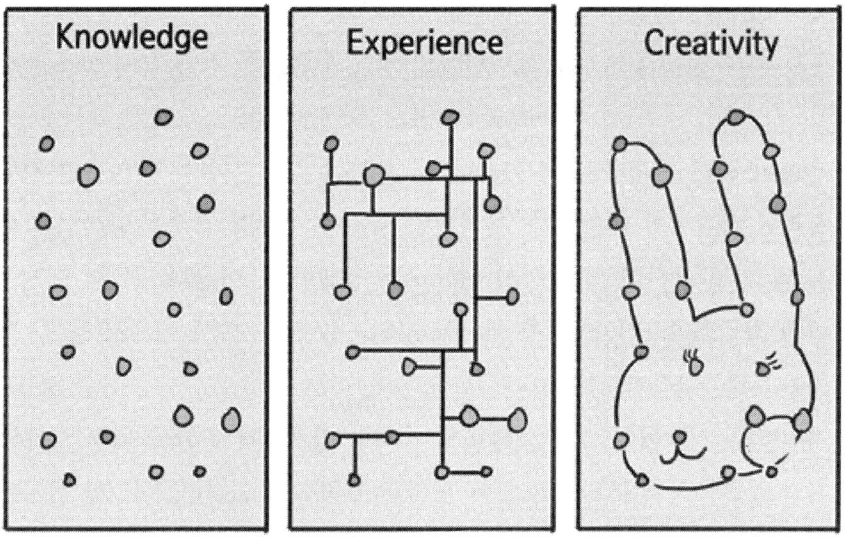

[그림 18-1] 지식과 창의성의 관계

출처: 최손환 외(2018)의 자료

지금은 4차 산업혁명의 시대이다. 단순한 행위를 반복하는 작업은 앞으로는 로봇이 대체할 것이다. 이미 토마토를 따는 기계와 단단한 토마토 품종이 널리 보급되면서 미국 남부 멕시코의 수많은 농장 일꾼들이 직장을 잃었다. 또한 빌딩의 창문을 닦아주는 로봇은 거의 상용화 단계이다. 드론을 이용한 택배사업도 가까운 미래에 현실화 될 것으로 보인다. 대체가 불가능한, 인간만이 할 수 있는 일은 바로 창의적인 사고와 융합적인 능력이다. 조금씩 일상생활 속에서 나 자신의 창의력을 기르는 습관을 실천해보는 것이 필요한 시대가 된 것이다.

3 창의적 사람의 특성

창의적인 사람은 어떤 특성을 갖추고 있을까? 다양한 것을 융합하여 가치 있고 새로움을 창출하기 위해서 반드시 갖추어야 할 특별한 성향은 목표를 달성하기 위해서 거의 모든 상황에 적응하고, 손에 잡히는 것은 무엇이든 이용하는 능력이다. 또한 창의적인 사람들이 다른 사람들과 다른 점을 한마디로 표현한다면 앞에서 언급한 바와 같이 그것은 바로 복합성이다.

창의와 융합이 같이 붙어있는 이유도 바로 이 복합성 때문이다. 창의적인 사람은 거의 대부분 복합적인 사람이기 때문이다. 창의적인 사람들은 분명 양극을 달리면서 아무런 갈등도 느끼지 않고 두 극단이 가지는 가치를 모두 경험한다. 이 점을 좀 더 쉽게 이해하기 위해서 미하이 칙센트미하이(2003)가 제시한 창의·융합형 사람들에게서 볼 수 있는 특성 중 일부를 제시하면 다음과 같다.

첫째는, 창의적인 사람들은 대단한 활력을 가지고 있으면서 또한 조용한 휴식을 취한다. 이들은 활기차고 의욕적인 분위기로 오랜 시간 몰두하면서 일한다. 이러한 몰두는 건강한 신체 조건이라기보다는 이 힘은 내면에서 생겨나며 몰두하는 정신에서 기인한다. 사실 이들은 자주 휴식을 취하고 잠을 많이 잔다. 스스로 힘을 조절하여 필요할 때 마치 레이저 광선처럼 힘을 한군데로 집중할 수 있다. 다시 말해서 만족스러운 일을 위해 게으름이나 명상 뒤에 따라오는 활력을 매우 중요하게 생각한다.

둘째는, 창의적인 사람들은 명석하기도 하지만 한편으로는 천진난만한 구석이 있다. 머리가 명석하면 좋은 점도 있지만 오히려 창의성에 해가 될 수 있다. IQ가 높으면 자만에 빠져서 자기 머리만 믿는 바람에 새로운 무언가를 달성하는 데 필요한 호기심을 잃어버릴 수 있다. 또한 하워드 가드너는 20세기에 창의적 업적을 남긴 천재들에 관한 연구에서 정서적으로나 정신적으로 미성숙한 사람이 심오한 통찰력을 함께 갖고 있을 수 있다고 말한 바 있다.

셋째는, 창의적인 사람들은 한편으로는 상상과 공상, 또 한편으로는 현실에 뿌리박은 의식 사이를 오고 간다. 창의적인 예술과 과학은 때로는 인간이 만들어 놓은 현실과는 다른 세계 속으로 뛰어넘는 상상력을 포함하고 있다. 이는 현실적이라고 생각하는 것을 넘어선 상상력을 통하여 새로운 현실을 창조하는 것이다. 이것이 바로 창의적인 사람의 특성이다. 따라서 현실적이면서 동시에 현실에서는 불가능할 것 같은 상상을 즐길 필요가 있다.

넷째는, 창의적인 사람들은 외향성과 내향성이라는 상반된 성향을 함께 갖고 있다. 보통 우리는 어떤 상황에서 적극적으로 참여하든지, 아니면 뒤로 물러서서 진행되는 광경을 관찰하든지 어느 한 쪽이 되기 쉽다. 혼자 지내는 시간을 좋아하는 사람일지라도 사람들을 만나고, 그들의 이야기를 듣고, 생각을 서로 교환하는 등 다른 사람들과 함께 이것 저것을 교환하는 것도 필요하다.

다섯째는, 창의적인 사람들은 매우 겸손하면서 동시에 자존심이 강하다. 여기서 말하는 자존심은 자만심을 의미하는 것은 아니다. 거만하거나 건방지다고 생각했던 유명인을 직접 만나보면 뜻밖에 소심하고 수줍어하는 모습을 보게 되는 경우가 많다. 뉴턴의 말대로 그들은 자신이 '거인의 어깨 위'에 서 있다는 것을 잘 알고 있다. 즉, 다른 업적들이 밑거름이 되어서 지금 그 자리에 자신이 설 수 있었다는 것을 알기 때문에 겸손한 것이다. 물론, 자신이 이루어놓은 창의적인 업적에 어느 정도 행운이 작용했다는 점도 알고 있기 때문이다.

여섯째는, 대부분의 창의적인 사람들은 자신의 일에 매우 열정적인 동시에 극히 객관적이 될 수 있다. 많은 사람들이 애착과 초연함 사이의 갈등에서 나오는 에너지가 그들이 하는 일에 있어 중요한 역할을 한다고 말한다. 정열이 없다면 힘든 작업을 하면서 금방 흥미를 잃게 된다. 그러나 객관적이 되지 못한다면 그릇된 길로 빠지거나 사실성이 부족해질 수도 있다. 따라서 창조의 과정은 음양의 조화라고 일컫는 이러한 두 극단 사이를 오고 간다.

마지막으로, 창의적인 사람들은 개방적이며 감성적인 성향으로 인해 종종 즐거움뿐만 아니라 고통과 역경을 겪는다. 감수성이 예민한 사람일수록 다른 사람들보다 모욕감과 불안감을 느끼기 쉽다. 하지만 감수성이 예민하기 때문에 다른 사람들이 느끼고 생각하지 못하는 것들을 더 많이 느낄 수 있기 때문에 창의적이 된 것이기도 하다. 사실 더할 나위 없이 고통스럽다 하더라도 창의과정을 통한 성취감과 즐거움을 알기 때문에 기꺼이 고통과 역경을 이겨내는 것이다. 지금까지 서술한 복합적인 성향은 창의적인 사람들에게서 가장 뚜렷이 볼 수 있는 특징들이다. 각각의 상반된 성향, 이러한 양면성을 활용할 수 있는 사람이 된다면 우리가 창의적이라고 부르는 새로움을 창출해 낼 수 있을 것이다.

창의적인 인물 레오나르도 다빈치의 7가지 특징

마이클 J. 겔브(1998)는 레오나르도 다빈치를 연구하면서 레오나르도가 어떻게 그렇게 다양한 분야를 뛰어넘으며 창의·융합적인 아이디어를 낼 수 있었는지를 분석하였다. 그가 설명하는 레오나르도 다빈치의 창의·융합을 이끌어내는 7가지 특징을 살펴보면 다음과 같다.

첫째는 호기심(Curiosita)이다. 이는 삶에 대한 식을 줄 모르는 관심과 지속되는 배움에서의 끊임없는 질문을 의미한다. 새롭거나 기이한 것에 마음을 움직이는 호기심은 탐구로 이어질 수밖에 없다.

두 번째는 실험정신(Dimostrazione)이다. 경험을 통해 얻은 지식을 시험하려는 열의와 고집이 있어야 한다. 실수하더라도 실수를 통해서도 배울 수 있다는 생각으로 계속 실험하면 된다.

세 번째는 감각(Sensazione)이다. 경험에 생명을 주는 수단으로서의 감각, 특히 시각을 지속적으로 순화시켜야 한다. 시각뿐만 아니라, 청각, 촉각, 미각, 후각 등 이런 감각이 바로 경험의 문을 여는 열쇠이다.

네 번째는 불확실성에 대한 포용력(Sfumato)이다. 모호하고 불확실하고, 비로 안개에 휩싸여 보이지 않더라도 그것에 마음을 여는 것이 반드시 필요하다.

다섯 번째는 예술/과학(Arts/ Scienza)이다. 이는 과학과 예술, 논리와 상상 사이의 균형 있는 계발을 의미한다. 다시 말해서 좌뇌와 우뇌, 뇌 전체를 쓰는 사고를 연습하는 것이 필요하다.

여섯 번째는 육체적 성질(Corporalita)이다. 우아함과 양손 쓰기 계발하기와 건강과 균형감 키우기가 필요하다. 대부분의 창의적인 사람은 넘치는 에너지와 건강한 몸과 마음을 가지고 있다.

마지막은 연결 관계(Connessione)이다. 모든 사물과 현상의 연관성을 인식하고 평가하는 것이 필요하다. 시스템적인 사고를 해야 하는데, 이는 행동이나 의사 결정을 보다 넓은 관점에서 하려는 발상법을 의미한다.

지금까지 언급한 내용들의 대부분은 여러분에게도 나타나는 특징들이다. 그러므로 여러분의 생활 속에서 그 원칙들을 새로이 심으려고 노력할 필요가 없다. 상식이 으레 그렇듯, 여러분은 이 원칙을 개발하고 적용하려고 노력하면 된다.

4 창의성 사례

"유레카!"는 그리스의 철학자 겸 수학자인 아르키메데스가 부피 측정 계산법을 고민하던 중에 나온 말이다. 아무리 고민해도 해결할 수 없었던 그는 욕조에서 긴장을 풀며 목욕하는 중에 그 해결방법을 발견하며 한 말이다. 아무런 예고도 없이 해결 방법을 깨달은 그는 너무 기쁜 나머지 벌거벗은 채로 "유레카!"라고 소리치며 거리로 뛰어 나갔다는 일화가 있다.
스콧 베리 카우프만 외(2017)의 자료를 보면, 호프만의 LSD를 발견, 왓슨과 크릭이 DNA의 이중 나선 구조 발견, 그리고 다윈의 자연 선택 이론 역시 평소에 깊게 고민하기도 했으나 뜻하지 않은 어느 통찰의 순간에 발견했다고 한다. 뿐만 아니라, 질병 치료의 혁신을 가져 온 플레밍이 발견한 페니실린도 세균을 배양하던 중 실수로 우연히 발견한 것으로 유명하다. 이렇듯, 창의적인 발견은 평소 깊이 있는 연구와 공부도 필요하지만 때로는 그것을 바탕으로 해서 우연한 기회에 찾아오는 경우가 허다하다.

1) 소켓볼

소켓볼은 축구를 하면서 손쉽게 전기를 만들어 저장하고 그 전기를 이용해서 밤에 불을 밝히는데 사용할 수 있는 공이다. 사실, 오늘날도 아프리카의 몇 몇 지역은 전기가 부족하여 밤이 되면 불을 밝힐 수 없다. 상황이 이렇게 때문에 밤에 공부를 하거나 책을 읽는 일은 상상할 수도 없다. 이에 대학생 4명이 아프리카 사람들은 축구를 좋아한다는 점을 인식하여 축구공에 소켓을 연결하여 낮에는 축구를 하며 저장한 전기로 밤에는 LED 램프를 소켓에 연결해서 불을 밝힐 수 있도록 만들었다. 이 소켓볼로 15분 정도 축구를 하면 3시간가량 불을 밝힐 수 있다고 한다. 소켓볼의 원리는 비교적 간단해서 공안에 진동 센서와 발전장치가 있고 공을 차면 이때 발생하는 충격으로 전기에너지를 생산할 수 있다. 소켓볼은 전기가 부족한 세계 곳곳의 아이들에게 굉장히 유용한 것으로 보이는 창의성의 산물이라고 할 수 있다.

2) 다양한 사물인터넷

현재 사물인터넷은 주변의 모든 것에 센서와 소프트웨어 등이 내장되고 인터넷을 연결하여 사용하고 있다. 이는 개인에게는 사용자 중심의 편리하고 쾌적한 삶을 제공해 주고 있으며, 산업체에는 생산성 및 효율성의 향상과 신 부가가치의 창출로 물질적 혹은 경제적 이득을 제공해 주고 있다. 이것이 결국 우리가 살고있는 사회를 살기 좋고 안전한 사회를 실현할 수 있도록 도와주는 것이라고 생각한다. 그렇다면 사물인터넷은 어떤 것이 있을까? 기업, 혹은 개인이 만들어 낸 사물인터넷 사례를 살펴보면 다음과 같다.

먼저, 해피포크(HAPIfork)가 있다. 해피포크는 식사를 할 때 사용자의 음식 투입속도와 포크 이용 횟수 등을 측정하는 디지털 포크이다. 만약 사용자가 포크를 빠르게 사용하면 진동이 발생함으로써 잘못된 식습관을 고칠 수 있도록 유도한다. 측정된 기록은 블루투스를 이용해서 스마트폰이나 개인용 컴퓨터로 확인할 수 있다.

다음은 프랑스 벤처 기업인 센스(Sen.se)는 매끈한 흰색의 러시아 인형처럼 생긴 허브 '센스 마더'와 '모션 쿠키'라고 불리는 소형 센서로 구성된 홈 네트워크를 공개했다. 쿠키는 백팩부터 아기 침대, 알약 등에 고정할 수 있으며, 사물의 이동과 사용 여부, 기온, 운동량 등의 데이터를 지속해서 측정하여 보내준다. 이 센스 네트워크는 'CES 2014'에서 '더 발전된 세상을 위한 기술 부분'에서 수상하기도 했다. 센스에서 제공하는 앱에는 운동량을 측정하는 Walk, 얼마나 많은 에스프레소 커피를 끓이는지를 측정하는 Espresso, 양치질 횟수를 측정하는 Teeth, 제때 약을 먹도록 알려주는 Medication, 온도를 측정하는 Temperature 등이 있다(조준동, 2017).

특히 최근에는 Sleep Peanut를 판매하고 있다. 이는 침대나 베개 혹은 이불에 설치하는 일종의 수면 분석 장치로, 우리가 잠을 자는 동안 뒤척이는 일은 없는지, 깊은 잠을 자는지 혹은 얕은 잠을 자는지, 잠을 몇 시간 자는지, 매일 일정한 시간에 잠을 자는지 등의 전반적인 수면 습관을 분석할 수 있다.

이 외에도 사물인터넷을 적용한 제품은 우리 생활 곳곳에서 살펴볼 수 있다. 실시간 혈압을 모니터해 주는 무선 혈압모니터, 사용자의 신체활동량을 측정하는 스마트 손목밴드, 청각장애 부모들의 아이를 돌봐주는 Babble, 입김만으로도 알코올 농도를 파악할 수 있는 에이스캔, 식물성장에 필요한 정보를 제공해 주는 스마트 화분, 피부 수분을 측정해 주는 기구 등 다양한 분야에서 다양한 방식으로 활용하고 있다.

3) 기타 창의성의 산물

오늘날 많이 사용하는 문구용품 중의 하나는 포스트 잇이다. 포스트 잇은 1970년에 3M사에 근무하던 스펜서 실버(Spencer Silver, 1941~)가 강력한 접착제를 개발하던 중 실수로 접착력이 약하고 끈적임이 없는 접착제를 만들게 되었다. 하지만 실패를 실패로 만들지 않고 같은 동료 직원인 아서 프라이(Arthur Fry, 1931~)와 함께 쉽게 붙였다 뗐다 할 수 있는 서표를 만들면 어떨까하는 획기적인 아이디어를 냈다. 그것이 바로 종이에 쉽게 붙일 수도 있고 뗄 때도 책이 찢어지지 않으며 메모지로도 활용 가능한 포스트 잇이 만들어진 배경이다. 이는 바로 실패를 실패로 여기지 않고 새로운 분야에 응용하여 활용할 수 있는 창의 · 융합의 아이디어가 만들어낸 산물인 것이다.

다음은 우리가 다쳤을 때 쉽게 치료할 수 있는 밴드 반창고이다. 밴드 반창고는 얼 딕슨(Earle Dickson, 1892~1961)이 아내가 요리할 때 마다 칼에 손을 베이는 모습을 보고 손을 다치면 스스로 치료할 수 있는 방법을 찾아보다가 만든 것이다. 그는 한 쪽 면이 끈끈한 치료용 테이프에 거즈 조각을 패드안에 포개어 테이프 중간에 놓았다. 그 다음 씌우개를 덮은 것이다. 이 발명품 덕분에 상처입은 자리를 쉽게 치료할 수 있었고, 딕슨의 밴드 반창고는 나오자마자 선풍적인 인기를 끌며 날개 돋힌 듯이 팔려나갔다. 이처럼, 우리가 오늘날 사용하는 대부분 문명의 이기(利器)들은 누군가의 독특하고 창의적인 아이디어를 기반으로 해서 다양한 것들을 융합함으로써 만들어 진 것들이다.

5 창의성 훈련

우리는 가끔 매우 창의적인 사람들에 대한 이야기를 듣는다. 수백 년 전의 천재 발명가 장영실에 대한 이야기도 듣고, 동시대 사람으로는 스마트폰의 혁신을 주도한 스티브 잡스에 대한 이야기도 듣는다. 그리고 역사적 위인들만 창의성을 가지고 있는 것은 아니다. 가끔 텔레비전을 통해 '크리에이티브 디렉터'라는 직업을 가진 창의적인 사람도 볼 수 있고, 우리는 유명 래퍼들의 즉석 랩을 듣고 창의적인 가사와 라임에 감탄한다. 또 스포츠 경기에서 어떤 선수가 멋진 플레이를 하면, 사람들은 '정말 창의적인 플레이이다!'라고 열광한다.

그렇다면 이런 유명인들만 창의성을 가지고 있는가? 나 자신은 창의성을 가지고 있지 않을까? 가끔 우리는 주변에서 꼭 유명인이 아니더라도 창의적인 생각을 경험할 때가 있다. 여행을 가기 위해 짐을 쌀 때 주변 친구는 생각지도 못했던 방법으로 짐의 부피를 줄이기도 하고, 어떤 친구는 기발한 방법으로 공부하는 것을 볼 수 있다. 앞서 창의와 융합의 의미를 살펴보면서 이미 알게 되었듯이, 창의성은 새로운 것을 만들고, 독창적인 창조를 낳고, 유용한 것을 만드는 능력이자 과정이라고 볼 수 있다. 나 자신은 새로운 것을 전혀 만들지 못하는가? 그렇지 않다. 연필만 주어지면 원하는 그림을 그릴수도 있고, 음식을 조리할 때 색다른 방법으로 나만의 레시피를 만들기도 한다. 또 수업시간에 내주신 과제물을 하면서 보다 좋은 결과물을 위해 머리를 싸매고 여러 아이디어를 도출한다. 이 모든 것은 창의성이라고 볼 수 있다.

가장 손쉽게 창의성을 키울 수 있는 방법으로 종종 사용하는 방법 중의 하나는, 아래의 원에 생각나는 그림을 그려보는 것이다. 몇 장을 복사해 둔 다음에 일주일에 한번씩 연습을 하다보면 평소 생각하지 못한 아주 다양한 그림들을 창의적으로 그릴 수 있게 될 것이다.

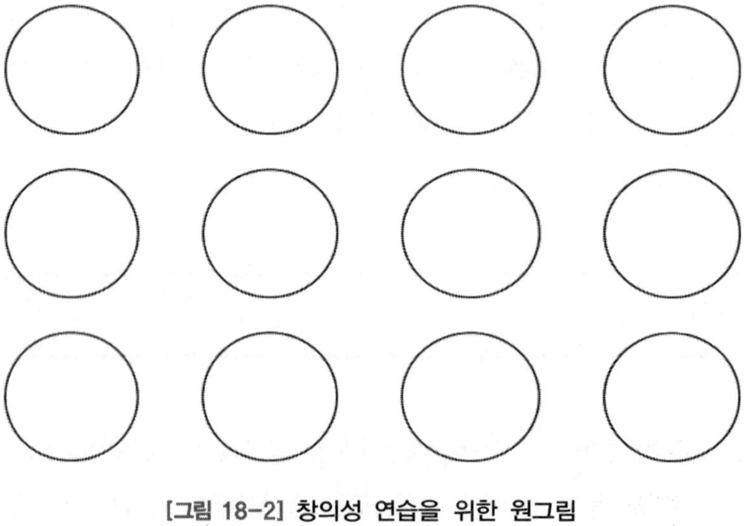

[그림 18-2] 창의성 연습을 위한 원그림

화산이 맹렬하게 폭발하며 창의적인 결과를 내놓기 위해서는 고정관념을 극복하기 위한 창의적 사고기법도 필요하다. 창의적 사고기법은 주어진 아이디어 중에서 가장 합리적인 답을 찾기 위한 수렴적 사고 기법과 최대한 다양한 아이디어를 도출하기 위한 확산적 사고 기법의 두 가지 유형이 있다. 대표적인 확산적 사고기법 및 수렴적 사고 기법을 요약 정리하자면 다음과 같다.

- **브레인스토밍(brainstorming)** : 두뇌라는 뜻의 브레인(brain)과 폭풍이라는 뜻의 스토밍(storming)이 결합된 단어로, 어떤 문제에 대한 해결 아이디어를 찾기 위해 비판하지 않고 자유롭게 생각하는 사고 기법으로, 자유로운 분위기 속에서 참가자가 새롭고 많은 아이디어를 내놓고, 그 아이디어를 자유롭게 개선하고 발전시키기 위한 창의성을 기르는 기법이다.
- **강제결합법(forced relationships)** : 서로 관련이 없는 사물이나 아이디어들을 인위적으로 연관시키는 시도를 통해 색다르게 생각하는 활동을 촉진시키는 방법이다. 어떤 사물이나 아이디어를 억지로 결합시키는 활동을 통해 색다르게 생각해보는 창의적인 사고력을 신장시키는데 효과가 있다.
- **스캠퍼(scamper)** : 미리 문제 해결을 위한 7가지의 구분 항목(S.C.A.M.P.E.R)과 질문을 정해놓고 그에 따라 다각적인 사고를 해 봄으로써 새로운 아이디어를 창출해내는 기법이다. 구분 항목은 대체하기(substitute), 결합하기(combine), 순응하기(adapt), 변경하기(modify), 다른 용도로 사용하기(put to other use), 제거하기(eliminate), 반대로 하기(reverse)로 구분된다. 간단한 문제에 적용하기는 쉬우나 복잡한 문제를 해결하기에는 구조적이지 못하다는 한계가 있다.
- **연꽃기법(Lotus blossom technique)** : 연꽃모양으로 아이디어를 발상해 나가는 사고기법으로 아이디어나 문제 해결의 대안을 다양한 측면에서 얻기 위하여 활용하는 방법이다. 일반적으로 기존의 기술이나 제품을 응용하여 새로운 방법을 찾으려고 할 때나 미래 시나리오를 가상으로 만들어내려고 할 때 적용할 수 있다.
- **PMI(Plus-Minus-Interesting)** : 특정한 문제의 긍정적인 면(좋은 점, 장점), 부정적인 면(나쁜 점, 단점), 흥미로운 점을 각각 기록한 다음 이들 각각에 대해 문제 해결자 나름의 진단에 의해 이익이 되는 점을 찾는 기법이다. Plus(강점, 장점)는 제시된

아이디어의 좋은 점, Minus(단점, 약점)는 제시된 아이디어의 나쁜 점, Interesting(흥미로운 점)는 제시된 아이디어와 관련하여 흥미롭게 생각되는 점을 의미한다. 아이디어를 산출할 때 P, M, I를 철저히 분리해서 생각을 해야 한다.

- 평가행렬법(Evaluation Matrix) : 제안된 대안들을 미리 정해놓은 어떤 준거에 따라 체계적으로 평가하고자 할 때 사용되며, 다수의 해결 대안을 평가하고 선택할 때뿐만 아니라 문제해결의 어떠한 단계에서도 사용할 수 있다. 체계적인 만큼 시간과 노력이 소요되는 단점이 있다.

이러한 방법을 활용함으로써 평소보다 좀 더 창의적인 생각을 꺼낼 수 있으리라고 생각한다. 이외에도 액션러닝(Action Learning)에서 활용하는 '디딤돌'이라는 방법이 있는데, 이 방법 또한 평소 생각하지 못한 참신한 아이디어를 도출할 수 있다. '디딤돌'은 무엇인지 포털 사이트 등을 활용하여 직접 알아보도록 하자.

참고문헌

강성태(2016). **강성태 66일 공부법**. 다산4.0.

강영욱, 김도윤, 임영숙(2013). **대학새내기를 위한 매너이야기**. 서울: 이프레스.

강치원(2014). **토론의 힘**. 경기: 느낌이 있는 책.

고도 도키오 지음, 이용택 옮김(2017). **나쁜습관 정리법**. 서울: 지식너머.

김경호(2015). **이미지 메이킹의 이론과 실제**. 서울: 높은 오름.

김병철, 안종묵(2005). **커뮤니케이션 이론과 실제**. 서울: 한국외국어대학교 출판부.

김상우(2009). **글쓰기 필수 비타민 50**. 서울: 페어퍼로드.

김송은(2005). **학습매니지먼트 실전편 공부 잘하고 싶으면 혼자서 공부해라**. 서울: 한스미디어.

김영수(2016). **제4차 산업혁명, 학교 교육을 어떻게 변화시킬까?**. 서울: 한국교육과정평가원.

김영임(1998). **스피치 커뮤니케이션**. 서울: 나남출판.

김정효(2006). **아동리더십-인성교육의 열쇠**. 서울: 교육과학사.

김주영(2003). **공부기술 업그레이드**. 글로세움.

김현주(2017). **프로 프레젠터가 알려주는 파워포인트 보고서 디자인 기술**. 경기: 에듀웨이.

김현지, 박지희, 양정화, 이은성(2013). **자기표현과 다양한 글쓰기**. 서울: 새문사.

김혜온, 김수정(2008). **대학생을 위한 자기주도적 학습법**. 서울: 학지사.

나리아이 히로시(2004). **자격증 323개를 취득한 나리아이 비밀공부법 시험에 강한 공부방법**. 부산: 유니콘북.

대구한의대학교 교수학습센터(2018). 2018학년도 대구한의대 신입생길라잡이. 대구한의대학교 교수학습센터.

대구한의대학교 교수학습센터(2019). 2019학년도 대구한의대 신입생길라잡이. 대구한의대학교 교수학습센터.

대구한의대학교 학술정보원(2019). 학부생을 위한 도서관 이용자 교육. 대구한의대학교 학술정보원.

대구한의대학교 학술정보팀(2018). 학부생을 위한 전자책 이용 안내. 대구한의대학교 학술정보팀.

대학내일(2016). **조상님이 알려주는 동아리 고르는 법 8가지**. 서울: 대학내일.

데이브 엘리스(2009). **세계 최고의 학습법**. 경기: 아시아코치센터.

데일 카네기(2007). **데일 카네기 자기관리론**. 서울: 인크리션.

데일 카네기(2009). **카네기 스피치&커뮤니케이션**. 서울: 씨앗을 뿌리는 사람.

로잔토머스 편저, 서유라 역(2018). **태도의 품격**. 경기: 다산북스.

마이클 J 겔브 지음, 공경희 옮김(1998). **레오나르도 다 빈치처럼 생각하기**. 서울: 대산출판사.

모상현, 김지수, 김현경, 박찬열, 변호용, 양은일, 조남억(2012). **청소년수련시설 청소년 동아리 활성화를 위한 운영 모델 및 매뉴얼 개발 연구: 청소년 동아리활동 운영 매뉴얼**. 한국청소년정책연구원.

문동성(2016). **보이지 않는 영양, 보이는 건강**. 대전: 아이프렌드.

미하이 칙센트미하이 지음, 노혜숙 옮김(2003). **창의성의 즐거움**. 서울: 북로드.

박민수(2008). 내몸경영. 서울: 전나무숲.

박상철(2009). 웰에이징. 서울: 생각의 나무.

박요한(2016). 여유있는 삶을 위해 하루를 사는 좋은 습관. 서울: 책드림.

박정민, 김수연(2006). 대학생을 위한 서비스 매너. 대구: 정림사.

박종옥, 박훈희, 신상현, 이윤희, 전홍준, 정현숙(2015). High 5 Program 직무역량과 자기개발. 신구대학교.

박춘옥(2003). 한국인의 생활예절. 부산: 신지서원.

박효정 외(2011). 내공부의 내비게이션 자기주도학습. 서울: 선우정보인쇄.

백미숙(2007). 스피치 특강. 서울: 커뮤니케이션북스.

서울특별시교육청(2009). 2009학년도 자기주도학습 프로그램 연수자료. 서울시교육청.

선태유(2016). 소통, 경청과 배려가 답이다. 서울: 북랩.

손영아, 이석열, 이은화, 이희원, 장상필, 전명남, 조용개(2007). 성공적인 대학생활을 위한 학습전략. 서울: 학지사.

손인춘(2003). 세상을 뒤엎는 리더십. 서울: 선미디어.

송인섭(2007). 송인섭교수의 공부는 전략이다. 서울: 팝콘북스.

송인섭(2006). 현장적응을 위한 자기주도학습법. 서울: 학지사.

송인섭(2007). 공부는 전략이다. 서울: 팝콘북스.

스콧 배리 카우프만, 캐롤린 그레고어 지음, 정미현 옮김(2017). 창의성을 타고나다. 서울: 클레마지크.

스티븐코비, 김경섭 역(2003). 성공하는 사람들의 7가지 습관. 서울: 김영사.

신윤정, 김정선, 장혜영, 성정은, 홍지수(2013). 노트필기 공부법. 경기: 북코디.

아보 도오루・오니키 유타카 지음, 이진원 옮김(2007). 내 몸을 살리는 면역의 힘. 서울: 부광.

안드레이스 모리츠 지음, 정진근 옮김(2016). 굶지 말고 해독 하라. 서울: 에디터.

안말숙, 차순자, 송병우, 박기현, 전성욱(2017). 글쓰기와 의사소통. 서울: 새문사.

안명숙 외(2014). 매너와 이미지 메이킹. 서울: 새로미.

안상헌(2005). 자기발전 노트 50. 북포스.이형국, 권오관(2011). 포트폴리오를 활용한 대학생 진로설계. 서울: 한올출판사.

알렉스 J. 파커 편저, 전하늬 역(2008). 학교에서 교양있는 학생되기. 서울: 시그마북스

앤드루 소벨, 제럴드 파나스 지음, 안진환 옮김(2012). 질문이 답을 바꾼다. 서울: 어크로스.

여희숙(2010). 토론하는 교실. 경기: 파란자전거.

오성환(2015). 직업기초능력개발. 경기: 도서출판 하린.

오정숙(2008). 대학 4년, 똑똑하게 공부하라. 서울: 한언

울산광역시평생교육진흥원(2014). 울산광역시 평생학습동아리 활동 매뉴얼. 울산광역시평생교육진흥원.

윌슨 프로랜스 지음, 김문성 옮김(2012). 좋은 인생 좋은 습관. 서울: 휘닉스.

유시민(2015). 유시민의 글쓰기 특강. 서울: 생각의길.

이규식, 박한표(2014). 국제매너와 자기관리. 대전: 한남대학교출판부.

이남철(2014). 먼저 사람이 되어야 한다. 경북: 사)포은선생숭모사업회.

이민규(2005). 끌리는 사람은 1%가 다르다. 서울: 더난출판.

이선재 외(2008). 이미지메이킹 - 셀프마케팅. 서울: 교문사.

이승일, 박유진, 김우정, 이종욱, 벤 랏채, 한창훈, 우지은, 조미경, 이지윤(2011). 프레젠테이션 코칭 북. 서울: 길벗.
이시이 다카시 지음. 이은숙 옮김(2011). 1분 공부법. 서울: 황매.
이시형(2013). 이시형처럼 살아라. 서울: 비타북스.
이연희 외(2002). 현대인의 이미지메이킹. 서울: 청구문화사.
이오덕(2003). 글쓰기 어떻게 가르칠까. 경기: 보리.
이오덕(2017). 이오덕의 글쓰기. 서울: 양철북.
이윤주, 최손환, 변효종(2011). 성공하는 대학생들의 Y형인재되지 100 Steps. 영남대학교 교육개발센터.
이정옥(2008). 토론의 전략. 서울: 문학과 지성사.
이종희, 이영중(2018). 구조화 학습법. 서울: 아이엠북.
이좌용, 홍지호(2015). 비판적 사고. 서울: 성균관대학교출판부.
이주연 외 6명(2009). 노트필기 1등급 공부법. 서울: 웅진윌북.
이충호(2017). 10대를 위한 좋은 생각 좋은 습관. 서울: 하늘아래.
이태복, 최수연(2011). 질문 파워. 서울: 패러다임.
이한분(2008). 파워스피치의 이론과 실제. 서울: 북갤러리.
임재성(2018). 질문하는 독서법. 서울: 평단.
전례연구위원회(1997). 우리의 生活禮節. 서울: 성균관 출판부
전미진, 이화진, 신면철(2018). 회사에서 바로 통하는 엑셀, 파워포인트, 워드&한글. 서울: 한빛미디어.
전성수(2011). 최고의 공부법 유대인 하브루타의 비밀. 경향BP.
전성수(2015). 최고의 공부법. 경향BP.
정미영 외(2006). 이미지메이킹과 서비스매너. 서울: 도서출판 청람.
정미영(2009). 스피치 커뮤니케이션:이론과 실제. 경기: 한국학술정보(주).
정선영(2013). 진로탐색과 경력개발. 경기: 공동체.
정승혜(2013). 대학생을 위한 화법과 이미지 메이킹. 경기: 태학사.
정인성, 최선희(2002). 평생학습사회의 성인학습자를 위한 지침서-효과적인 학습 전략. 경기: 교육과학사.
정재윤, 이충희(2008). 신입생을 위한 대학생활의 기술. 경기: 위즈덤하우스.
제임스 클리어 지음, 이한이 옮김(2019). 아주 작은 습관의 힘: 최고의 변화는 어떻게 만들어지는가. 서울: 비즈니스북스.
조신영, 박현찬(2007). 마음을 얻는 지혜, 경청. 경기: 위즈덤하우스.
조영대(2010). 글로벌 에티켓과 매너. 경기: 백산출판사.
조준종(2017). 창의융합프로젝트 아이디어 북. 서울: 한빛아카데미.
주영애 외(2010). 매너와 이미지 메이킹 플러스. 서울: 신정.
진희정(2010). 운명을 바꾸는 작은 습관. 서울: 소다미디어.
최손환, 윤영순, 박희옥, 이정영, 권덕문(2018). 창의와 융합인재. 서울: 내하출판사.
최손환(2011). 청춘, 그 아름다운 꿈을 이루기 위한 날들. 학습코칭 자료집. 영남대학교 교육개발센터.
칼 뉴포트 지음, 이영선 옮김(2005). 성공하는 사람들의 대학생활 백서. 서울: 한언.
컬툰스토리(2015). 도서관에서 쓰는 A+ 리포트작성법(e-book). 서울: 태믹스.

클라우스 슈밥 지음, 송경진 옮김(2016). **클라우스 슈밥의 제4차 산업혁명**. 새로운 현재.

하브루타수업연구회(2015). **질문이 있는 교실**. 경향BP.

한국방송통신대학교(2015). **스터디모임 활동 매뉴얼**. 한국방송통신대학교.

한국산업인력공단. 의사소통능력 교수자용 매뉴얼.

Bill Kirton(2012). brilliant 공부의 기술. 서울: 하루재.

Covey, S. R. (2003). 성공하는 사람들의 7가지 습관(The seven habit of highly effective people). 김경섭 역. 서울: 김영사(원본발간일 1989년).

EBS 다큐프라임 공부의 왕도 1편, 인지세계는 냉엄하다.
http://home.ebs.co.kr/docuprime/view/view2.jsp?command=vod&chk=L&client_id=docuprime&menu_seq=1&out_cp=&enc_seq=3002203, (2008. 8. 4. 방송).

Kagan, L. S. (1994). Leadership: Rethinking it-making it happen. ***Young Children, 59(4)***, 50-54.

Knowles, M. S, Self-Directed Learning: A Guide for Learners and Teachers, (New York: Association Press, 1975)

■ 학위 논문

김경호(2004). 이미지 메이킹의 개념정립과 프로그램의 효과성 분석 연구. 명지대학교 대학원 박사학위논문.

김성숙(2009). 유아 리더십 유형 검사도구 개발 및 타당화. 중앙대학교 대학원 박사학위논문.

김예주(2015). 이미지 메이킹이 긍정적 사고와 자아 존중감에 미치는 영향. 건국대 산업대학원 석사학위논문.

송은영(2008). 얼굴 이미지 메이킹 프로그램이 자아 존중감, 긍정적인 사고, 얼굴 이미지 효능감에 미치는 효과 분석. 명지대학교 대학원박사학위논문.

윤두아(2007). 20~40대 여성의 대인관계 Ego gram과 이미지메이킹 - 셀프마 케팅의 관계 연구. 숙명여자대학교 대학원 석사학위논문.

이민재(2007). 자아 존중감 프로그램이 실업계 여고생의 자아 존중감과 학교생활 적응에 미치는 효과. 제주대학교 교육대학원 석사학위논문.

조외연(2006). 이미지 메이킹 프로그램이 성인 학습자의 자아 존중감에 미치는 영향. 동의대학교 대학원 석사학위논문.

최인숙(2008). 연기학습을 통한 이미지 메이킹이 자기표현 및 대인관계에 미치는 영향. 국제문화대학원 대학교 석사학위논문.

한광영(2003). 독서토론을 통한 비판적 사고력 신장 방안. 순천대학교 교육대학원 석사학위논문.

■ 학술지 논문

고영진, 오수연(2015).「대학 신입생의 쓰기과제물 제목구성지도교수법 제안 -리포트, 포트폴리오를 중심으로. 인문학연구, 98. 33-62.

김윤정(2013). 국어교육에서의 '비판적 사고' 프로그램의 활용성 연구. 한민족어문학회, 63. 95-124.

김주연(2015). 문학비평 기반 언어영재 교육과정 연구. 비평문학, 56. 7-42.

박덕숭(2009). 유아 리더의 형성과정과 유아 리더십 관련변인 탐색. 한영논집, 13. 128-450.

박민선(2016). 건강한 삶의 토대, 근육 키우기. 월간 샘터, 560. 50-51.
심승환(2008). 비판적 사고를 통한 배움의 의미. 교육철학, 41. 165-202.
이다인(2019). 건강한 삶의 지침서. 오토저널, 41(5). 31-32.
조주은 외(2014). 이미지 메이킹 교육이 자아 존중감과 교육만족도에 미치는 영향. 한국콘텐츠 학회지, 14(11). 1030-1040.
진형여(2013). 이미지 메이킹 교육 프로그램 실시 전과의 인식 변화분석-경기, 광주지역 남녀학생을 중심으로. 대한미용문화예술학회지, 2(2). 3-11.
한종구(1999). 수강 방법 및 리포트 작성에 대하여. 학생생활연구, 6. 65-81.

■ 참고 웹사이트

네이버 백과사전
대구한의대학교 홈페이지 〈http://www.dhu.ac.kr〉
블로그 〈https://blog.naver.com/self_heal/221096972005〉
〈http://blog.naver.com/PostView.nhn?blogId=acasiase0&logNo=220756494500〉
http://www.book21.com/상식으로 보는 세상의 법칙: 심리편, 이동귀

■ 그림출처

http://blog.naver.com/PostView.nhn?blogId=jhs2hn&logNo=221550724749

저 / 자 / 소 / 개

■ **김문섭**
독일베를린공과대학 철학박사/대구대학교 대학원 문학박사
현, 대구한의대학교 평생교육융합학부 교수

■ **김진숙**
숙명여자대학교 대학원 문학박사
현, 대구한의대학교 평생교육융합학부 교수

■ **조정선**
대구대학교 대학원 이학박사
현, 대구한의대학교 평생교육지원센터 연구원

■ **최손환**
영남대학교 대학원 교육학박사
현, 대구한의대학교 화장품제약자율전공 교수

■ **이미애**
대구한의대학교 대학원 사회복지학박사
현, 대구한의대학교 평생교육융합학부 교수

■ **민지영**
일본 나고야대학 문학박사
현, 대구한의대학교 기초교양대학 교수

■ **김경민**
일본 용곡대학 박사후기과정수료/한서대학교 대학원 문학박사
현, 대구한의대학교 아동복지학과 교수

■ **조재철**
대구한의대학교 대학원 박사과정 수료
현, 대구한의대학교 평생교육지원센터 연구원

성인학습자를 위한
효과적인 학습가이드

1판 1쇄 발행 — 2020년 1월 30일
1판 2쇄 발행 — 2021년 2월 10일

저　　자 – 김문섭 김진숙 조정선 최손환
이미애 민지영 김경민 조재철
발 행 인 – 강철원
발 행 처 – 양성원
주　　소 – 경기도 파주시 검산로 173번길 29-20
전　　화 – 031-946-3861(代)
팩　　스 – 031-946-3864
이 메 일 – tnwpub@naver.com
홈페이지 – tnwpub.co.kr
출판등록 – 2015년 8월 31일 제2015-000211호

ISBN 979-11-6126-195-9

정가 19,000원